本书受浙江省哲学社会科学重点研究基地(临港现代服务业与创意文化研究中心)规划重点课题(16JDGH009)、浙江省软科学研究计划项目(2018C35075)、浙江省高校重大人文社科攻关计划青年重点项目(2016QN033)、宁波市软科学研究计划项目(2017A10051)以及浙江省属高校基本科研业务费资助。

供应链质量与绿色管理：
关系资本视角

Supply Chain Quality and Green Management：
A Perspective of Relational Capital

郁玉兵　著

ZHEJIANG UNIVERSITY PRESS
浙江大学出版社

图书在版编目（CIP）数据

供应链质量与绿色管理：关系资本视角／郁玉兵著．
—杭州：浙江大学出版社，2020.7（2021.7重印）
ISBN 978-7-308-20201-5

Ⅰ．①供… Ⅱ．①郁… Ⅲ．①供应链管理－质理管理
－研究 Ⅳ．①F252.1

中国版本图书馆 CIP 数据核字（2020）第 075884 号

供应链质量与绿色管理：关系资本视角

郁玉兵　著

责任编辑	杜希武
责任校对	高士吟
封面设计	刘依群
出版发行	浙江大学出版社
	（杭州市天目山路 148 号　邮政编码 310007）
	（网址：http://www.zjupress.com）
排　　版	杭州好友排版工作室
印　　刷	广东虎彩云印刷有限公司绍兴分公司
开　　本	710mm×1000mm　1/16
印　　张	16.5
字　　数	304 千
版 印 次	2020 年 7 月第 1 版　2021 年 7 月第 2 次印刷
书　　号	ISBN 978-7-308-20201-5
定　　价	49.00 元

前　言

随着市场竞争的日趋激烈与全社会环境保护意识的普遍增强,消费者对产品质量与环境要求愈加苛刻,"中国制造"也因此在国际市场上颇受争议,诸多中国本土制造企业被跨国企业排除在供应商名录之外,面向供应链持续开展质量改进与环境改善实践活动已经成为企业成功应对挑战的重要法宝。然而,供应链情境下企业究竟如何有效实施质量改进与环境改善,至今仍然缺乏系统研究,为此有必要进行探讨以指导企业实践。

本书围绕"供应链情境之下如何改进质量与改善环境"这一基本问题,综合运用社会资本理论、资源基础观、关系观以及组织能力观,遵循"资源→能力→绩效"的逻辑,借助浙江省 308 家制造企业数据,基于"供应商—核心企业—客户"三元视角分析了关系资本对供应链质量整合、绿色供应链管理与企业绩效的影响机制。具体包括三个子研究:

子研究 1 运用偏最小二乘法结构方程模型与层级回归分析实证探讨了"关系资本→供应链质量整合→运营绩效"的关系路径以及供应链质量整合的中介作用与质量导向的调节作用。结果显示,供应商关系资本与客户关系资本对供应链质量整合以及内部关系资本对供应商质量整合与内部质量整合都具有显著的正向影响;且质量导向性越强,供应商关系资本与客户关系资本对供应商质量整合与客户质量整合以及内部关系资本对内部质量整合的促进作用更强。供应链质量整合对成本绩效、服务绩效都有显著的正向影响。与此同时,供应链质量整合在供应商关系资本与成本绩效之间均起部分中介作用,供应商质量整合与内部质量整合在内部关系资本与成本绩效及服务绩效之间具有完全中介作用,供应链质量整合在客户关系资本与服务绩效之间均起完全中介作用。

子研究 2 运用偏最小二乘法结构方程模型与层级回归分析实证探讨了"关系资本→绿色供应链管理→财务绩效"的关系路径以及绿色供应链管理的中介作用与环境导向的调节作用。结果表明,供应商关系资本对绿色采购与内部绿色管理、内部关系资本对内部绿色管理以及客户关系资本对绿色供应链管理具有显著的正向影响；且环境导向性越强，供应商关系资本与内部关系资本对绿色采购、内部关系资本对内部绿色管理以及客户关系资本与内部关系资本对客户绿色合作的促进作用更强。绿色采购与内部绿色管理对财务绩效具有显著的正向影响，客户绿色合作对财务绩效没有影响。与此同时，绿色采购与内部绿色管理在供应商关系资本与财务绩效之间起部分中介作用，绿色采购在客户关系资本与财务绩效之间以及内部绿色管理在内部关系资本及客户关系资本与财务绩效之间起完全中介作用。

子研究3运用偏最小二乘法结构方程模型实证探讨了"供应链质量整合→绿色供应链管理"的影响路径。结果发现，供应商质量整合对绿色供应链管理、内部关系资本对内部绿色管理以及客户关系资本对内部绿色管理与客户绿色合作具有显著的正向影响。

本书构建了"关系资本→（供应链质量整合→绿色供应链管理→）企业绩效"的研究框架，其理论贡献主要体现在以下四点：第一，剖析了供应链情境下关系资本的结构维度并构建了相应的测量量表，这有助于补充与完善关系资本理论并推动中国情境下供应链关系资本研究。第二，基于社会资本理论与资源基础理论分析并检验了供应链质量整合与绿色供应链管理的关系资本前因及对企业绩效的作用机制，从而在一定程度上回答了"供应链情境下如何进行质量改进与环境改善"这一问题。第三，基于VRIO资源基础分析框架，探讨了质量导向与环境导向对关系资本与供应链质量整合、绿色供应链管理关系的调节作用，这丰富与拓展了战略导向的情景效应与关系资本的作用机制研究，也进一步回答了"供应链情境下如何更好地进行质量改进与环境改善"的问题。第四，基于组织能力理论，探讨了供应链质量整合对绿色供应链管理的作用机制，从而回答了"供应链情境下质量改进与环境改善能否协同实现"的问题，由此突出了供应链质量与环境协同管理的思想，为企业供应链质量整合与绿色供应链管理实践提供了理论指导与经验依据。

本书编写期间得到了诸多专家学者与行业实践者的大力支持，很多单位和个人为数据收集提供了指导与帮助，在此一并表示感谢！由于作者水平有限，书中难免出现不当和错漏之处，敬请各位读者批评指正。

目　　录

1 绪 论

1.1 研究背景

1.1.1 实践背景

(1)质量事件频发凸显供应链质量控制的重要性

在全球化背景下,产品的生产与交付愈加依赖于扩展的供应链网络,企业因此对外部供应链中来料质量的控制变得越来越难。汽车、玩具、食品与药品等领域频频出现的产品召回事件,则进一步凸显了在供应链情境下关注质量管理的重要性与紧迫性。在过去 20 年中,全球产品召回事件愈演愈烈,其中又以汽车行业最为典型(Souiden & Pons,2009)。据国家质量监督检验检疫总局数据统计,我国自 2004 年实施缺陷汽车产品召回制度以来至 2017 年的14 年间,已累计实施汽车召回 1548 次,召回缺陷汽车 5673.8 万辆,整体呈上升趋势,2017 年召回汽车的数量更是达到 2004 年的 1710 多倍,见图 1.1。其中,党的十八大(2012 年)至 2017 年的 5 年间,实施 1013 次召回,召回缺陷汽车 4729.9 万辆,约占 14 年来召回总量的 83%。

不仅如此,近年来中国制造的玩具、食品及其他产品因质量问题在北美与欧洲也曾遭遇多次召回,并呈现加剧趋势,由此引发了零售商和消费者的严重担忧。例如,2016 年,美国消费品安全委员会发布的 332 例召回通报中 178例来自中国,约占 53.6%;2018 年上半年,欧盟非食品类消费品快速预警系统发布的 950 例召回通报中原产地为中国(不包含香港)的有 502 例,约占52.8%。事实上,除中国等发展中国家以外,由质量问题引发的产品召回事件在很多发达国家同样存在(Huo, et al.,2014b)。例如,因存在过热问题 Nokia 全球召回问题手机电池,2006 年 Dell 耗费 3 亿美元在全球范围内召回超过 400 万台个人电脑(Luo,2008)。产品召回所产生的后果极其严重,其不仅

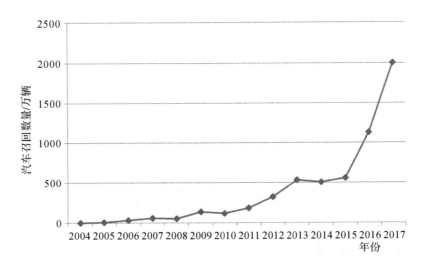

图 1.1　2004—2017 年我国汽车召回数量统计

数据来源：国家质量监督检验检疫总局

会直接影响消费者对企业品牌的忠诚度与购买意愿（Souiden & Pons，2009），损害企业的声誉、盈利能力以及品牌形象（Cheah，et al.，2007），而且企业或零售商产品召回公告对股票异常收益具有显著的负面影响（Davidson & Worrell，1992；Zhao，et al.，2013；Ni，et al.，2014）。

然而，从本质上来说，许多产品召回其实都可以通过质量管理和供应链管理体系中的预防策略和措施得以有效避免（Huo，et al.，2014b）。Kumar 和 Budin（2006）就曾指出，1999 年至 2003 年期间，美国食品和药物管理局共报道压缩食品召回事件 1307 起，其中大部分都是可以避免的。关键问题是，在当今全球化和竞争性供应链环境下，企业究竟应该如何有效地设计和实施质量保证体系才能避免因质量问题而引发的灾难（Huo，et al.，2014b），这也已成为全球企业所共同面临的难题。

（2）全社会环境意识提升提出打造绿色供应链的新要求

20 世纪下半叶以来，科学技术的进步带来了生产力的快速发展与经济的高速增长，然而与之相伴的却是环境污染的频频发生，这些事件反映出人类活动尤其是制造业活动对人类生活环境与自身健康所产生的巨大负面影响。20 世纪 70 年代人类开始反思其活动与环境的相容性，并从不同角度对人口、资源与环境之间的关系进行重新审视与理性思考。其中，1972 年《人类环境宣言》就呼吁全社会为维护和改善人类环境而共同努力；1987 年《我们共同的未来》明确提出"可持续发展"的概念,旨在以平衡的方式实现经济发展、社会发展与环境保护,并将其作为全球长期发展的指导方针;以此为标志,许多行业对气候变化与自然资源枯竭的意识明显增强,可持续发展在全球范围内广泛地为国际社会所接受。90年代,国际机构及各国政府经过多次磋商在生态环境保护方面也达成了一系列重要共识,其中,1992年签署的《联合国气候变化框架公约》以及1997年通过的《京都议定书》,为臭氧损耗、二氧化碳等温室气体减排以及废物减少等问题设置了相关目标。诚然,这些目标的达成需要从根本上改变工业社会的生产方式和消费习惯,制造企业必须进行产品和过程的更改或创新才有可能以可持续的环境友好方式维持目前的消费节奏。与此同时,不可再生资源的消耗速度与非期望产出(污染)的大量产生进一步凸显了企业开展环境管理以减少其产品以及生产活动环境影响的重要性与紧迫性,确保环境达标并实现可持续成为未来所有制造企业共同面临的关键挑战之一。

进入21世纪,随着国际贸易的快速增长与现代化交通及先进信息技术的广泛应用,经济全球化迅速向纵深推进,由此带来的经济快速增长,在极大提高人们生活质量的同时,使得环境问题变得更加突出并呈加剧蔓延的趋势,大到全球性气候变暖,小到区域性废弃物处置及其污染问题。针对日益严峻的环境问题,各国政府及企业组织都在积极寻找解决方法以降低产品和服务在生产和消费过程中对环境所造成的影响,以寻求经济发展与环境保护之间合理的平衡。2002年,南非约翰内斯堡可持续发展首脑峰会发表了《约翰内斯堡可持续发展宣言》,深化了人类对可持续发展的认识,进一步确认环境保护、经济发展和社会进步是可持续发展的三座基石,再次重申保护环境是世界各国政府的共同责任。据经济合作与发展组织(OECD)2030年环境展望报告,如果不加强全球环境治理,到2030年与全世界能源活动相关的二氧化碳排放量和交通领域二氧化碳排放量将分别上升52%和58%。基于此,OECD积极督促具有全球影响力的企业采用有效的废物循环再利用技术与环境管理实践以防止对环境带来的额外危害。其在跨国公司指南(2000)中明确要求跨国公司建立和维持环境管理体系,并建议其建立适当的审计程序来评估其产品或服务在整个生命周期内的环境影响,同时强调了解环境破坏的来源有助于企业建立完善的环境应急预案,从而预防、减轻和控制企业运营所造成的严重环境和健康危害。过去20年中,跨国企业逐步开始认识到环境管理的必要性并遵从政府规章开始实施ISO14001等环境管理程序。随着环境法规影响的日益扩大,发展中国家和世界其他国家也开始制定和实施相关政策。以中国为例,截至目前已经建立了诸如环境保护法律、环境保护法规规章、环境标准等为主体的比较完备的环境保护政策体系。同时,为了维持经济发展和环境保护之间的平衡,中国政府还不断创新工业发展思路,积极建设生态工业园区(Zhu,et al.,2007)、发展循环经济(Geng,et al.,2009)以及实施节能减排计划(Zhu & Geng,2013),并将单位国内生产总值能耗降低以及主要污染物排放总量减少两个关键约束性指标列入国家层面的发展规划。

事实上,除各国政府以外,其他非政府组织以及供应商、客户、合作伙伴等也要求制造企业遵从现有法规要求开展环境保护实践。在此背景之下,很多企业开始按照现有法规(有时甚至会高于)以及不同利益相关者的要求,通过与供应链上其他成员共同开展特定的实践活动,以达到从源头减少污染并积极面对环境挑战的目的。例如,诸多制造企业日益热衷于绿色采购(Carter,et al.,2000;Min & Galle,2001;Zsidisin & Siferd,2001)、回收物流(Hazen,et al.,2011;Lai,et al.,2013;Ye,et al.,2013;Abdulrahman,et al.,2014)、产品监管(Snir,2001;Wong,et al.,2012)以及环境设计(Chen,2001;Zailani,et al.,2012)等活动;不难看出,所有这些活动都覆盖整个供应链,需要供应链上所有企业的共同参与,这些活动的开展也必然会影响制造企业解决环境问题的方式。因此,绿色管理不应采取仅仅关注单个制造企业的孤立视角,而必须对供应链上下游企业之间的相互作用与影响有清晰的认识,通过上下游之间的协调与整合实现供应链绿色化,这无疑对企业提出了更高的要求。

1.1.2 理论背景

(1)供应链整合与质量管理亟待融合

供应链管理与全面质量管理始终是制造企业获取竞争优势的两个重要工具(Sila,et al.,2006)。随着市场全球化的发展,大多数产品的设计、生产与交付等环节更加依赖于由位于不同地理区域的合作伙伴所构成的复杂供应链网络(Huo,et al.,2014b);同时,供应链管理也正面临诸多新的挑战,传统仅仅关注成本和竞争性关系的管理方式已被证明日渐失效(Flynn & Flynn,2005)。在供应链环境下,质量仍然是确保产品生产和交付等环节实现价值增值的一个重要因素,生产无缺陷的零部件以满足客户需求是保证终端产品质量的关键(Sila,et al.,2006);因此,在整个供应链上持续推动全面质量管理对制造企业的质量绩效具有重要意义(Forker,et al.,1997)。而且,随着竞争主体从单个企业向供应链的转变,市场竞争的焦点也已不仅仅停留在企业内部管理实践,而开始关注企业自身与上下游供应商和客户之间的整合活动

（Flynn & Flynn，2005；Kannan & Tan，2005；Robinson & Malhotra，2005；Sila，et al.，2006）。在此背景之下，企业不应该只关注自身的质量保证工作，而要努力将质量愿景与质量工作延伸、推广到供应商以及供应商的供应商、客户以及客户的客户，从而使之贯穿于整个供应链网络（Lin，et al.，2005；Kaynak & Hartley，2008；Foster Jr. & Ogden，2008），以充分发挥质量文化在供应链管理中的融合作用（高伟和王克岭，2003）。由此可见，质量管理应立足供应链（Zhao，et al.，2007；Huo，et al.，2014b），通过上下游企业间的协作提升战略地位和运营效率，并为下游客户创造效益，从而打造企业未来竞争力（Flynn & Flynn，2005；Robinson & Malhotra，2005；Kaynak & Hartley，2008）。基于此，便出现了"供应链质量管理"的概念（Robinson & Malhotra，2005；Foster Jr.，2008；Kuei，et al.，2008；郁玉兵等，2014），从而突出了面向供应链开展质量管理的重要性。

与此同时，随着供应链的日渐成熟，其复杂性也在不断增加（Leuschner，et al.，2013）。对于管理者而言，其不仅面临提高生产率与提升客户服务水平的双重挑战，而且投资者还希望企业利润都能够持续增长，这些来自内部与外部的双重压力都促使企业将原先在企业内部从事的业务进行外包（Leuschner，et al.，2013），由此导致供应链企业之间互动的加强以及更紧密关系的建立，从而确保产品流、信息流以及资金流的有效运作（Frohlich & Westbrook，2001；Flynn，et al.，2010）。这些关系的有效管理需要建立具有适当信息共享水平与业务协调能力的跨职能、跨企业的业务流程并选择紧密的合作伙伴（Leuschner，et al.，2013）。而随着全球化竞争的日益激烈，企业也开始反思构建合作、互惠供应链伙伴关系的必要性，组织间流程的共同改进已成为当务之急并得到广泛认同，供应链整合的系统观点因此被越来越多的研究者与实践者所提倡（Flynn，et al.，2010）。作为一种高效的供应链管理模式，供应链整合已经成为绩效改善与价值创造的关键（Frohlich & Westbrook，2001），对单个企业以及整个供应链的成功都具有重要意义（Power，2005；Huo，2012）。

传统意义上的质量管理一般认为，品质卓越的产品与服务源自企业流程、投入、机器、人员、程序、工厂以及设备等系统之间的相互作用。这种理解虽然比较狭义，但其所蕴涵的有关质量的系统观点在供应链情境下同样适用，但供应链情境下更加强调供应链所有成员企业内部以及相互之间所有相关系统之间的协同，这也是全面质量管理协作原则的体现。供应链整合强调组织每一项内部功能（如研发、生产、质量与物流等）与所有外部供应链合作伙伴（包括上游供应商与下游客户)之间的全面整合(Huo,et al.,2014b),必然有助于供应链情境下质量管理实践的有效实施(Sun & Ni,2012)。由此可见,供应链整合与质量管理融合有其合理性与必要性。然而,现阶段无论是质量管理视角下对供应链整合的探讨还是供应链整合视角下的质量管理研究都非常罕见;其中,仅见 Huo 等(2014b)首次提出"供应链质量整合"的概念,并对其前因及结果进行了初步实证研究。因此,如何设计有效的治理机制从而推动供应链质量整合的有效与高效实施,迫切需要从理论层面进行深入探讨以更好地为实践提供指导。

(2)绿色供应链管理实践迫切需要向纵深推进

在当今快速变化的动态市场环境下,"绿色化"已经成为企业塑造产品、过程、系统、技术以及商业行为环境友好形象的常规做法(Vachon & Klassen,2006a;Vachon & Klassen,2006b)。构建绿色供应链则成为让企业发展更具可持续性与竞争力的一个重要途径(Kleindorfer,et al.,2005;Testa & Iraldo,2010;Lai & Wong,2012),其不仅有助于降低成本,而且可以通过开展环境友好活动帮助企业履行社会责任(Carter & Jennings,2002;Porter & Kramer,2006)。作为企业实现可持续发展的关键成功因素(Rao & Holt,2005;Markley & Davis,2007),绿色供应链管理可以帮助企业在实现经营业绩增长的同时减轻甚至消除运营及产品对环境的危害,因而越来越受到制造企业的青睐(Svensson,2007;Zhu,et al.,2008a;Zhu,et al.,2012a)。已有研究表明,绿色管理可以通过组织结构设计与资源配置帮助企业建立并保持持续竞争优势(Kleindorfer,et al.,2005;Zhu,et al.,2008;Alfred & Adam,2009),绿色化采购和运营过程会影响企业声誉和企业绩效(Castka & Balzarova,2008)。越来越多的企业意识到,要想同时实现环境目标和获取竞争优势,必须面向整个供应链开展绿色实践活动,与供应商以及客户展开合作是成功实施与维持绿色供应链管理战略的关键。通过相互之间更加紧密的合作,制造商、供应商以及客户都可以从中获益,因为这种关系是难以复制和模仿的(Barney,1991)。然而,尽管很多企业已经意识到与供应商以及客户保持紧密关系对绿色供应链管理中持续改进的重要意义,但就如何有效管理这些关系仍然存在很多问题。

作为企业绿色创新或管理创新行为,绿色供应链管理能否成功实施同时取决于企业所面临的外部环境及其拥有的内部资源或能力(Wernerfelt,1984;朱庆华和耿涌,2009a)。近年来,由于受到政府、非政府组织、供应链合作伙伴、竞争者、消费者以及客户等多方压力(Zhu,et al.,2005),中国企业的绿色意识明显增强,很多企业都在积极倡导和坚持开展绿色供应链管理活动,但大部分企业可能因为缺乏相关经验以及必备工具与管理技巧(Zhu & Sarkis,2004),其实践水平并不高(Zhu, et al.,2005),很多还停留在"内部环境管理"阶段,绿色供应链管理的实施仅仅局限于企业内部(Zhu & Sarkis,2007)。而供应链绿色化与环境可持续的真正实现必须对上下游供应商以及客户进行整合与协调,制造企业应该积极采取措施以激励供应链上所有成员企业都参与到绿色行动中来,从而为绿色供应链管理实践创造资源或能力条件。因此,为了推进绿色供应链管理的深入实施,供应链治理机制的有效设计显得至关重要。

(3)关系管理成为企业供应链竞争制胜的关键

从社会资本理论与资源基础观出发,对于特定企业而言,社会资本属于一种独特的(不可替代)、复杂的(不完全流动、难以模仿)、有价值的、稀缺性资源或资产,可以帮助企业获取持续竞争优势。根据 Nahapiet & Ghoshal(1998)对社会资本的分类,关系型社会资本强调关系是竞争优势的来源(Koufteros, et al.,2010);同时,关系观也指出,企业关键性资源可能跨越企业边界而嵌入企业间惯例和程序,异质性企业间联系可能是关系租金和竞争优势的来源(Dyer & Singh,1998)。由此可以认为,关系资本是构建与维持单个企业乃至整个供应链持续竞争优势的关键要素。首先,关系资本可以帮助企业获取关键性资源(Uzzi,1997;Kale, et al.,2000),从而激励企业从事价值增值活动(Dyer & Singh,1998;Zaheer, et al.,1998;Johnston, et al.,2004;Lawson, et al.,2008),并提升企业探索新机会的意愿(Ring & Van de Ven,1992)。从这一点上来说,关系资本实际上增强了购买商与供应商承担额外风险与较高投资以实现运营与战略利益的意愿(Villena, et al.,2011)。由此,供应商会更愿意与开展合作行动积极发展关系资本的购买商进行技术投资(Zhang, et al.,2009)。其次,信任、友谊、尊重与互惠是供应链协同的基本要求(Zaheer, et al.,1998;Kale, et al.,2000;Johnston, et al.,2004),其有助于降低监督成本,增强购买商与供应商之间的合作意愿(Villena, et al.,2011),供应链关系资本的构建可以促进供应链协同目标的实现(陆杉,2012)。

从治理机制层面来看,机会主义行为的存在会影响长期关系的稳定性与有效性,而成功的供应链关系可以促使供应链成员企业协同努力以减少机会主义行为从而降低交易成本。因此,了解供应链关系特征并寻求正确的治理机制以处理冲突或应对机会主义行为是企业获取竞争力的关键,建立有效的供应链治理机制可以帮助企业及其供应链合作伙伴实现共赢。根据关系社会网络治理(Granovetter,1985)或关系治理理论(Dyer & Singh,1998),当企业开展关系专用资产投资、参与知识交流并通过治理机制整合资源时,交换双方都可以从中获得超额利润(Cousins, et al.,2006),或称"关系租金"(Dyer & Singh,1998)。关系观指出,买卖双方通过系统分享彼此宝贵的专有技术并进行特定关系投资可以获取只能通过共同工作才能产生的租金利润(Cousins, et al.,2006);同时,也只有当流入的知识与投资组合的预期价值超过知识溢出给竞争对手造成的损失或削弱的优势时,双方之间的知识交流与关系专用性资产投资才会发生(Dyer & Singh,1998)。大量研究已经证实,关系资本对组织间关系的管理具有重要意义(Kale, et al.,2000;Cousins, et al.,2006),信任、尊重、互动等也是获取特定绩效结果的关键(Corsten & Felde,2005;Cousins, et al.,2006;Krause, et al.,2007;Fynes, et al.,2008;Lawson, et al.,2008;叶飞和徐学军,2009;Panayides & Venus Lun,2009;曾文杰和马士华,2010;叶飞和薛运普,2011;Carey, et al.,2011)。通过与供应商、客户以及企业内部不同部门之间多层次互动所构建的关系资本,可以有效促进知识分享与关系专用性投资,从而帮助企业获取关系租金。因此,关系资本已经成为维持和培育卓越关系绩效的一个重要因素(Cousins, et al.,2006)。

1.1.3 研究问题提出

随着市场竞争的日趋激烈,消费者对产品质量与环保方面的要求愈加苛刻,我国制造企业要想获取并保持竞争优势,就必须面向供应链持续开展质量改进与环境改善活动,以充分发挥质量管理与绿色管理的核心作用。基于整合视角将质量管理拓展到供应链情境之下,供应链质量整合强调通过组织内部与组织之间共同管理质量相关的关系、交流与流程等,从而以低成本获得高水平的质量绩效,从根本上体现了组织内部功能与外部供应链合作伙伴之间战略与运营合作的程度(Huo, et al.,2014b)。绿色供应链管理强调在供应链上以及产品全生命周期内考虑和强化环境因素,通过上下游企业的合作与企业内各部门的沟通达到整体效益最优化,实现企业与所在供应链的可持续发展(朱庆华,2004)。由此可见,供应链质量整合与绿色供应链管理可以帮助企业建立质量与环境竞争优势。然而,总结现有文献可以发现,作为一个新兴概念,供应链质量整合的影响因素与作用机制并不清晰,还未形成系统的研究框架;同时,尽管绿色供应链管理研究相对较为成熟,但从社会资本视角的探讨尚未出现,且现有研究对其作用机制的探讨明显忽略了绿色管理对财务绩效的影响。为此,围绕"供应链情境之下如何更好地改进质量与改善环境"的基本问题,本书选择供应链质量整合与绿色供应链管理为研究主题,基于社会资本视角,综合运用资源基础观、组织能力观以及关系观等理论,遵循"关系资本→(供应链质量整合→绿色供应链管理)→企业绩效"的研究思路,试图达成以下目标:

(1)厘清供应链关系资本的概念结构

供应链情境下关系资本具有怎样的维度结构,主要由哪些关键要素构成,与一般意义上的关系资本是否存在差异,哪些特征具有供应链情境下的独特性?随着社会资本理论的提出,其关系维度一直备受关注。运营管理领域学者虽然早就开始借鉴社会资本理论,但更多是将关系资本视作社会资本的关系维度(Krause,et al.,2007;Lawson,et al.,2008;Villena,et al.,2011;Carey,et al.,2011;Horn,et al.,2014),对关系资本的独立研究并不多见;其中,Cousins 等(2006)尽管提出了"供应链关系资本"的概念,但并未对其维度结构进行深入刻画。而且,不管是关系(社会)资本,还是供应链关系资本,从严格意义上来说,都只是"供应商关系资本",没有体现供应链基本特征。而有研究表明,社会资本有内外之分(刘衡等,2010;Horn,et al.,2014)。基于上述考虑,作者认为有必要结合供应链的特点,借鉴社会资本相关研究,构建面向中国企业真正意义上供应链关系资本的测量量表,并借助因子分析程序检验其可靠性与有效性,从而厘清供应链情境下关系资本的内部结构特征,以推动关系资本在供应链管理领域的实证研究。

(2)探讨供应链质量整合的影响动因与绩效效应

随着供应链质量整合概念的提出,供应链质量整合的实证研究开始起步,其理论研究框架亟待完善,而现有有关供应链整合与供应链质量管理研究的大量文献可以提供很好的借鉴与参考。供应链质量整合的潜在前因可能包括:信任、承诺、依赖、合作等关系性因素与权利(潘文安,2007;Zhao,et al.,2008;Yeung,et al.,2009;Vijayasarathy,2010;曾文杰和马士华,2010;Zhao,et al.,2011;Prajogo & Olhager,2012;霍宝锋等,2013;Zhang & Huo,2013;Wu,et al.,2014)、信息技术(Vickery,et al.,2003;Sanders & Premus,2005;Devaraj,et al.,2007;Sanders,2007;Sanders,2008;Li,et al.,2009;Saeed,et al.,2011;Chen,et al.,2013)、环境与战略(Wong & Boon-Itt,2008;Villena,et al.,2009;Lau,et al.,2010b;Droge,et al.,2012;Zhao,et al.,2013)、组织文化(Braunscheidel & Suresh,2009)以及组织结构与部门间沟通(Pagell,2004)等等。Huo 等(2014b)研究指出,除了竞争敌对性与组织全员视角,未来可以探讨供应链质量整合的其他前因,如组织间关系。由社会

资本理论与资源基础观可知，作为企业一项关键性资源，关系资本的构建有助于供应链质量整合活动的开展。与此同时，现有供应链整合、供应链质量管理与绩效关系的研究结果仍然存在诸多不一致（Kaynak，2003；Nair，2006；Kaynak & Hartley，2008；Flynn，et al.，2010；Baird，et al.，2011），供应链质量整合对质量相关绩效的影响也与假设不尽一致（Huo，et al.，2014b），这都需要做进一步探讨。基于此，深入梳理供应链质量整合的影响前因与作用效应，并探讨其情境效应，将有助于回答企业应该如何开展供应链质量整合以促进企业绩效的提升，从而发现供应链情境下关系资本的绩效作用机制。

（3）探讨绿色供应链管理的影响动因与绩效效应

以往研究表明，企业实施绿色供应链管理主要源自内部与外部两个方面的原因：其中，内部动因包括管理支持、环保态度、企业文化、专业知识、跨部门沟通、环境管理体系、员工参与、投资者压力等（Walker，et al.，2008；Zhu，et al.，2008；González Torre，et al.，2010；Wu，et al.，2012）；外部驱动力量主要来自企业诸多的利益相关者，包括政府、客户、竞争者、社会以及供应商（Carter & Carter，1998；Walker，et al.，2008）。迫于多方压力，企业实施绿色管理基本属于"单打独斗"，实际效果并不理想，要想真正提升绿色管理水平，迫切需要转变视角，面向供应链。从本质上来说，企业内部以及与上游供应商、下游客户之间良好的合作关系则是绿色供应链管理的基础与前提，企业可以通过积极构建关系资本从而更好地推动绿色管理的实施，但其实证证据尚未出现。同时，已有关于绿色供应链管理绩效结果的探讨聚焦于环境绩效、经济绩效与运营绩效，对财务绩效的关注明显不足，而财务绩效才是企业关注的终极目标，这也有必要做进一步探讨。基于此，深入梳理绿色供应链管理的影响前因与作用效应，并探讨其情境效应，将有助于回答企业应该如何更好地开展绿色供应链管理以提升企业绩效，以发现关系资本的绩效作用机制。

（4）探讨供应链质量整合对绿色供应链管理的影响机理

基于上述研究，关系资本的构建既可以促进供应链质量整合活动的开展从而提升质量，也可以推动绿色供应链管理实践的实施从而改善环境，两者都有助于企业获得更好的绩效。然而，不管是供应链质量整合，还是绿色供应链管理，都需要大量的资源投入，那么企业应该如何配置有限的资源才能获得最佳的结果，质量提升与环境改善是否可以协同实现，自然就成为企业最为关心的话题。以往研究大多分别探讨供应链整合、质量管理对绿色管理、环境管理的作用效应，且认为供应链整合是绿色供应链实践的基础及其水平高低的重要决定因素（Vachon & Klassen，2006b；Wu，2013；Blome，et al.，2014），质量管理对环境管理具有促进作用(Zhu & Sarkis,2004;Wiengarten & Pagell,2012;Pereira-Moliner, et al.,2012;Llach, et al.,2013)。由此可以推断,供应链质量整合实践对绿色供应链管理也有积极影响,但现有文献对于这一问题的探讨并不多见,相关实证研究尚未出现。因此,深入探讨供应链质量整合对绿色供应链管理的影响路径,将有助于回答供应链质量整合能否以及如何影响绿色供应链管理实践,从而为企业资源分配决策以及实践优先次序确定提供参考。

1.2 研究目的与研究意义

1.2.1 研究目的

一直以来,因为质量与环境问题,"中国制造"在国际市场上颇受争议,诸多跨国企业都将中国本土制造企业排除在供应商名录之外,如何扭转这种局面对于本土企业走出国门参与全球竞争至关重要。随着竞争主体的转变,供应链质量管理与绿色管理成为企业改善质量绩效与环境绩效的重要手段,而良好的供应链关系则是企业供应链竞争制胜的关键。供应链关系管理必将影响供应链质量管理与绿色管理实践的实施,但目前实证研究还比较欠缺,亟待从理论层面进行探索以指导企业实践。

本书围绕两个焦点问题:其一,企业怎样才能更好地改进质量与改善环境? 其二,质量改进与环境改善是否可以协同实现?

拟从以下四个方面展开:

第一,供应链情境下关系资本的关键特征与维度结构如何?

第二,关系资本如何通过供应链质量整合影响运营绩效,质量导向如何影响关系资本与供应链质量整合之间的关系,其内在绩效传导机制与调节作用机制如何?

第三,关系资本如何通过绿色供应链管理影响财务绩效,环境导向如何影响关系资本与绿色供应链管理之间的关系,其内在绩效传导机制与调节作用机制如何?

第四,供应链质量整合如何影响绿色供应链管理?

1.2.2　研究意义

本书在现实问题分析与理论现状梳理的基础上，基于供应链三元视角引入关系资本、质量整合与绿色管理等核心概念，通过探讨这些概念之间的相互关系，尝试揭示其背后的作用机理以指导企业实践，具有重要理论价值与实践意义。

从理论层面来看，通过"关系资本→供应链质量整合→运营绩效""关系资本→绿色供应链管理→财务绩效""供应链质量整合→绿色供应链管理"影响关系以及质量导向与环境导向情境效应的实证检验，本书构建了关系资本通过供应链质量整合与绿色供应链管理影响企业绩效的整合框架，从而描绘了供应链情境下关系资本影响企业绩效内在作用机制的图景。

从实践层面来看，厘清上述路径关系与作用机制，可以为企业实践决策提供重要指导。现阶段面对产品质量与环保要求的日益提高，企业可以通过积极构建关系资本从而促进供应链质量整合活动的开展，以此推动绿色供应链管理实践的实施，最终带来企业绩效的提升。

1.3　研究框架及主要内容

1.3.1　研究框架

基于社会资本理论与资源基础理论，本书关注供应链情境下关系资本概念的关键特征与维度结构，遵循"资源→能力→绩效"的逻辑框架，探索企业如何才能获得更好的绩效及其内在作用机制，并引入供应链质量整合与绿色供应链管理作为这一过程的表征，探索其驱动因素与绩效效应以及相互之间的影响关系，并探讨质量导向与环境导向对关系资本与供应链质量整合及绿色供应链管理之间关系的调节作用，以厘清关系资本对企业绩效的影响机理，并完善供应链质量整合与绿色供应链管理的理论研究框架。

本书研究框架如图 1.2 所示。

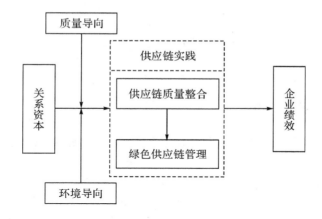

图 1.2　本书研究框架

1.3.2　主要研究内容

基于上述研究框架,本书主要分解为以下三个子研究:

子研究 1:关系资本对供应链质量整合与运营绩效的影响

目的主要在于探讨关系资本如何影响供应链质量整合活动的开展从而改善企业运营。通过对浙江省制造企业发放调查问卷,基于回收的大样本数据,实证检验"关系资本→供应链质量整合→运营绩效"的影响关系,同时验证供应链质量整合的中介效应与质量导向的调节效应,以完善供应链质量整合研究的理论框架并厘清关系资本对运营绩效的作用机制。

子研究 2:关系资本对绿色供应链管理与财务绩效的影响

目的主要在于探讨关系资本如何影响绿色供应链管理实践的实施从而提升企业财务收益。基于上述大样本数据,对"关系资本→绿色供应链管理→财务绩效"的影响关系进行实证检验,同时验证绿色供应链管理的中介效应与环境导向的调节效应,以完善绿色供应链管理研究的理论框架并厘清关系资本对财务绩效的作用机制。

子研究 3:供应链质量整合对绿色供应链管理的影响

目的主要在于探讨在有限资源条件下供应链质量整合与绿色管理实践应该如何协同实施才能为企业带来最佳结果。基于上述数据,实证检验"供应链质量整合→绿色供应链管理"的影响关系,以厘清供应链质量整合对绿色供应链管理的影响机制,为企业实践决策提供参考与依据。

1.4　研究方法与技术路线

1.4.1　研究方法

本书运用的研究方法主要包括以下三种:文献研究、问卷调查以及数据统计与分析。

文献研究。为了探讨关系资本、供应链质量整合、绿色供应链管理与企业绩效之间的相互关系,借助 EBSCO Host、Elsevier ScienceDirect、ProQuest(ABI/INFORM Complete、PQDT)以及 CNKI 等数据库对关键概念的国内外相关研究进行全面检索,并通过期刊官网对运营与供应链管理领域权威期刊(JOM、POM、IJOPM、IJPE、JSCM 等)进行逐期浏览以防止遗漏重要文献;在此基础之上,通过仔细研读与梳理,深入把握目前相关领域理论研究的总体情况与前沿问题,明晰本书研究的理论基础,通过归纳比较明确相关概念及其相互关系,从而为概念模型的构建与研究假设的提出奠定基础。

问卷调查。作为社会科学研究最常用的方法之一,问卷调查也是本书研究采用的主要方法。通过文献研究与专家访谈等途径形成调查问卷,具体包括关系资本、供应链质量整合、绿色供应链管理、企业绩效等相关问题,浙江省为调查区域,调查对象设定为上述区域制造企业的董事长、总经理、CEO(首席执行官)或供应链经理、质量经理等对企业供应链以及质量与环境管理有较为全面了解的相关人员,问卷发放从 2014 年 4 月开始至 11 月结束,历时 8 个月,累计发放问卷 450 份,回收有效问卷 308 份,有效回收率 68.4%,符合运营管理实证研究对样本回收率的最低要求。在此过程之中,通过对发放区域、调查对象与发放过程的严格控制,最大限度地保证了回收数据的有效性、真实性与可靠性。

数据统计与分析。为了科学处理数据从而检验假设与验证模型,并考虑模型的复杂性与样本量的大小,综合运用 SPSS16.0 与 AMOS21.0、SmartPLS2.0.M3 进行数据统计与分析。具体而言,借助 SPSS16.0 进行无应答偏差与共同方法偏差检验、描述性统计与相关分析、探索性因子分析(Exploratory Factor Analysis,EFA)以及信度检验与调节效应检验;运用 AMOS21.0 进行验证性因子分析(Confirmatory Factor Analysis,CFA)以检验量表的结构效度;借助 SmartPLS2.0.M3 采用偏最小二乘法(Partial Least Squares,

PLS)进行结构方程模型(Structural Equation Modeling,SEM)分析以验证理论模型,并检验中介效应。

1.4.2 技术路线

本书遵循以下技术路线,如图 1.3 所示。

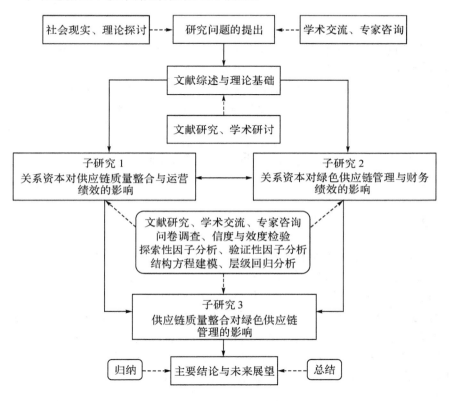

图 1.3 本书技术路线图

2 文献综述与理论基础

本章通过相关文献研究分析关系资本、供应链质量整合、绿色供应链管理、战略导向与企业绩效等核心概念的研究现状,对本书中关系资本、供应链质量整合、绿色供应链管理、战略导向与企业绩效的概念及其维度结构进行了界定,并对后续研究可能运用到的相关基础理论进行了阐述。

2.1 相关研究回顾

2.1.1 关系资本

2.1.1.1 关系资本的内涵

关系资本的思想最早可以追溯到 1974 年美国法学家麦克尼尔在其关系契约理论中所提出的"关系性规则"概念,他认为现实中任何交易都是嵌入复杂的关系情境之中得以发生和完成的,理解任何交易行为就必须对其所包含的关系有充分的认识与理解,由社会过程(包括社会交往、信息交流等)与社会规则(包括信任、团结、相互性)所构成的关系性规则是交易得以顺利进行的重要保证,其与正式契约一样,有助于降低交易成本和减少交易风险(陈灿,2004;薛卫等,2010);由此,一些学者进一步将这些规则称为"关系治理",并对企业内部以及企业之间的关系治理进行了研究(陈灿,2004)。1985 年,美国社会学家格兰诺维特在其经典文献《经济行为与社会结构:嵌入性问题》中提出"嵌入性"的概念(Granovetter,1985);后来,又进一步将其区分为"关系嵌入性"与"结构嵌入性",其中关系嵌入是指经济行动嵌入于人际关系网络之中,结构嵌入是指经济行动嵌入于更广泛的社会关系网络之中(Granovetter,1992);正是嵌入性关系所产生的信任以及在此基础上所形成的有效互动保证了交易的顺利进行。Dyer & Singh(1998)提出"关系观"的理论视角,认为企业关键性资源可能会跨越企业边界而嵌入于企业之间的活动惯例和组织过程之中，企业之间的关系日益成为理解竞争优势的重要工具，由关系型专有投资、知识共享惯例、互补性资源及能力以及有效治理机制带来的关系租金可以为企业创造独特的竞争优势。因此，关系资本，也被称为关系嵌入性，可以理解为通过关系可以创造或利用的资产（Nahapiet & Ghoshal，1998；Blatt，2009）；由此，关系可以被认为是实现个人和集体目标的一种重要资源（Kale，et al.，2000）。

与此同时，作为社会资本的一个重要维度，关系资本研究的兴起与社会资本理论也密不可分。早在1997年，伯特就将社会资本的核心问题描述为"你认识谁（whom you know）"与"你如何联系（how you are connected）"（薛卫等，2010）；Nahapiet & Ghoshal（1998）则进一步将社会资本划分为认知、关系与结构三个相互关联的维度，其中，关系维度包括信任、规范、义务和期望以及认同。至此，不少学者开始关注社会资本的关系维度，或称"关系资本"，详见表2.1。

表 2.1 关系资本概念及其关键要素

文献来源	概念表述及关键要素
Granovetter(1992)	通过一系列互动和联系所形成的人与人之间关系的本质。
Tsai & Ghoshal(1998)	根植于关系中的资产。 ● 信任、可信度
Kale, et al.(2000)	联盟伙伴之间相互信任、相互尊重以及人与人之间的友谊。 ● 信任、尊重、友谊
Bolino, et al.(2002)	个体之间以信任、互惠以及情感强度为特征的关系。 ● 爱好、信任、认同
Thuy & Quang(2005)	业务合作关系中相互信任、相互尊重、相互理解以及人与人之间的亲密友谊。 ● 信任、尊重、理解、友谊
Inkpen & Tsang(2005)	参与主体之间直接联系和互动的关系结果。 ● 信任、规范、认同
Liao & Welsch(2005)	通过长期互动所形成的特定的人与人之间的关系。 ● 尊重、信任、可信任、友好
Clercq & Sapienza(2006)	交换过程中形成的信任、社会互动与共享规范或目标的程度。 ● 信任、社会互动、目标一致

续表

文献来源	概念表述及关键要素
Cousins，et al. (2006)	合作伙伴之间相互尊重、相互信任与密切互动的程度。 ● 尊重、信任、互动
Chang & Gotcher (2007)	组织内部员工之间所形成的关系的质量及其性质。 ● 信任
Krause，et al. (2007)	通过长期互动所形成的人际关系中双方之间信任、依赖、互惠的程度。 ● 信任、依赖、互惠
Lawson，et al. (2008)	通过彼此之间长期互动所形成的以信任、义务与互惠（如通过之前互动建立的关系）为特征的人际关系。 ● 信任、义务、互惠
Yang，et al. (2008) Yang(2009)	企业与客户、供应商、联盟伙伴以及内部各部门之间关系网络的价值。
Blatt(2009)	通过关系可以创造或利用的资产。 ● 信任、认同、义务
Liu，et al. (2010)	只能通过企业之间交换关系而无法通过单个企业产生的关系租金。 ● 信任、透明、互动
Hormiga，et al. (2011)	与客户、供应商、股东以及所有内外部利益群体之间关系所产生的价值。
Sambasivan，et al. (2011)	联盟伙伴企业之间关系的质量与互动的模式。 ● 信任、承诺、沟通
Carey，et al. (2011)	人际关系中存在的信任、义务与认同。 ● 信任、义务、认同
Villena，et al. (2011)	参与主体之间通过长期互动所形成的信任、义务、尊重与友谊。 ● 信任、义务、尊重、友谊

资料来源：作者整理。

2.1.1.2　关系资本的前置因素

社会资本理论认为，认知资本与结构资本是关系资本形成的重要前因(Tsai & Ghoshal,1998;Inkpen & Tsang,2005;Carey, et al. ,2011;Horn, et al. ,2014)。共享愿景、使命、价值观以及社会互动联系与关系资本（信任、可信度、义务、认同)的水平显著正相关,而且前者影响要大于后者(Tsai & Ghoshal,1998;Carey,et al.,2011)。认知资本强调共同的价值观和信念,而认同和遵循共同的意识形态则是关系形成的前提与基础,因为遵守相应的行为规范才有助于培养信任(Nahapiet & Ghoshal,1998)。如果彼此不理解,那相互之间的关系资本就不大可能形成与增长(Adler & Kwon,2000;Carey,et al.,2011)。由此可见,关系资本实际上来自认知资本中共同信念体系的可用性以及相关主体理解共同经历的能力(Nahapiet & Ghoshal,1998)。如果相互之间的意义体系不一致,互动过程中就会产生误解(Inkpen & Tsang,2005;Krause,et al.,2007)。因此,只有共享认知,双方才有可能产生互信、互惠、互动并朝着共同的目标迈进(Tsai & Ghoshal,1998)。作为结构资本的表现形式,社会互动联系是信息和资源流动的重要渠道,为相关方关系的加强提供了时间、机会和动力(Zaheer,et al.,1998;Yu,et al.,2006)。有组织的社会活动与团队建设可以有效促进双方互动,并使得相互之间可以直接评价彼此的可信度与承诺;这种互动的开放性在提升行为透明度的同时也可以有效抑制双方关系发展过程中可能存在的"搭便车"现象与"信息不对称"问题(Carey,et al.,2011)。相关研究也表明,组织会发展基于彼此之间直接经验的信任(Granovetter,1985;Bell,et al.,2002)。由此,社会互动联系的强度会提升关系资本的水平(Carey,et al.,2011)。

组织社会化理论认为,社会化不仅可以促进新员工融入组织的文化规范和价值观(Lawson,et al.,2008),而且还有助于人与人之间关系以及这些交换关系中信任的建立,并由此带来关系资本的积累(Kale,et al.,2000)。由此,将其拓展到供应链情境之下,非正式社会化机制(Cousins,et al.,2006)和社会化过程与供应商整合(Petersen,et al.,2008)有助于促进关系资本的形成。也有研究发现,合作伙伴之间的灵活适应性、共享目标清晰性(Thuy & Quang,2005)以及冲突综合管理程度(Kale,et al.,2000;Thuy & Quang,2005)等对关系资本的形成也具有正向的促进作用。项目承诺对软件开发人员之间的相互信任(Yuan,et al.,2009)以及文化相容性、战略意图或方向、联盟治理模式对战略联盟企业之间的信任水平(Mellat-Parast & Digman,2008)均具有直接的正向影响。同时,内外环境的变化也会影响关系资本的形成。当创业团队面临来自团队层面、管理层面或者市场层面的新情况时,团队成员发展关系资本的能力就会遭到破坏,而通过公共关系模式或缔约实践则可以有效抵消这种负面影响(Blatt,2009)。除此之外,与供应商之间的亲密关系(Lawson,et al.,2008)、供应链合作伙伴之间的相互依赖(Sambasivan, et al. ,2011)、信息共享(叶飞和薛运普,2011);供应商声誉、专用资产投入、转移成本和供应商能力(陆杉,2012);战略联盟动机、资产专用性、机会主义行为感知(Sambasivan, et al. ,2013b)等对供应链关系资本也有显著的积极影响。

2.1.1.3 关系资本的作用效应

组织间关系作为企业竞争优势和价值创造的源泉,其重要性在组织研究的不同领域日益得到关注(Smith, et al. ,1995;Osborn ＆ Hagedoorn,1997)。社会资本作为管理研究中的一个有效构念,其所包含的许多要素可以用来解释个人与团体的微观动机和宏观行为(Matthews ＆ Marzec,2012)。其中,关系资本对有效管理组织间关系具有重要意义(Kale, et al. ,2000),其不仅可以通过减少机会主义行为期望从而增加双方信任并降低交易成本(Dyer ＆ Singh,1998),而且可以通过共同运营促进参与主体之间的信息分享与知识的有效整合(Dyer ＆ Chu,2003;Collins ＆ Hitt,2006;Wu,2008);同时,还可以在促进组织学习与知识转移的同时保护企业核心专有资产(Kale, et al. ,2000),并对战略联盟结果产生积极影响(Sambasivan, et al. ,2013b)。作为关系资本的关键要素,参与各方之间通过重复资源交换发展形成的信任(Adler ＆ Kwon,2002),也可以为抑制机会主义行为提供一种强有力的控制机制从而减少对正式契约的需要(Matthews ＆ Marzec,2012),并在促进知识转移的同时降低交易成本(Ketchen Jr ＆ Hult,2007)。因此,信任在企业间关系中非常重要(Zaheer, et al. ,1998)。多重理论视角下的组织研究均表明,信任是组织间关系正面绩效结果的重要预测变量(Koka ＆ Prescott,2002;Ireland ＆ Webb,2007;Panayides ＆ Venus Lun,2009)。下面将从直接作用、间接作用与调节作用三个方面分别选取相关重要文献进行综述。

直接作用。Tsai和Ghoshal(1998)较早指出,关系资本有助于促进企业间资源的交换与组合从而推动产品创新。Moran(2005)分析认为,关系亲密性会显著增强执行导向与创新导向的管理任务绩效(即销售业绩),但关系型信任对其正向影响不显著。Thuy和Quang(2005)研究发现,合作伙伴之间的关系性投资对国际合资企业的成功至关重要,关系资本有利于总体战略目标的达成。Clercq和Sapienza(2006)分析显示,风险投资公司与投资组合公司之间的关系资本有助于提升风险投资公司对投资组合公司绩效的感知水平。Handley和Benton Jr(2009)与Handley(2012)研究揭示,建立在关系承诺与合作基础上的积极的关系管理实践会显著提升企业外包绩效(成本、质量、柔性及可靠性)。

供应链管理领域的大量实证研究表明,关系联结对绩效提升与知识获取具有积极作用(Carey, et al. ,2011),关系资本可以有效提高购买商与供应商运营绩效,具体包括产品与过程设计、交货期、质量、成本、服务、柔性、配送以及创新等维度。例如,Johnston 等(2004)研究发现,供应商对购买商的信任(仁慈与可靠性)有助于增强双方的合作关系行为(责任共担、共同计划、灵活安排),从而提升购买商满意度与绩效评价水平。Corsten 和 Felde(2005)分析指出,信任在企业与供应商关系中扮演重要角色,其有助于企业创新水平的提高与采购成本的降低,但对财务绩效的影响不显著。Cousins 等. (2006)研究认为,关系资本有助于供应商改进产品和过程设计、缩短交货期。Krause等(2007)分析发现,与质量、交付与柔性绩效相比,表现为购买商依赖与供应商依赖的关系资本对成本与总成本绩效的解释力更强。潘文安和张红(2007)研究认为,供应链伙伴之间的信任(组织信任与个人信任)有助于提升企业之间的合作绩效。Lawson 等(2008)则指出,由供应商整合、供应商亲密关系与关系资本三维度构成的关系嵌入性对购买商产品与过程设计改进、产品质量提升以及交货期缩短具有显著的正向影响。Yang 等(2008)研究发现,关系性承诺与供应商信任有助于发展稳定的供应商关系从而提升联盟绩效。Panayides 和 Venus Lun(2009)研究指出,制造商与供应商之间的信任可以促进供应链创新,提升供应链运营绩效。叶飞和徐学军(2009)分析显示,供应链伙伴之间的信任和关系承诺对运营绩效有显著的正向影响;叶飞和薛运普(2011)进一步指出,关系资本(信任、关系承诺)不仅可以直接提升制造企业的成本、服务与创新绩效,而且在信息共享对运营绩效的影响中具有中介作用。Cheung 等(2010)研究表明,关系性学习有助于提升买卖双方绩效(产品质量、交流、交付、成本、伙伴知识)。曾文杰和马士华(2010)分析显示,以沟通、信任、承诺、适应、相互依赖和合作为基础的供应链合作关系对供应链协同以及供应链运作绩效具有显著积极作用。Carey 等(2011)研究认为,关系资本不仅可以直接提升购买商创新与成本绩效,而且在认知资本、结构资本与购买商绩效关系中具有完全或部分中介作用。

尽管如此,现有研究也存在很多不一致的地方。例如,Hult 等(2004)研究发现,只有在机会主义水平较低的情况下,购买商与供应商之间的人际信任才有助于提高绩效结果和未来预期;Cheung 等(2010)分析显示,买卖双方之间的信任对关系性学习无显著影响;Hormiga 等(2011)研究表明,与客户以及供应商之间的关系对新创企业起步阶段成功的影响并不显著;戴勇和朱桂龙(2011)分析揭示,社会资本的关系维度对供应链企业创新绩效的影响并不显著。另外,有些研究并没有发现合作与绩效之间存在正向线性关系(Petersen，et al.，2005；Cousins，et al.，2006；Gulati & Sytch，2007；Swink，et al.，2007），还有些研究则对高水平合作可能带来的潜在负面后果表示担忧（Anderson & Jap，2005；Das，et al.，2006）。例如，Koufteros 等（2007）就指出，基于长期关系发展形成的关系资本可能会限制"灵活性"。

为此，近来供应链管理研究开始关注高度嵌入性联系的潜在负面效应（Koufteros，et al.，2007；Yang，2009；Lechner，et al.，2010；Villena，et al.，2011；Zhou，et al.，2014）。例如，Yang（2009）研究就指出，关系资本与供应链联盟绩效之间存在倒 U 形关系，中等水平的关系资本才能实现供应链联盟绩效的最大化；关系稳定性、供应商信任、关系承诺与供应链联盟绩效之间分别存在正向、S 形及负向关系。Lechner 等（2010）也认为，高度联结关系产生的"锁定困境"会给现有合作伙伴之间的互惠造成压力，从而损害战略行动单元的绩效。Villena 等（2011）分析发现，强联系会限制信息流动并增加机会主义风险从而导致盲目性，购买商与供应商关系资本与购买商战略绩效之间存在倒 U 形关系，关系资本所带来的绩效提升存在边际效益递减现象，购买商应该注意避免"太好的"供应商关系可能产生的"锁定效应"，努力建立最优水平的关系资本。Zhou 等（2014）研究也认为，购买商与主要供应商之间的关系联结与从供应商获取特定知识之间存在倒 U 形关系，这种关系同时受到契约专有性与竞争强度的正向调节。

间接作用。组织学习与知识管理是关系资本研究中学者关注较多的两个相互补充的主题，其被认为是关系资本联系创新或绩效结果的重要桥梁。首先，关系资本会促进组织学习。一方面，Mellat-Parast 和 Digman（2008）研究表明，作为战略联盟的关键成功因素，信任与合作学习之间可以相互强化，更加有效地发展联盟伙伴之间的信任关系可以促进联盟伙伴之间的合作学习，从而实现过程持续改进以提升联盟绩效与满意度。Taylor（2005）则强调了，信任如何在促进联盟学习的同时通过减少对正式契约关系的需要从而提升灵活性。Chang 和 Gotcher（2007）研究认为，在信息非对称环境下的国际外包伙伴关系中，作为重要的交易价值维护机制，关系资本可以促进关系性学习从而提升双方的共同竞争优势（运营能力）。薛卫等（2010）也发现，关系资本可以通过促进组织学习提升企业在研发联盟中的绩效。另一方面，Panayides 和 Venus Lun（2009）认为，组织学习的逻辑过程就是创新型新智力资本的发展过程。Nahapiet 和 Ghoshal（1998）也早就指出，在多单元企业中，社会资本可以促进资源自由流动到需要它们的地方，从而使企业获得更好的绩效。Ireland 和 Webb（2007），Smart 等（2007）进一步分别在供应商关系与开放创新环境下对这种现象进行了探讨,结果均发现信任的发展对促进创新具有重要作用。其次,关系资本也会影响知识管理。Inkpen 和 Tsang(2005)就指出,关系资本会影响企业间的知识转移;Collins 和 Hitt(2006)也认为,运用关系能力构建关系资本可以促进合作伙伴之间隐性知识的转移;Autry 和 Griffis(2008)则发现,供应链关系资本通过供应链知识发展影响供应链创新及运营绩效;Liu 等(2010)也认为,关系资本通过促进联盟伙伴之间知识的获取和吸收提升其关系满意度。谢洪明等(2007)研究指出,内部社会资本(信任、共同愿景)有利于组织蕴蓄知识能量从而促进组织的技术创新和管理创新;陈建勋等(2008)和戴万亮等(2012)都认为,知识创造在内部社会资本(社会互动、信任与规范、共同愿景)与技术创新关系中、知识螺旋在内部社会资本的关系维度与产品创新关系中存在中介作用。同时,Wu(2008)分析指出,社会资本的关系维度(即信任)通过促进信息分享提升企业竞争力;曹科岩等(2008)研究指出,组织信任有利于员工之间的知识分享进而提升其工作绩效;Yuan 等(2009)也发现,项目团队成员之间相互信任有利于促进隐性知识共享从而提高项目协调的有效性;简兆权等(2010)研究表明,企业间信任以及与外部企业的网络关系通过促进知识分享提升企业技术创新绩效;张慧颖和徐可(2013)也认为,企业内外部信任关系通过知识管理(获取、共享、转化、应用)影响产品创新。

调节作用。综观已有文献,有关关系资本调节效应的实证研究并不多见。其中,Chang 和 Gotcher(2007)研究显示,在信息非对称环境下的国际外包伙伴关系中,作为重要的交易价值维护机制,关系资本正向调节关系专用投资与关系性学习之间的正向关系;Zhang 等(2009)分析发现,关系压力对购买商发起合作行动中的交流、帮助与供应商技术投资意愿之间的关系分别存在正向、负向调节效应,关系压力并不是越大越好。

2.1.1.4 小结

基于上述文献的回顾,现有关系资本研究尚有很多问题需要进一步探讨,主要表现在以下两个方面:

供应链情境下关系资本的内涵结构有待厘清。从现有研究来看,关系资本的概念尽管表述不一,但核心特征是一致的。第一,长期互动是关系资本得以形成的前提与基础,社会互动对参与主体行为的影响远远超出契约规定(Granovetter,1992)。第二,基于参与主体的不同,关系资本可以分为个体(Granovetter,1992;Bolino, et al.,2002)、团队(Blatt,2009)与企业(Kale, et al.,2000)三个层面。第三,关系资本具有嵌入性,个体关系资本是更高层面关系资本形成的基础（Inkpen & Tsang,2005），团队与企业关系资本是多层次关系资本综合体。第四,关系资本是一个多维概念,至少应该包括参与主体内部关系资本以及参与主体与外部其他主体之间的关系资本两个维度。第五,信任、尊重、友谊以及互惠等是关系资本的基本属性。其中,信任是关系资本的一个关键要素（Inkpen & Tsang,2005）。当双方通过多次重复交易建立起互信以后,彼此往往就不用再担心还要提防对方的机会主义行为,从而更愿意参与开放式沟通与交流,以此提高其行为的透明度（Villena, et al.,2011）。同样,友谊、尊重与互惠也通过双方多次重复交易得以形成和发展（Kale, et al.,2000）。关系资本有助于减少机会主义行为,从而降低监督成本,进而加强合作关系、促进合作行为。相反,关系资本的缺失则会导致双方关系中的不确定性增加,使得合作企业彼此之间可能会相互保留或者隐藏潜在的相关资源（Uzzi,1997;Dyer & Chu,2003;Perrone, et al.,2003）。

近年来,诸多学者所关注的关系（社会）资本（Krause, et al.,2007;Lawson, et al.,2008;Carey, et al.,2011;Villena, et al.,2011）或者供应链关系资本（Cousins, et al.,2006）仅仅局限于制造商与供应商之间,没有反映供应链的本质特征。因此,为了更好地推动关系资本在运营与供应链管理领域的实证研究,首先必须厘清供应链情境下关系资本的内在结构维度。

关系资本的作用机制尚待完善,供应链情境下的实证研究亟待拓展。综观已有文献,虽然大多研究都认为关系资本对运营绩效具有显著的正向影响,但现有研究结论仍然存在很多不一致的地方,基于此诸多学者开始探讨关系资本影响绩效结果的中介机制、情境效应及其可能存在的负面效应。例如,关系资本可以通过促进组织学习与知识管理（转移、获取、吸收、分享）提升创新水平与绩效结果;且关系资本所创设的重要情境,也可能会影响相关的关系路径,但相关研究并不多见;Yang 等（2008）与 Villena 等（2011）则指出,关系资本与绩效之间可能表现为倒 U 形关系,存在关系资本的"最佳水平",这一发现对管理者的关系管理实践具有重要启示。由此可见,关系资本对企业绩效的作用机制尚待完善,特别是供应链情境下关系资本影响企业绩效的内在机制并不清晰,迫切需要通过相关实证研究予以澄清。

2.1.2 供应链质量整合

2.1.2.1 供应链质量整合的内涵

基于概念内涵与结构的解析（见表 2.2 与表 2.3）,诸多学者对供应链质量管理与供应链整合分别进行了大量研究,但供应链整合视角下的质量管理研究却是凤毛麟角,"供应链质量整合"概念的提出为填补这一空白迈出了关键性一步,这也成了本书的根本立足点。

基于整合视角将质量管理拓展到供应链情境之下,Huo 等(2014b)将供应链质量整合定义为,"组织内部功能与外部供应链合作伙伴之间进行战略与运营合作的程度,其目的是通过共同管理组织内部与组织之间质量相关的关系、交流以及流程等从而以低成本获得较高的质量绩效",包括供应商质量整合、内部质量整合与客户质量整合三个维度。其中,供应商质量整合与客户质量整合可以被统称为外部质量整合,其关注于组织外部综合性的质量实践,是指企业为了满足客户质量需求通过与供应商、客户等外部伙伴合作将组织间战略、实践和程序组织成协同、同步的质量相关流程的程度,亦可理解为企业与关键供应商和客户协调所具备的核心质量能力(Flynn, et al.,2010;Huo, et al.,2014b)。

表 2.2　供应链质量管理代表性定义及其构成

文献来源	概念表述及关键要素
Lin, et al.(2005)	SC:生产—配送网络;Q:正确满足市场需求,迅速实现客户满意并获益;M:为实现供应链质量创造条件与增强信任。 ● 质量管理实践、供应商参与、供应商选择
Robinson & Malhotra (2005)	针对供应链渠道所有伙伴企业的正式协调和整合的业务流程,通过测量、分析和持续改进产品、服务和流程,来创造价值并实现中间和最终客户满意。 ● 外部聚焦的过程整合、管理与战略;交流与合作伙伴关系;供应链质量领导;质量与供应链实践。
Foster Jr.(2008)	利用与上下游供应商、客户联系的机会提升绩效的系统方法。 ● 质量实践、企业结果;供应商关系、客户导向;领导、人力资源实践、安全。

续表

文献来源	概念表述及关键要素
Kuei，et al.（2008）	SC：生产—配送网络；Q：正确满足市场需求，迅速实现客户满意并获益；M：为实现供应链质量创造条件和增强信任。 ● 供应链能力（优质产品、交付可靠性、供应商/购买商信任、运营效率、为客户创造价值）；关键成功因素（客户导向、信息系统质量、供应商关系、外部聚焦的过程整合、供应链质量领导）；战略组成（质量管理文化、技术管理、供应商参与、供应链结构设计、战略规划）；实践、活动与计划（供应商/购买商质量会议、质量数据与报告、供应链质量办公室、供应链优化、战略部署）。
Mellat-Parast（2013）	涵盖所有供应链伙伴企业间流程的协调与整合，以通过组织间流程的持续改进增强绩效，通过强调合作学习实现客户满意。 ● 信任、治理结构、信息整合、过程整合、合作学习
郁玉兵等（2014）	以合作、客户和绩效为导向，以追求卓越质量为核心理念，利用各种管理方法、计算机技术构建供应链成员间科学分工与合作，通过强调供应链的统一管理来提升整个供应链质量管理水平，进而提升供应链整体绩效和单个企业绩效，从而为客户提供满意的产品和服务的一种管理过程。 ● 供应商质量管理、企业内部质量管理、客户质量管理

表 2.3　供应链整合代表性定义及其维度

文献来源	概念表述及关键要素
潘文安（2007）	整合能力是组织内部或组织之间通过各种资源的有效规划、协调和控制以获取单一行为所无法实现综合效益的能力。 ● 内部整合、外部整合
陈建华和马士华（2006）	供应链整合管理是实现供应链交互式协同运作的根本目标，以供应链动态联盟为组织对象，实施全球网络供应链资源整合的一种组织管理形式。 ● 信息整合、功能重组、组织整合、过程重组、文化整合、战略资源重组

文献来源	概念表述及关键要素
邓龙安和徐玖平(2008)	企业对业务单元进行分解和建构的过程。
刘莉(2008)	供应链整合是供应链核心企业以客户需求为核心,以提高整个供应链的长期绩效和个体组织绩效为目的,在组织内跨越职能部门,在供应链上跨越企业界限,将所有构成供应链的职能作为一个整体来管理,通过整合企业内外的资源和关系,使供应链成为具有竞争优势的网络体系。
Flynn, et al. (2010) 赵丽,等(2011) 曹智,等(2012)	供应链整合是指制造企业与其供应链合作伙伴进行战略性合作以及协同管理组织内与组织间流程的程度,其目标是实现有效和高效的产品/服务流、信息流、资金流与决策流,并以低成本和高速度的方式为客户提供最大价值。 ● 供应商整合、内部整合、客户整合

　　相对外部质量整合,内部质量整合聚焦于组织内部各功能之间的综合性质量活动,是指企业为了满足客户质量需求将不同部门战略、实践和程序组织成协同、同步的质量相关流程的程度,其包括用于管理质量活动和解决质量问题的跨职能质量管理和质量管理团队(Flynn, et al., 2010; Huo, et al., 2014b)。与此同时,供应链质量整合的定义涉及企业内部与企业之间的质量联盟与协作、质量信息共享、同步质量规划以及与供应商和客户共同解决质量问题等内容(曹智等,2012),外部质量整合与内部质量整合都可以有效确保供应链成员企业采取协调一致行动从而实现供应链质量管理价值最大化(Huo, et al., 2014b)。

2.1.2.2　供应链质量整合的潜在前因

(1)关系与权力

　　诸多研究表明,信任、承诺、依赖、合作等关系性因素与权力对供应链整合具有重要影响。例如,潘文安(2007)通过对中国家电、纺织、电子等行业上下游供应链伙伴企业341位关键员工的问卷调查与分析表明,供应链伙伴关系正向影响内、外部整合能力。基于中国617家制造企业样本,Zhao 等(2008)研究发现,客户使用专家权力、认同权力和奖励权力会增加制造商的规范性承诺,而使用强制权力会减少制造商的规范性承诺,制造商的规范性承诺会促进客户整合;Yeung 等(2009)分析指出,信任会促进内部整合与供应商整合,同时与强制权力存在交互效应,当信任水平较高时,强制权力会促进内部整合与供应商整合,当信任水平较低时,强制权力仅会妨碍内部整合;Zhao 等(2011)研究认为,制造商对客户的关系承诺与对供应商的关系承诺对客户整合与供应商整合具有促进作用;霍宝锋等(2013)研究指出,供应商使用专家权力和奖励权力会同时增加制造商的规范性关系承诺和工具性承诺,而使用强制权力会减少制造商的规范性承诺,制造商的规范性承诺和工具性承诺都会促进供应商整合,但规范性承诺作用更大;Zhang 和 Huo(2013)研究发现,制造商对供应商和客户的依赖会增加制造商与供应商和客户之间的信任,进而促进供应商整合与客户整合。Cai 等(2010)通过对中国 398 家制造企业的问卷调查分析发现,制度压力(政府支持、人际关系重要性)与信任对供应链信息整合(信息分享、协同规划)具有显著的积极影响。Vijayasarathy(2010)基于美国276 家制造企业样本分析发现,信任、承诺、相互依赖是供应整合的关系性前因,组织规模对制造商与供应商之间的整合水平具有强烈影响。曾文杰和马士华(2010)通过分析中国 163 家制造企业数据指出,以沟通、信任、承诺、适应、相互依赖及合作为表征的供应链合作关系对供应链协同运作具有显著的正向影响。曾文杰和马士华(2011)基于中国 161 家制造企业就信任与权力对供应链协同的影响进行了实证研究,结果显示,信任对信息共享与同步决策、权力对信息共享均具有显著的促进作用。Prajogo 和 Olhager(2012)通过对澳大利亚 232 家制造企业的问卷调查与分析指出,长期供应商关系是供应链整合的重要动因。陆杉(2012)通过分析中国 276 家加工制造、IT 以及服务等行业各种所有制企业发现,供应链关系资本对供应链协同目标的实现有着显著的促进作用。Wu 等(2014)以台湾 177 家制造与服务企业为样本分析认为,信任、承诺、互惠、权力是供应链信息分享与供应链协同的重要前因。

(2)信息技术

信息技术是供应链整合的基础,对供应链整合的有效实施具有重要推动作用。比如,Vickery 等(2003)以北美三大汽车制造商(福特、通用、克莱斯勒)前 150 位第一层级供应商中的 57 家企业为样本,研究显示,集成信息技术对供应链整合具有促进作用。Devaraj 等(2007)通过分析美国 120 家制造企业数据指出,企业采购与合作过程中所具备的电子商务技术使用能力对供应商、客户生产信息整合具有显著的积极影响。基于美国 245 家制造企业样本,Sanders 和 Premus(2005)发现企业信息技术能力对内部协同与外部协同具有直接的正向影响,Sanders(2007)认为企业使用电子商务技术可以促进企业内部协同与企业间协同;Sanders(2008)通过分析 241 家制造企业数据进一步指

出,利用式与探索式信息技术运用分别是运营协调与战略协调的前因。Li 等
(2009)以中国 182 家制造企业为样本分析发现,信息技术的实施对供应链整
合具有积极影响。Saeed 等(2011)基于北美 50 家制造企业数据分析指出,组
织间系统结构特征与供应链整合水平具有一致性。Chen 等(2013)通过对美
国 117 家医院供应链主管的问卷调查与分析认为,信息技术整合不仅可以直
接促进医院与供应商之间的整合,而且可以通过促进医院与供应商之间的知
识交换对二者之间的关系发挥间接影响。Davis 等(2014)比较分析美国 146
家与新加坡 67 家企业数据发现,在供应链上应用电子商务对供应链整合具有
直接的正向影响。

(3)环境与战略

权变理论认为,外部环境与内部条件的发展变化会影响企业管理实践的
选择。从现有研究来看,外部环境特征以及与之密切相关的企业战略选择是
实施供应链整合实践的重要影响因素。

基于理论分析,Stonebraker 和 Liao(2004)指出,环境动荡性、战略积极性
与供应链整合(阶段、程度、幅度)分别呈现正相关与负相关关系,并受到过程
连续性程度的正向调节;Stonebraker 和 Liao(2006)则提出,产品生命周期阶
段(起步→成长→成熟)负向影响供应链整合幅度、正向影响供应链整合程度
与阶段,并受环境复杂性(正向、正向、负向)与环境丰富性(负向、负向、负向)
调节;Chen 等(2009)也认为,成本导向与客户导向战略对供应链过程整合均
具有直接的积极影响。

从实证研究来看,Wong 和 Boon-Itt(2008)通过泰国汽车产业多案例研
究指出,供应、客户以及技术环境不确定性与供应链整合之间存在正相关关
系;同时,当面临较高水平环境不确定性时,制度规范(关系网络、地方政府、地
方企业文化)可以显著提升供应链整合水平;当环境不确定性较低时,企业投
资发展供应商关系或实施供应链整合的动机就较弱。Villena 等(2009)基于
西班牙 133 家制造企业数据运用行为代理模型分析发现,风险承受能力会降
低供应链主观风险决策的意愿从而妨碍供应链整合,这种情形在环境波动性
较大时尤为明显。Zhao 等(2013)通过对全球 10 个国家 317 家制造工厂的调
查分析进一步指出,供应交付风险对供应链整合具有显著的负面影响,需求变
动风险仅与客户整合存在负相关关系,且供应交付风险的作用更为突出。
Lau 等(2010b)通过案例研究发现,产品模块化程度与供应链整合水平之间存
在负相关关系,模块化设计需要松散协调供应链,而整合设计则需要紧密协调
供应链,这种关系同时会受到新模块/组件开发、技术知识溢出与创建、项目团

队规模以及供应链效率的影响;Droge 等(2012)基于北美汽车制造商 57 家一级供应商样本分析指出,产品模块化战略与过程模块化战略对供应商整合与客户整合都具有显著的促进作用。运用来自 10 个国家 291 家高绩效制造工厂数据,Huo 等(2014b)研究表明,竞争敌对性与组织全员视角是供应链质量整合的重要前因,竞争敌对性不仅对内部质量整合具有直接的正面影响,而且还会通过推动组织采用全员视角从而有效促进供应商质量整合、内部质量整合与客户质量整合,组织全员视角则对供应商质量整合、内部质量整合与客户质量整合均具有积极影响。另外,Braunscheidel 和 Suresh(2009)研究发现,作为供应链整合的组织文化前因,市场导向会显著促进内部整合与外部整合,学习导向仅对内部整合具有积极影响;Handfield 等(2009)研究认为,创业行为(供应市场情报与供应管理影响)有助于促进内部整合与供应商整合。

基于供应链整合的不同维度,供应商整合的前因研究一直是学者关注的焦点,内部整合也有不少探讨,但有关客户整合实践影响因素的研究则明显不足。已有研究表明,战略性采购(Paulraj, et al., 2006;Lawson, et al., 2009)、基于质量能力的战略性供应商选择(Koufteros, et al., 2012)、购买商社会化过程(Petersen, et al., 2008)、制度压力(Huo, et al., 2013)以及知识管理与战略组织行为(Yang, et al., 2013)对供应商整合具有显著促进作用,技术新颖性、购买商与供应商关系以及战略重要性则会影响新产品开发过程中供应商整合的时机与程度(Parker, et al., 2008)。其中,Lockstroem 等(2010)基于 30 家在中国运营的外国汽车企业子公司案例研究发现,购买商领导是与供应商创建动力、信任、承诺以及塑造供应商质量心态的重要前因,有利于战略联盟与供应商协作能力的构建,并被认为是供应商整合取得成功的关键因素;Lockström 和 Lei(2013)进一步运用在中国运营的 88 家大型制造企业的业务单元数据分析指出,协同供应商能力、持续供应商发展、供应商质量态度对供应商整合具有积极影响,并受到供应商高管支持、购买商领导有效性与内部支持的正向调节。与此同时,组织结构、企业文化、职能部门间正式与非正式沟通、薪酬体系、企业战略与职能战略一致性以及工厂规模则被认为是企业内部整合的驱动因素(Pagell,2004)。

2.1.2.3 供应链质量整合对企业绩效的影响

目前有关供应链质量整合的实证研究极为鲜见。其中,仅见 Huo 等(2014b)首次提出"供应链质量整合"的概念,并以 10 个国家 291 家高绩效制造工厂的调查数据为样本,初步探讨了供应链质量整合的前因及其对质量绩效的影响,结果显示,内部质量整合显著提升质量绩效(产品质量、质量成本、交付绩效、柔性绩效),供应商质量整合显著提升产品质量绩效与质量成本绩效,客户质量整合显著提升交付绩效与质量成本绩效,其中仅有内部质量整合提升柔性绩效。尽管如此,如果从供应链质量整合的内涵来看,其所提倡的相关理念在供应链整合与供应链质量管理研究中已经得到相当程度的验证,这也为后续研究奠定了基础。

首先,作为企业成功的重要推动力量,20 世纪 90 年代以来,供应链整合是否会以及如何影响企业绩效一直是学者们讨论的焦点,代表性研究见附录 1。

其次,供应链质量管理对企业绩效的影响也为诸多学者所关注。例如,Flynn 等(1995)就指出,客户关系与供应商关系可以被看作两项质量管理基础实践;其中,供应商关系与质量管理核心实践(产品设计)显著相关,并通过后者提升质量绩效从而帮助企业获取竞争优势。Romano & Vinelli(2001)基于案例分析认为,供应网络可以通过质量实践/程序的共同定义与管理提升企业满足终端消费者质量期望的能力。Salvador 等(2001)通过分析 5 个国家160 家制造工厂数据指出,就质量管理问题与供应商和客户进行互动可以有效促进质量管理、流管理、部门间协调以及纵向协调等企业内部实践的开展,进而提升时间绩效。Primo & Amundson(2002)分析美国 5 家电子企业 38个新产品项目的二手调查数据发现,供应商质量控制会促进供应商参与新产品开发,供应商参与有助于提高产品质量,但对项目速度与成本的影响不显著。Sánchez-Rodríguez & Martínez-Lorente(2004)通过对西班牙 306 家制造企业数据分析指出,作为采购质量管理实践的重要形式,供应商质量管理与运营绩效、市场份额显著相关,跨职能协调与运营绩效、内部客户满意度、财务绩效以及资产回报率、市场份额显著相关。Lin 等(2005)基于中国香港和中国台湾 212 家企业数据研究发现,质量管理实践与供应商参与以及供应商选择战略显著相关,供应商参与产品设计、改善项目或研讨会会直接提升企业运营绩效与客户满意度水平。Lo & Yeung(2006)认为,供应商选择、供应商开发与供应商整合是领先制造企业供应质量管理的三项关键实践;后来,基于中国珠江三角洲地区 138 家领先制造企业及其相关企业样本进一步分析指出,作为供应质量管理体系的重要组成部分,强调互利的供应商整合实践可以显著提升供应与组织质量绩效(Lo, et al., 2007)。Nair(2006)通过元分析也发现,供应商质量管理可以提升运营绩效,但与财务绩效、客户服务以及产品质量之间的关系不显著;客户关注与运营绩效、财务绩效、产品质量以及客户服务全部正相关。Sila 等(2006)基于对美国 96 家制造企业的问卷调查与分析认为,供应链质量管理可以显著提升最终产品的质量;然而,虽然意识到面向供应链开展质量管理的重要性,但目前企业质量管理实践仅仅包含主要客户,而并没有将供应商纳入其中。Kaynak & Hartley(2008)以美国263家制造企业为样本,通过复制与拓展Kaynak(2003)的研究进一步指出,在供应链成员之间进行质量交流、合作与整合对企业绩效具有重要影响;其中,供应商质量管理既可以直接提升库存管理绩效,又能通过产品/服务设计、过程管理等内部质量管理实践间接提升质量绩效(Kaynak,2003;Kaynak & Hartley,2008);而客户关注仅通过质量数据/报告、过程管理、产品/服务设计等内部质量管理实践以及供应商质量管理间接提升质量绩效与库存管理绩效(Kaynak & Hartley,2008)。Yeung(2008)通过分析225家电子制造企业数据发现,战略供应管理本质上属于质量管理举措,需要制造商与供应商共同努力以实现持续改进,从而提高出货准时率并降低运营成本,最终实现客户满意与提升企业绩效。Baird等(2011)通过对澳大利亚制造与服务行业364个业务单元的调查与分析发现,供应商质量管理对质量绩效的影响并不显著。Terziovski & Hermel(2011)基于多重跨案例研究认为,质量管理的整合性质对集成化供应链绩效具有显著贡献;其中,从长远考虑选择和发展供应商可以提升产品质量与客户需求响应能力并促进快速交付,集成化供应链绩效以客户为导向,体现企业价值与供应链内部横向与纵向沟通绩效。Choi等(2012)通过对三星集团附属公司的调查发现,六西格玛管理活动对过程创新与质量改进具有积极影响,其有助于活化企业流程、提高质量,进而塑造企业竞争力。Mellat-Parast(2013)基于文献研究认为,企业质量管理实践可以促进合作学习与改进组织间学习过程,供应链质量管理实践(信任、治理、信息整合、过程整合、合作学习)能够提升供应链绩效与满意度。

2.1.2.4 小结

通过文献综述可以发现,供应链质量整合研究刚刚起步,诸多问题有待深入探讨,集中表现在以下两方面:

供应链质量整合的概念内涵与结构有待进一步验证。众所周知,质量管理一直是企业获取竞争优势的重要工具,随着竞争主体从企业向供应链的转变,面向供应链开展质量管理的重要性与紧迫性也为诸多学者所认识,由此供应链整合也成为新环境下企业竞争制胜的关键。基于供应链整合概念的拓展以及质量管理理念的融合,"供应链质量整合"的概念应运而生;与此同时,供应链环境下质量管理的实施离不开上下游供应商与客户的共同参与,因此,供应链质量整合实践活动的开展必然有助于提升供应链质量管理的效率,并帮助企业及其所在供应链获取竞争优势。基于此,Huo 等(2014b)参考供应链整合的概念首次对供应链质量整合进行了界定,并将其划分为供应商质量整合、内部质量整合与客户质量整合三个维度,究其科学性与合理性以及中国情境下的适用性有待进一步验证,以便更好地推动该领域的实证研究。

供应链质量整合的理论研究框架尚待完善。现阶段,供应链质量整合研究刚刚起步,急需从现有相关研究中借鉴思路与经验,供应链整合与供应链质量管理处于首要位置。纵观已有文献可以发现,供应链整合、供应链质量管理与绩效关系研究大多以欧美制造企业为样本,中国情境下的实证研究相对比较匮乏(赵丽等,2011),而且考虑到数据获取的难度,样本量一般都不大(以200 左右居多),由此削弱了研究结论可靠性与可信度。基于此,本书尝试对其进行补充与完善,借助较大规模的数据样本进行中国情境下供应链质量整合的实证研究。同时,Huo, et al.(2014b)探讨了供应链质量整合的竞争敌对性与组织全员视角前因与质量绩效结果,验证了供应链质量整合视角下"环境→战略→实践→绩效"的路径框架;其指出,未来研究可以探讨供应链质量整合的其他前因,如环境不确定性与动态性、组织结构以及组织间关系等。沿用这一思路,基于社会资本视角,本书尝试探讨关系资本是否属于供应链质量整合的影响动因以及质量导向的情境效应,并验证供应链质量整合对运营绩效的作用机制,以构建供应链质量整合研究的理论框架并发现关系资本影响企业绩效的作用机制。

2.1.3　绿色供应链管理

2.1.3.1　绿色供应链管理的概念

目前,理论界对绿色供应链管理的定义尚未达成共识,与供应链管理的概念类似,其内涵与外延取决于研究者所要达到的目标和需要解决的问题(Zhu, et al.,2008b),代表性定义见表 2.4。

2.1.3.2　绿色供应链管理的内容/维度

作为制造企业提高竞争地位与绩效的关键战略,绿色供应链管理涵盖从绿色采购到回收物流、从供应商到制造商再到客户所构成的整个闭环供应链(Zhu, et al.,2008b),属于一个多维概念,已有研究从供应链不同环节或者产品生命周期不同阶段出发区分出诸多不同的维度,详见表 2.5。

表 2.4　绿色供应链管理定义

文献来源	概念表述
Handfield, et al. (1997)	将环境管理原则应用到整个客户订单周期内的全部活动中,包括设计、采购、制造与装配、包装、物流以及分销。
Sarkis(1998)	内部物流和采购＋物料管理＋外部物流＋包装＋回收物流。
Walton, et al. (1998)	通过采购和供应链,经理将供应商纳入企业的环境管理行动之中,其强调将集成的管理思想应用于绿色供应链。
马祖军(2002)	绿色供应链是一种在整个供应链中综合考虑环境影响和资源效率的现代管理模式,它以绿色制造理论和供应链管理技术为基础,涉及供应商、制造商、分销商、零售商、物流商等企业和最终用户,其目的是使得产品从原料采购、产品制造、分销、仓储、运输、消费到回收处理的整个供应链过程对环境的影响(副作用)最小,资源效率最高。
Bowen, et al. (2001)	将环境问题整合到公司的采购计划和其他活动之中,从而改进供应商和客户在环境方面的绩效。
Zsidisin & Siferd(2001)	为了环境友好地进行设计、采购、生产、分销、使用及再使用等而在供应链范围内采取的管理策略、行动及其所形成的合作关系等,其不仅包括制造或产品转化活动,也包括环境设计、供应商运营流程的改善及评价系统。
汪应洛等(2004)	绿色供应链管理是从系统的观点与集成的思想出发解决制造业与环境之间冲突的有效方式,"环境友好、福利增进、资源的优化配置"是绿色供应链运营的目标。
朱庆华(2004)	绿色供应链管理是在供应链中考虑和强化环境因素,通过与上下游企业的合作以及企业内各部门的沟通,从产品的设计、材料的选择、产品的制造、产品的销售以及回收的全过程中考虑整体效益的最优化,同时提高企业的环境绩效和经济绩效,从而实现企业和所在供应链的可持续发展。
Zhu, et al. (2005)	企业通过降低环境风险(与影响)及提高生态效率以实现利润与市场份额目标的重要新原型(方式)。

文献来源	概念表述
Sheu, et al.(2005)	产品制造供应链与废旧产品逆向物流链的结合。
Wee, et al.(2011) Giovanni & Vinzi(2012)	将环境思想(考虑)融入供应链管理,包括产品设计、原料采购和选择、生产过程、最终产品交付以及产品使用寿命结束后的管理。
Srivastava(2008)	将环境管理融入资源向可用产品转化的决策过程。
Lee & Klassen(2008)	购买企业将环境问题整合到供应链管理之中以提高供应商和客户环境绩效的计划和活动。
叶飞和张婕(2010)	以可持续发展为前提,在全新的设计理念指导下,对整个供应链管理过程进行生态设计,通过供应链中各企业之间以及企业内部各利益相关者的紧密协作,从而使整个供应链的经济效益和环境效益得到协调优化的一种现代化管理模式。
Gavronski, et al.(2011)	企业、工厂为评价和改进供应商环境绩效实施的机制复合体。
Wu & Pagell(2011)	供应链可持续性的环境维度。
Sarkis, et al.(2011)	将环境问题纳入供应链管理(包括回收物流)的组织间实践。
Kim, et al.(2011)	通过分配可能的人类物质资源和重新定义组织的责任与程序以影响、控制和支持环境绩效的一组实践。
Parmigiani, et al.(2011)	供应链对环境绩效的影响。
Perotti, et al.(2012)	组织为了减少对自然环境的影响而开展的各种活动与采取的各项举措。
Jabbour, et al.(2014)	协调供应链以融入环境问题与考虑组织间活动。

资料来源:结合 Ahi & Searcy(2013)整理。

表 2.5　绿色供应链管理维度构成

文献来源	关键维度
Hervani, et al.(2005)	绿色采购、绿色制造/物料管理、绿色分销/营销、回收物流
Rao & Holt(2005)	绿色入站、绿色生产、绿色出站
朱庆华和曲英(2005)	内部绿色管理、绿色采购、投资回收、生态设计、绿色形象
Chien & Shih(2007)	绿色采购、绿色制造
Srivastava(2007)	绿色设计(环境意识设计、生命周期评价);绿色运营(绿色制造与再制造、回收物流与网络设计、废弃物管理)
Zhu, et al.(2008)	外部绿色供应链管理、生态设计、投资回收
Holt & Ghobadian(2009)	内部环境管理、物流、供应商评价、绿色采购与物流政策、供应商指导、工业网络
Sarkis, et al.(2010)	生态设计、源头削减、环境管理体系
Shang, et al.(2010)	绿色制造与包装、环境参与、绿色营销、绿色供应商、绿色库存、绿色生态设计
Thun & Müller(2010)	减少包装、环境友好型过程或产品、合作型环境责任
Azevedo, et al.(2011)	环境友好型采购、供应商环境合作、与设计师及供应商合作以减少和消除产品的环境影响;最小化浪费、ISO14001认证、减少有毒有害物料的消耗;客户环境合作、环境友好型包装、与客户合作以改变产品规格、回收物流
Eltayeb, et al.(2011)	生态设计、绿色采购、供应商环境合作、客户环境合作、回收物流
Gavronski, et al.(2011)	绿色供应管理(环保供应商选择、供应商监控、供应商合作)
Zhu, et al.(2011)	绿色采购、客户合作、投资回收
Giovanni & Vinzi(2012)	内部环境管理、外部环境管理
Green Jr, et al.(2012)	内部环境管理、绿色信息系统、绿色采购、客户合作、生态设计、投资回收
Perotti, et al.(2012)	绿色供应、分销策略与运输、仓储与绿色建筑、回收物流、客户合作、投资回收、生态设计与包装、内部管理

文献来源	关键维度
Shi, et al.(2012)	组织内环境实践、组织间环境实践（绿色采购、环境设计、绿色配送）
Wu, et al.(2012)	绿色采购、客户合作、生态设计、投资回收
Zhu, et al.(2012a)	内部绿色供应链管理（内部环境管理、生态设计、内部财务政策）；外部绿色供应链管理（绿色采购、客户合作、投资回收）
Yang, et al.(2013)	内部绿色实践（绿色政策、航运实践、营销）；外部绿色合作（供应商、伙伴、客户绿色合作）
Zhu, et al.(2013)	内部绿色供应链管理（内部环境管理、生态设计）；外部绿色供应链管理（绿色采购、客户合作、投资回收）
Lo(2014)	绿色设计、绿色采购、绿色制造、绿色物流、内部环境管理
Hsu & Hu(2008) Hu & Hsu(2010)	供应商管理、产品再回收、组织参与、生命周期管理
Hsu, et al.(2013)	生态设计（环境设计）、绿色采购、回收物流
Testa & Iraldo(2010)	供应商环境绩效评价、要求供应商采取环境保护措施
Vachon & Klassen(2006b) Vachon(2007) Lee & Klassen(2008)	环境合作、环境监测
Zhu & Sarkis(2004) Zhu, et al.(2008)	内部环境管理、外部绿色供应链管理、投资回收、生态设计
Zhu & Sarkis(2007) Zhu, et al.(2008a) Zhu, et al.(2008b)	内部环境管理、绿色采购、生态设计、客户合作、投资回收

2.1.3.3 绿色供应链管理的动因

（1）内部驱动因素

供应链绿色管理涉及企业运营流程中的各个环节与各项活动，亦可视为基于企业战略的业务流程重组，其实施有赖于组织内部诸多相关因素的推动。就企业自身而言，对绿色供应链管理实践准备得越充分，实施的意愿或动机就越强（Lee，2008）。目前，管理者环境专业知识缺乏与企业环保专业能力不足已经成为企业绿色供应链管理实践过程中最为常见的障碍（Wu，et al.，2012）。González Torre 等（2010）就指出，企业要想实施绿色供应链管理则必须克服组织内部障碍，如缺少高管支持、缺乏环境专业知识、缺少信息技术系统以及高昂的财务与人力资源成本等等。

首先，来自管理者的支持与承诺是绿色供应链管理成功实施的一个关键因素（Zhu，et al.，2008）。高层管理者对绿色供应链管理的承诺，如增加环境管理沟通渠道、设定组织环境管理目标、建立奖励体系以及提高员工环保主动性（Ramus & Steger，2000；Zhu，et al.，2008），有助于企业建立适合自身特点的环境管理体系（Ramus & Steger，2000）。Dai 等（2014）研究指出，高层管理人员对环境保护行动的支持对绿色供应管理（监控、供应商参与、协同规划）的实施具有促进作用。中层管理者对绿色供应链管理的支持，则可以有效协调跨部门的环境保护活动，并提高整个企业的环境管理意识（Bowen，et al.，2001；Zhu，et al.，2008）。不仅如此，高层管理者的承诺与中层管理者的支持也将有助于企业环保态度的形成与环保型企业文化的塑造。环保态度被认为是绿色供应链管理活动的一个关键预测指标，环保态度积极的企业绿色供应链管理实践通常也非常活跃，组织文化则可能是绿色供应链管理活动水平的关键控制因素（Holt & Ghobadian，2009）。Autry 等（2013）分析认为，组织支持与个人承诺会影响企业环保实践实施的可能性，并且二者之间存在协同效应。

其次，作为企业特有的一些能力，如专业知识、跨部门沟通与环境管理体系等，也有助于环境管理的实施（Wu，et al.，2012）。例如，具备环境保护相关专业知识能够有效降低绿色供应链管理实践的风险，减少技术以及财务方面的不确定性，增强企业实施绿色供应链管理的意愿（Lee，2008；González Torre，et al.，2010）。跨部门沟通可以通过专业员工之间的整合实现真正意义上的"无边界"沟通，从而提升跨部门环境保护协作水平（Zhu，et al.，2008）。环境管理体系作为一种组织学习机制，不仅可以通过环境标准的建立以防止污染，而且可以增强企业持续改进的能力从而实现绿色供应链管理

(Zhu，et al.，2008)。

最后,人力资源与财务资源则是企业实施绿色供应链管理过程中必不可少的基础条件(Wu，et al.，2012)。诸如污染防治或环境管理计划等环境管理实践的开展,离不开广大员工的全面参与(Hanna，et al.，2000)。对于实施环境管理的企业而言,不仅人力资源管理与培训非常重要(Sarkis，et al.，2010),而且绿色制造流程与创新技术的发展也需要长期的技术投资。因此,只有当企业拥有优越的人力资源与充足的财务资源才能够保证绿色供应链管理实践的成功实施(Lee,2008)。

另外,成本通常被认为是绿色供应链管理实施的一个突出障碍(Presley，et al.，2007),由此,降低成本实际上也代表了企业实施环境管理项目的一个常见动力(Handfield，et al.，1997;Carter & Dresner,2001;Walker，et al.，2008;Lo,2014)。在产品的整个生命周期中,污染实际上反映了由于资源和精力的浪费而产生的隐性成本(Porter & Van der Linde,1995;Walker，et al.，2008),污染防治则可以通过材料替代与闭环流程等方法帮助企业有效阻止污染从而降低成本(Walker，et al.，2008)。Handfield 等(1997)就发现,关注降低成本、消除浪费与质量改进的企业在许多绿色供应链管理活动中都处于领先地位;Walker 等(2008)也认为,投资者对企业环境保护措施的影响日益明显。而且,环境绩效被认为是企业获取卓越质量的一个重要动因(Pil & Rothenberg,2003)。

(2)外部驱动因素

绿色供应链管理的外部驱动力量则来自于企业诸多的利益相关者,主要包括政府、客户、竞争者、社会以及供应商(Carter & Carter,1998;Walker，et al.，2008;Dai，et al.，2014)。

政府。就环境问题而言,监管机构或政府是最为明显的外部利益相关者(Sarkis，et al.，2010),政府监管或立法作为一种典型的强制性压力(Zhu & Sarkis,2007),已经成为企业环保行动的一个主要驱动力量(Handfield，et al.，1997;Walton，et al.，1998;Zhu，et al.，2005;Zhu，et al.，2007a;Walker，et al.，2008;Holt & Ghobadian,2009;Sarkis，et al.，2010;Zhu，et al.，2011;Tachizawa，et al.，2012;Hsu，et al.，2013;Zhu，et al.，2013;Agan，et al.，2013;Li,2014;Lo,2014;Mathiyazhagan，et al.，2014)。叶飞和张婕(2010)研究发现,政策法规对绿色设计具有显著的正向影响。

众所周知,企业运营必须遵守环境法规,否则将面临监管机构采取法律行动征收管理罚款的威胁,并可能遭到用户个人或集体诉讼,从而对其公众形象和客户关系产生负面影响(Sarkis,et al.,2010)。但事实上,即使遵守环境法规也并不能确保环境绩效的提升(Bowen,et al.,2001),因为在监管合规驱动之下大多企业都是被动响应,其很可能并没有遵循其初始动机将环境保护贯穿于企业整个价值链过程始终(Handfield,et al.,1997)。因此,只有开展积极的环境保护行动,企业才有可能主动去适应环境法规的要求,从而推动绿色供应链管理的成功实施(Bowen,et al.,2001;Carter & Dresner,2001;Sarkis,et al.,2010)。另外,环境法规也可被视作以低成本开展创新和减少环境影响的一种动力,而不仅仅是用户个人或集体诉讼的缘由(Porter & Van der Linde,1995)。为了满足环境监管而进行的创新,也有助于企业更有效地使用材料、更好地进行生产创造并提高产品产量(Walker,et al.,2008)。

客户。客户是绿色供应链管理实践的主要驱动力量(Walker,et al.,2008;Tachizawa,et al.,2012;Hsu,et al.,2013;Lo,2014;Mathiyazhagan,et al.,2014),其重要性仅次于政策法规。已有研究表明,市场(规范)压力对企业环境创新实践具有显著促进作用(Li,2014),同时会增强绿色供应链管理实践的环境绩效水平(Zhu & Sarkis,2007)。

随着环保意识的增强,消费者开始质疑所购买商品的环境影响,并期望企业在产品设计、生产过程中能够执行最低的绿色标准(Tate,et al.,2010)。现有研究也表明,来自下游供应链成员或客户的压力迫使企业采取绿色供应链行动(Handfield,et al.,1997;Hsu,et al.,2013),而基于长期供应链视角的客户需求对环境管理具有更加积极的影响(Carter & Dresner,2001)。从制度理论视角来看,由客户等在企业存在既得利益的外部利益相关者所施加的规范压力会推动组织确认并被视为更加合法或值得信任(Vachon,et al.,2009;Sarkis,et al.,2010),客户会对企业施加压力迫使其从事环境供应链实践。

竞争者。诸多研究表明,竞争是企业实施绿色供应链管理的重要动因(Zhu & Sarkis,2006;Walker,et al.,2008;Holt & Ghobadian,2009;Tachizawa,et al.,2012;Hsu,et al.,2013;Lo,2014;Mathiyazhagan,et al.,2014),竞争(模仿)压力有助于促进企业环境创新实践(Li,2014),并会削弱绿色供应链管理动因与绿色供应链管理实践之间的关系(Wu,et al.,2012),增强绿色供应链管理实践与经济绩效之间的关系(Zhu & Sarkis,2007)。叶飞和张婕(2010)研究表明,竞争者对绿色设计具有显著的正向影响。

众所周知,各行各业的大型与成功企业通常都会面临来自竞争者与外部环保人士的严格审视(Zhu & Sarkis,2007)。不仅如此,其实大多企业都会遭受来自竞争对手的压力,从而促使其开展绿色行动以应对竞争。事实上,制造企业不仅能够通过废旧产品回收赢得竞争优势（Heese, et al., 2005），而且还可以利用市场敏锐度、声誉，容易获得原厂配件以及内部高效翻新废旧产品的潜力，通过回收废旧产品和出售翻新产品创建一笔额外收入来源从而超越竞争对手（Zhu, et al., 2008）。且作为潜在的环境技术领导者，竞争者可以在法律授权的情况下制定行业规范，从而推动整个行业的环境创新（Walker, et al., 2008）。因此，积极的环境战略能够帮助企业发展供应管理能力（Sharma & Vredenburg, 1998; Sarkis, 2003; Ferguson & Toktay, 2006），环保采购政策可以提升企业财务绩效（Porter & Van der Linde, 1995; González-Benito & González-Benito, 2005; Rao & Holt, 2005），这些都可以帮助企业获取竞争优势。Hart（1995）早就指出，企业应该关注绿色合作行动倡议，因为其可以通过污染预防、产品管理和可持续发展战略等领域的合作帮助企业获取可持续竞争优势。

社会。随着生态环境的日益恶化，公众的环境意识与社会意识普遍增强（Walker, et al., 2008），企业的环境声誉对公众购买决策的影响越来越大（Drumwright, 1994），公众对环保产品的需求也日益增加（Handfield, et al., 1997），并开始将产品制造企业及其供应商纳入考虑范围（Walker, et al., 2008）。源自公众与利益相关者的压力正在促使企业回顾性审视他们的环保供应实践（Sharma & Vredenburg, 1998; Delmas, 2001），其中非政府组织或绿色团体（如绿色和平组织）的作用最为明显，对企业的影响也越来越大。另外，在社会公众环境意识增强的背景下，如果企业能够通过规范化方式处理环境问题，则可以为企业创造赢得新客户的机会（Walker, et al., 2008），这实际上也是企业扩大宣传、提高知名度的一种有效方式。

供应商。纵观现有研究，很少有学者会认为供应商是绿色供应链管理实践的关键驱动因素（Walker, et al., 2008），而 Zhu & Sarkis（2006）与 Zhu 等（2007a）则是例外。Carter & Dresner（2001）曾提出，供应商虽然可以为企业环保项目的实施提供有价值的思想资源输入，但他们通常不作为直接的推动力量。Walker 等（2008）则认为，之所以相关实证研究不足，可能是因为供应商作为动因尚需进一步验证，或者是因为供应商在绿色供应链管理实践中的地位可能并不十分重要。Zhu & Sarkis（2006）也认为，与其他驱动因素相比，供应商环境绩效对绿色供应链管理实践的影响则不太重要。然而，虽然供应商可能并不是关键驱动因素，但供应链整合（包括供应商）可以为环境问题更加有效的管理提供重要支撑（Klassen & Vachon, 2003; Vachon & Klassen, 2006b）。Vachon & Klassen（2006b）运用合作范式对制造工厂绿色供应链管理实践的分析表明,供应链整合的程度越高,越有利于工厂运营中的环境管理;而且,随着供应基地的减少,与主要供应商之间环境协同程度会增强。由此可见,供应商也可被视作绿色供应链管理的驱动力量,供应商在环境友好包装、开发环境友好产品等方面的进步以及与供应商的环保合作关系都可以有效推动绿色供应链管理的实施(Zhu & Sarkis,2006;Zhu, et al.,2007a)。

2.1.3.4 绿色供应链管理对企业绩效的影响

现有绿色供应链管理与绩效关系的研究,主要涉及环境、经济(正面、负面)、运营以及财务等绩效维度,将"绿色供应链管理"直接作为潜变量的诸多实证研究已经表明,绿色供应链管理对企业绩效具有显著影响,但影响方式与大小则因绿色供应链管理与企业绩效维度不同而存在差异,代表性研究见附录2。除此之外,虽然没有直接提及"绿色供应链管理"的概念,但也有大量研究围绕其核心概念究其与企业绩效之间的关系所展开,下面将选择相关重要文献进行阐述。

Theyel(2000)以美国化学行业650家制造工厂为样本,探讨了环境管理实践对环境创新与环境绩效的影响,分析显示,废物审计、全面质量管理、污染防治计划、员工污染防治培训程序、全面成本核算、指定污染防治经理、污染防治员工激励计划、对供应商提出污染防治要求、为了防治污染在工厂内部进行研发以及生命周期分析等环境管理实践有助于促进工厂环境创新与环境绩效的提升。Sroufe(2003)基于对美国1118家已经建立环境管理体系或通过ISO14001认证的制造工厂的问卷调查,就环境管理体系对环境管理实践与运营绩效的影响进行了探讨,研究表明,参与环境管理体系活动与环境管理实践(环保废物管理实践、环保设计实践)对运营绩效具有显著的正向影响,同时,环保废物管理实践与环保设计实践在环境管理体系活动与运营绩效关系中具有部分中介作用。基于北美包装印刷行业84家制造企业的问卷调查,Vachon & Klassen(2006a)探讨了绿色项目关系与企业绩效的关系,结果发现,与供应商之间的绿色项目关系有助于提升交付绩效,与客户之间的绿色项目关系有助于提升成本绩效、柔性绩效与环境绩效;Vachon & Klassen(2008)则探究了供应链环保合作实践与制造绩效的关系,分析表明,与供应商以及客户之间的环保合作对工厂环境绩效与运营绩效(质量、交付、柔性,成本除外)均具有显著的正向影响。Montabon等(2007)运用45份企业年报分析了环境管理实践对企业绩效的影响,结果显示,回收利用、积极减少废物、再制造、环境设计以及环境问题市场监督与产品创新、过程创新以及销售增长显著正相关,与资产回报率呈现负相关关系,而且前者作用强度更大。Wu等(2008)

以美国1165家制造企业为样本,基于资源基础观与权变视角探讨了环境管理体系对运营绩效的影响,结果发现,作为环境管理体系中的隐性资源,高管团队战略感知、跨职能合作、与环境责任供应商合作与全员环境管理体系意识可以显著提升企业运营绩效。Zhu等(2010)以大连、苏州、天津三地市334家制造企业为样本,探讨了环保导向供应链合作(绿色采购、客户合作)与循环经济实践(内部环境管理、生态设计、投资回收)及其目标绩效之间的关系,分析认为,循环经济实践及其目标绩效与环保导向供应链合作显著正相关;具体而言,企业绿色采购执行水平与客户合作程度越高,其内部环境管理、生态设计与投资回收实践的实施水平就越高,对应其环境绩效与经济绩效也越好。Wong等(2012)以中国台湾122家电子制造企业为样本,探讨了绿色运营(产品监管、过程监管)对企业绩效(污染减少、财务绩效)的影响以及供应商环境管理能力的调节作用,研究表明,当不考虑供应商环境管理能力时,产品监管、过程监管与污染减少、财务绩效分别呈现显著负相关与正相关关系;当供应商环境管理能力较强时,产品监管与过程监管都可以减少污染,但对财务绩效分别具有显著负向与正向影响;当供应商环境管理能力较低时,产品监管、过程监管仅对减少污染分别具有显著的负向和正向影响,对财务绩效的影响都不显著。Agan等(2013)以土耳其500家中小企业为样本就环保过程的驱动因素及其对绩效的影响展开了探讨,分析认为,废物处理、环境设计以及环境管理体系对企业长、短期收益,市场份额,企业形象以及竞争优势均具有显著的积极影响。Hajmohammad等(2013)运用加拿大85家制造工厂数据探讨了精益管理与供应管理对绿色实践及其绩效的影响,结果表明,ISO14001认证、污染预防以及材料回收等绿色实践对环境绩效具有显著的正向影响。Schoenherr & Talluri(2013)以欧洲和美国402家制造工厂为样本就环境可持续行动(回收利用、废物减少、污染预防、ISO14001认证)所带来的工厂效率差异进行了比较分析,结果显示,环境可持续行动对工厂效率的影响在欧洲和美国存在差异;其中,欧洲仅仅发现回收利用、废物减少与工厂效率之间显著正相关,美国则仅有ISO14001认证与工厂效率之间显著负相关。

2.1.3.5 小结

基于文献综述可以发现,绿色供应链管理的概念及其维度结构虽未达成共识,但核心思想基本一致。本书认同朱庆华(2004)所给出的定义及其一阶五维度因子结构,其已经在中国不同行业得到持续验证,并为诸多实证研究所采用。尽管如此,从现有研究来看,尚有很多问题需要进一步探讨,集中体现在以下两方面:

对绿色供应链管理实施的"动力"因素关注有待加强。对于企业为何要实施绿色管理,现有研究基本从外部相关方视角入手,关注来自政府、社会、客户以及竞争者的"压力"因素;然而,在上述诸多压力之下,企业大多"被动响应",由此导致其实施效果并不理想,很多企业停留在内部环境管理的初级阶段。为此,在全社会环境意识普遍提高的今天,迫切需要发掘绿色供应链管理的真正"动力"因素,引导企业"主动实施",通过积极调动企业内外部资源与能力切实提升供应链绿色管理水平。为此,本书从关系资本入手,借鉴社会资本、资源基础观以及关系观等理论,尝试探讨关系资本对绿色供应链管理实施的促进作用以及环境导向的情境影响。

对绿色供应链管理与财务绩效关系的探讨明显不足。关于绿色供应链管理的实施效果,诸多学者围绕绿色供应链管理对环境绩效、经济绩效以及运营绩效的影响展开了大量探讨,但对财务绩效的关注明显不足。而众所周知,企业毕竟是追逐利润的,因此,从本质上来说,财务绩效才是企业运营与开展相关实践的终极目标,对于绿色供应链管理而言同样适用。因为从具体实践来看,绿色供应链管理的实施需要巨大投入,即使实施过程中所带来的环境、经济与运营效益再好,当最终"产出"小于"投入"时,企业实施的动力或意愿仍然会变弱。基于上述考虑,为了更好地推动绿色供应链管理的实施,作者认为有必要弄清绿色供应链管理究竟能否以及如何影响财务绩效,由此丰富与完善绿色供应链管理对企业绩效的影响机制。

2.1.4 战略导向

战略导向是指企业为了获取持续卓越绩效所做出的一种引导并影响企业活动的战略决策(Slater, et al. ,2006),诸如市场导向、技术导向、创业导向、学习导向、资源导向与网络导向等等,目前研究主要集中在战略导向对结果变量(如企业绩效)的影响以及这种关系之间所存在的中介效应(如组织学习)与调节效应(如环境与组织特征)(张妍和魏江,2014),但战略导向作为情境变量的实证研究并不多见。其中,Slater 等(2006)分析指出,战略导向调节战略形成能力不同要素与绩效之间的关系,不同战略导向帮助企业从不同战略形成能力中获益;Hsieh 等(2008)研究表明,市场导向正向调节产品优势与新产品绩效之间的关系;Li 等(2008)分析发现,创业导向正向调节市场导向与企业绩效之间的关系;Wales 等(2013)分析表明,创业导向调节吸收能力与财务绩效之间的倒 U 形关系。

根据 VRIO 资源基础分析框架,除了有价值、稀缺以及难以模仿,"组织"

被认为是企业获取竞争优势的另一个关键要素。也就是说,企业必须对自身所拥有的关键资源进行有效组织从而充分发挥其潜力以成功构建核心能力(Zhou,et al.,2008)。从本质上来说,作为一种经营理念或组织文化,战略导向反映了企业如何"组织"关键资源从而创建竞争优势的战略姿态,其可以为相应战略实践的开展创造有利氛围,这将有助于企业充分利用资源优势成功构建核心能力。由此可见,战略导向与企业资源之间可能存在协同效应,战略导向可能会强化企业资源的战略实践效应,也即战略导向可能会增强企业资源与战略实践之间的正向关系。例如,Cao & Schniederjans(2004)研究发现,在电子商务环境下,企业信息系统战略导向与运营战略之间的匹配对企业绩效具有积极影响。为了进一步验证这一点,结合实际情况,本书选取两类和供应链质量整合与绿色供应链管理实践实施密切相关的战略导向,也即质量导向与环境导向。

质量导向提倡通过提供客户满意的高质量的产品为企业谋求竞争优势(Mehra,et al.,2011)。Gummesson(1991)提出,质量的概念已经融入生产与营销两种传统的企业导向;同时,"全面质量营销"原则也指出,客户满意是联系质量导向与营销导向的纽带(Mehra,et al.,2011);Grant 等(1994)则认为,关注质量已不仅仅是一个企业目标,而可以被认为是一种经营理念,因此其可能是另一种战略导向;Mohr-Jackson(1998)指出,全面质量导向是组织持续提高客户感知质量以最终实现客户满意的承诺,与市场导向是互补性的企业理念。Wang & Wei(2005)将质量导向视作组织的质量文化,在这种氛围下企业各个层面都努力防止问题发生并积极实施立足现状的持续改进,包括高层质量领导、持续改进以及跨职能产品与服务设计等内容。Mehra 等(2011)指出,质量导向理念可以理解为基于质量竞争的组织承诺,其不仅反映了企业如何开展业务以参与市场竞争,而且也体现了客户如何感知企业产品的质量水平。这也就是说,质量导向实际上描绘的是一种组织承诺或文化氛围,其致力于通过发展和维持可持续质量竞争优势以提升企业绩效,具体包括质量教育与培训(再培训)、团队质量合作、质量控制程序以及质量管理奖励等内容(Mehra,et al.,2011)。

作为指导企业环保实践的重要经营原则,环境导向一直是环境管理研究的核心概念(Banerjee,2002),并与环境战略一起被认为是企业环保主义的两大主题(Banerjee,2001)。环境导向可以理解为企业环境社会责任,也即识别企业运营对环境影响的重要性并尽量减小这种影响,其可以划分为内部环境导向与外部环境导向(Banerjee,2002)。其中,内部环境导向是指企业内部关于环境保护承诺水平的价值观与伦理行为标准，可以被解释为一种环境保护的企业文化，表现为企业环境保护政策与程序的形成、可持续发展报告的详细阐述以及员工的环境培训（Banerjee，2002；Baker & Sinkula，2005）；外部环境导向体现的则是管理者对满足外部利益相关者环境需求必要性的感知，其依赖于管理者对企业没有满足这些需求产生后果严重性的评价，表现为可持续发展、为了子孙后代保护环境、履行社区与社会责任、树立积极的企业形象等（Banerjee，2002；Chan，et al.，2012）。本书中环境导向主要聚焦于外部环境导向。

2.1.5 企业绩效

通过梳理关系资本、供应链质量整合以及绿色供应链管理与企业绩效关系文献可以发现，主要涉及运营绩效、财务绩效、环境绩效、经济绩效、创新绩效以及供应链绩效等维度（详见2.1.1、2.1.2、2.1.3相关内容），在研究过程中不同学者会根据研究需要进行定义与测量，目前并无公认的统一定义。

本书将采用更为主流的企业绩效维度，包括运营绩效与财务绩效。运营绩效是指企业在质量、成本、交付以及柔性等方面的表现（Wong，et al.，2011；Huo，et al.，2014b），划分为成本与服务两类（Huo，et al.，2008）；财务绩效则是指企业在发展能力、盈利能力等方面的表现，具体包括销售增长、销售回报率、利润增长、市场份额增长、投资回报率等指标（Flynn，et al.，2010）。

2.2 理论基础

2.2.1 社会资本理论

企业间关系研究越来越关注"企业如何嵌入于由不同组织行动者所构成的社会关系网络之中"（Inkpen & Tsang，2005），"企业如何运用企业间关系构建持续优势与创造卓越绩效"也成为供应链与运营管理领域研究者面临的根本挑战，而社会资本理论的提出则为其提供了一个有价值的理论视角。社会资本理论着眼于能够造成组织内部以及组织之间绩效差异的资源流动，其有助于描述和表现企业的关系特征（Koka & Prescott，2002），从而为剖析企业通过社会网络获取竞争优势的内在机理提供了依据(Carey,et al.,2011)。正因为如此,社会资本理论的重要性正变得日益突出(Inkpen & Tsang,2005),在供应链研究领域也有非常广泛的应用前景(Krause,et al.,2007)。

事实上,社会资本的概念由来已久。自1986年布迪厄首次对社会资本进行系统分析之后,经过科尔曼、伯特、波茨等学者的发展,社会资本的概念不断拓展与演化(Inkpen & Tsang,2005)。在诸多不同表述中,其变化主要体现在两个关键方面(Adler & Kwon,2002):社会资本的来源/结果、关系的质量或描述/关系的结构。就现有研究来看,应用较多、比较主流的社会资本概念主要有两种表述:第一种认为,社会资本是有价值的资产,其来源于社会关系,也即通过社会关系所能获取的资源(Granovetter,1992;Krause,et al.,2007;Lawson,et al.,2008;Villena,et al.,2011);第二种将社会资本定义为"嵌入企业的、可利用的、源于个体、组织或社会单元所拥有关系网络中的、实际的或潜在的资源的集合"(Nahapiet & Ghoshal,1998;Inkpen & Tsang,2005;Carey,et al.,2011)。然而,虽然社会资本概念已被普遍接受,但其意义和影响仍然存在诸多的不确定性(Koka & Prescott,2002)。

社会资本理论的核心观点认为,社会成员的善意是一种有价值的资源(Granovetter,1992)。当社会结构中的成员利用善意和社会资源获取所需资源时,社会资本便产生了(Wu,et al.,2012)。社会资本是以个人和组织社会关系网络形式而存在的社会资源的集合(Nahapiet & Ghoshal,1998)。其中,社会网络不仅有助于企业之间信息和知识的分享,而且对于社会网络中的所有成员而言也具有同样的社会价值(Wu,et al.,2012)。企业由此可以在信息、团结以及社会影响等方面获益(Adler & Kwon,2002)。作为一种社会网络利益的表达方式,社会资本嵌入于与其他企业管理人员以及政府官员之间的关系之中,其可以帮助企业实现知识共享与相互协作的目标(Luk,et al.,2008)。

企业应该通过彼此沟通、互相信任以及共享价值观与供应链合作伙伴建立社会关系(Wu,et al.,2012),社会资本理论对促进与导入供应链管理实践具有重要的解释作用(Hsu,et al.,2014)。当形成良好的社会关系以后,企业就会更愿意分享他们的知识并进行合作(Nahapiet & Ghoshal,1998;Lawson,et al.,2008)。基于相互之间充分的信任,企业也会与其合作伙伴共同进行专用资产投资,并加强业务协作(Heide & Miner,1992)。而且,随着社会关系的建立与发展,因为拥有相同的目标与愿景,这将帮助企业交换彼此的资源并整合各自潜在的利益(Krause,et al.,2007)。而当供应链成员之间进行资源交换与利益整合时,社会资本效益就会促进供应链协同(Krause, et al.,2007;Lawson, et al.,2008)。诸多研究均表明,购买商与供应商之间的社会资本有助于双方获取和利用存在于关系中的资源从而提升运营绩效(Cousins, et al.,2006;Krause, et al.,2007;Lawson, et al.,2008;Carey, et al.,2011;Villena, et al.,2011;吴红翠和张慧颖,2013;张慧颖和徐可,2013),有助于降低信息不对称从而促进战略合作伙伴之间问题的解决与知识的交换(Lawson, et al.,2008);同时,也可以促进组织学习(薛卫等,2010;简兆权等,2010)与知识管理(张慧颖和徐可,2013),通过知识分享(曹科岩等,2008)、知识创造(陈建勋等,2008)、知识能力蕴蓄(谢洪明等,2007)以及知识螺旋(戴万亮等,2012)推动产品、技术及管理创新(谢洪明,2006)并提升创新绩效(戴勇和朱桂龙,2011)。

尽管如此,社会资本的构建也可能存在潜在风险或带来负面后果(Villena, et al.,2011),这一点社会学家(Granovetter,1985)与战略学家们(Uzzi,1997;Adler & Kwon,2002;Anderson & Jap,2005)早就已经提出了警示,但直至最近才引起广大学者的广泛关注。在供应链情境之下,大多数购买企业都是通过大量的资源投资从而与供应企业建构社会资本,此时考虑社会资本的负面效应对企业管理将具有更加重要的启示(Adler & Kwon,2002;Autry & Griffis,2008)。企业努力构建的社会资本实际上有可能会导致客观性丧失、机会主义行为以及不良决策,盲目构建更高水平的社会资本则可能会导致资源的浪费和挫败感的产生(Villena, et al.,2011)。由此可见,如何构建最优水平的社会资本对于企业的生存与发展显得至关重要。

2.2.2 资源基础理论

企业资源基础观(resource-based view,RBV)的提出为描述、解释和预测企业如何通过资源的获取和控制获取持续竞争优势提供了一个重要的理论视角(Rungtusanatham, et al.,2003)。RBV认为,企业是各种资源的集合体,其所拥有的不同资源在企业之间具有不可流动性,因而可以转化成企业独特的能力;这些独特的资源和能力能够帮助企业获取异常利润,从而塑造企业的可持续竞争优势(Wernerfelt,1984;Barney,1991;Peteraf,1993)。这里的资源是指能够促进商品和服务生产与交付的各种资产,既包括有形资产(如机器、设备),也包括无形资产(如信息或流程知识)(Grant,1991;Amit & Schoemaker,1993;Barratt & Oke,2007)。但实际上RBV更加关注那些更具企业专有性的无形资产(如知识、学习),因为与那些可以购买到的资源相比,其可能是企业更重要的利润来源（Conner，1991；Coates & Mcdermott，2002）。例如，Rungtusanatham 等（2003）认为，永久性或半永久性控制资源可能是企业的一个竞争优势。因为企业对不同类型的资源可能具有不同的控制水平。由此，企业可以被看作是由一系列资源或能力构成的"资源束"，包括企业管理技巧、组织流程与惯例及其所控制的信息和知识（Barney，1991）。因为资源的差异性或不同资源束使得产品或服务具有不同属性（Wernerfelt，1984；Conner，1991），从而导致企业竞争地位的差异。

值得注意的是，并不是所有的资源都能够成为企业持续竞争优势的来源，Rungtusanatham 等（2003）将其归纳为资源和能力的"VRINN"属性，即有价值（V）、稀缺（R）、不完全流动（I）、难以模仿（N）、不可替代（N）。Barney（1991）指出，这些资源也必须是能被企业的组织过程加以开发利用的，组织流程也是实现竞争优势的必要条件；进而提出了 VRIO 资源基础分析框架，有价值、稀缺、不完全模仿以及组织被认为是企业资源异质性和不可流动性的重要表征，可以决定这些资源对创造持续竞争优势的贡献。

总之，资源、能力及战略性资产是 RBV 的关键概念（Barney，1991）。企业绩效的差异可以通过企业所拥有的战略性资源加以解释，如核心能力、动态能力以及吸收能力等（Cao & Zhang，2011）。稀缺性资源或资产、突出的核心竞争力与能力可以帮助企业创造持续市场优势（Knudsen，2003），组合资源的独特方式也可以为企业带来优势（Dyer & Singh，1998）。RBV 指出，关系资产具有稀缺、有价值、不可替代、难以模仿等特性，关系资产投资能够帮助合作企业构建竞争优势。而且，供应链企业之间的关系资产具有嵌入性及因果模糊性特征，很难被竞争者模仿（Jap，2001）。因此，关系资产是一种重要的战略性资源，可以促进企业相关能力的构建，从而帮助企业创造可持续竞争优势。

基于 RBV 视角，许多研究者一直尝试对其核心概念（资源与能力）进行定义，然而回顾文献可以发现，这些概念并没有得到清晰的界定（Wong，et al.，2012）。虽然有些学者认为能力是资源的一部分，但是另一些学者则持相反意见，并试图对资源和能力进行区分，同时指出使用资源的能力应该被视为与资源相互独立（Amit & Schoemaker，1993）。

企业如果过度使用特定的资源束可能会发现很难获得新的资源或能力，因此，迫切需要通过开发新的资源以适应不断变化的环境需求。自然资源基础观（natural resource-based view，NRBV）的提出是对 RBV 的有益拓展与完善，其认为企业的发展和兴旺受制和依赖于其所处的自然环境条件和资源（Hart，1995）；对于管理者而言，在利用有价值的、稀缺的以及不完全模仿的资源和能力塑造竞争优势的过程中，必须要注意考虑环境因素的作用。在生产运营过程中，企业如果有能力利用或者保护自然资源，同时可以实现高绩效；而且，这种能力具有因果模糊性或者社会复杂性特征（Wong, et al.，2012）。其中，因果模糊性能力是一种基于技巧的企业资源，有助于企业通过重复实践获得经验和学习技能（Hart, 1995），或者通过发展环境管理实践的互补性资产（如技术知识）以获得更好的绩效结果（Wong, et al.，2012）。因为模仿障碍的存在以及对组织资源的更好利用，擅长经验学习和利用互补性资产的企业可以在竞争中占据有利地位（Das & Teng, 2000）。另外，社会复杂性能力可以帮助企业获取合作伙伴的资源，其目的在于当合作伙伴忙于协调组织行动以实现超越时保护企业已经开发的资源（Wong, et al.，2012）。组织之间协调与协同的内在复杂性决定其很难被模仿；因此，NRBV 可以被用于解释绿色运营企业的绩效结果，特别是供应商以及客户环境管理能力作为一种互补性资产，有助于协调组织之间的行动（Wong, et al.，2012）。

2.2.3　关系观

关系观（relational view，RV）的提出对 RBV 起到了很好的补充，其认为企业关键性资源可能跨越企业边界而嵌入企业间惯例和程序，异质性企业间联系可能是关系租金和竞争优势的来源（Dyer & Singh, 1998）。也就是说，随着单个企业之间竞争的逐渐弱化，两个企业或者企业网络之间可以通过发展独特的关系以获取持续竞争优势。企业不仅可以获得内部租金，如资源稀缺性带来的李嘉图租金以及源自附加值的准租金，而且可以取得关系租金。

Dyer & Singh（1998）指出，关系租金是特定联盟伙伴在相互之间异质性资源交换关系中共同产生的一种超额利润，具有因果模糊性和时间压缩不经济的特征，企业可以构建相关隔离机制对其进行有效保护从而维持其可持续性。例如，提高组织间资产互联性，增进组织间能力的共同演化，快速识别具有互补性战略资源和关系能力的合作伙伴并与其建立联盟，构建社会复杂、难以模仿的制度环境（Dyer & Singh, 1998）。

因此，关系观体现的是一种共同价值或共同利益的实现机制，企业之间的关系租金来自于合作伙伴之间的互惠性合作，其可以用来很好地解释关系资本所能带来的绩效优势。

2.2.4　组织能力观

组织能力观认为，能力的差异是企业持续竞争优势的来源。组织能力可以理解为重复执行与企业能力直接或间接相关的生产任务以通过影响投入与产出的转化效率为企业创造价值的能力(Huo,2012)。在运营管理研究中,其也被称为运营能力,是指一个组织单元预期的或者已经实现的竞争绩效与运作优势(Peng, et al.,2008)。纵观现有文献,诸多形式的组织能力已经为学者们所关注。例如,Kusunoki 等(1998)从模块化与可设计性两个维度将组织能力划分成三种类型,即本地能力、架构能力以及过程能力;Lorenzoni &Lipparini(1999)将企业间关系视作一种独特的组织能力;Bharadwaj(2000)认为信息技术也是一种组织能力;Zehir 等(2006)考察了 8 种组织能力,分别是全球化、高层管理、产品/服务、营销、技术、信息系统、订单交付以及外部关系能力;Newbert(2007)通过梳理 55 篇资源基础观实证研究文献,总结归纳出32 种能力与 6 种核心能力。不仅如此,在众多不同分类中,组织学习与知识管理也被认为是非常重要的组织能力(Schroeder, et al.,2002;Bustinza, et al.,2010)。Wade & Hulland(2004)提出,资源是有助于发现与应对市场机会或威胁的资产或能力,根据竞争环境特征的差异可以区分为核心资产/能力与动态资产/能力两种类型。其中,核心能力是指在相对稳定的环境中企业独特的能力单元,动态能力则是指在动态、多变及不稳定的环境中整合、构建、组织、重置企业内外部能力以满足不断变化的环境要求从而创建多重持续竞争优势的能力(Teece, et al.,1997;Wade & Hulland,2004;Schreyögg & Kliesch-Eberl,2007;Peng, et al.,2008;Huh, et al.,2008;Huo,2012)。由此可见,Kusunoki 等(1998)所提出的本地能力可以归为核心能力范畴,架构能力和过程能力则属于动态能力范畴(Huo,2012)。

整合可以被视作组织能力,内部整合与外部整合则分别代表了企业内部核心动态能力与外部核心动态能力(Teece, et al.,1997;Verona,1999;Schreyögg & Kliesch-Eberl,2007;Huo,2012;Wong,2013)。根据 Verona(1999)的研究,组织能力包括技术能力、内部整合能力、外部整合能力与营销能力;其中,内部整合能力包括内部沟通、整合战略、政治与财务支持、微妙控制(subtle control)、工作培训、集体头脑风暴、激励、流程整合、组织重组以及内部整合文化与价值观,外部整合能力包括外部交流、社会化、授权、激励、招聘、协同网络以及外部整合文化与价值观。Huo(2012)认为,供应链整合属于一种组织能力,具体包括内部整合能力以及供应商整合能力与客户整合能力三个维度。Wong(2013)基于动态能力理论,将环境信息整合定义为与供应链合作伙伴共享环境管理信息以协调环境管理实践的组织能力,并区分出供应商环境信息整合能力、内部环境信息整合能力与客户环境信息整合能力三种类型。不难看出,上述研究中有关组织能力的认识和分类与本书中内部质量整合与外部质量整合(供应商质量整合、客户质量整合)的划分在本质上是一致的。与此同时,从本质上来说,Kusunoki 等(1998)所提出的三种主要组织能力在供应链质量整合各维度中均有体现;具体而言,本地能力包括信息技术、信息系统以及财务与人力资源,架构能力包括协同产品设计、并行工程以及跨职能团队,过程能力则包括信息分享、合作与交流以及企业间关系(Huo,2012)。

绿色管理与环境管理也可以被看作是一项组织能力。作为一种无形资源,ISO14001 为组织能力(即环境管理体系)构建提供了基本框架(Delmas,2001)。环境管理使得企业可以及时果断地响应外部利益相关者的环境需求,其通常被理解为组织能力或技能,有助于企业环境绩效的提升(Lee & Klassen,2008)。Gavronski 等(2011)分析指出,绿色制造能力(绿色过程管理)对绿色供应管理能力(环保型供应商选择、供应商监控、供应商协同)提升具有显著促进作用。

3 关系资本对供应链质量整合 与运营绩效的影响

本章为子研究 1,在文献回顾与假设提出的基础上,运用结构方程建模检验"关系资本→供应链质量整合→运营绩效"的影响关系及供应链质量整合的中介作用,并通过层级回归分析检验质量导向的调节作用。

3.1 引 言

作为企业获取竞争优势的重要手段之一,质量管理一直是运营管理领域关注的重要议题,相关实证研究在过去 30 年中持续演化,诸多学者基于质量管理实践的定义和测度,就质量管理实践与企业绩效之间的关系进行了大量探讨(Kaynak & Hartley,2008)。然而,随着经济、资源、技术、采购以及市场的全球化(郁玉兵等,2014),供应链逐渐取代单个企业成为市场竞争的主体,企业竞争的焦点不再仅仅局限于企业内部实践的管理,而是演变成企业所在供应链之间的竞争,这就要求企业必须将自身质量管理实践与上下游的供应商以及客户进行有效整合(Flynn & Flynn,2005;Kannan & Tan,2005;Robinson & Malhotra,2005;Kaynak & Hartley,2008)。由此,供应链质量管理的概念便应运而生,其理念也逐渐得到认可。

与此同时,日趋激烈的全球化竞争也促使企业开始反思构建合作、互惠供应链伙伴关系的必要性,越来越多的企业正在积极寻求与供应链合作伙伴建立协作和互惠关系以获取竞争优势(Wisner & Tan,2000),单个企业迫切需要实施供应链整合以迎接全球竞争环境中所面临的新挑战(Frohlich & Westbrook,2001;Zhao,et al.,2008),组织间流程的共同改进已成为当务之急并得到广泛认同,供应链整合的系统观点因此被越来越多的研究者与实践者提倡(Flynn,et al.,2010)。而且,作为一种高效的供应链管理模式,供应链整合已经成为绩效改善与价值创造的关键(Frohlich & Westbrook,2001),

对单个企业以及整个供应链的成功都具有重要意义（Power,2005；Huo,2012）。

在供应链情境下,全面质量管理的系统观点强调供应链上所有企业内部以及相互之间所有相关系统之间的协同。供应链整合强调组织每一项内部功能（如研发、生产、质量与物流等）与所有外部供应链合作伙伴（包括上游供应商与下游客户）之间的全面整合（Huo, et al. ,2014b）,这无疑将有助于质量管理实践的有效实施（Sun & Ni,2012）。由此可见,供应链整合与质量管理的系统融合具有可行性,而且随着供应链质量整合概念的提出,其必要性进一步凸显,但现阶段实证研究刚刚起步,概念体系与理论框架亟待完善。Huo等（2014b）研究指出,除了竞争敌对性与组织全员视角,供应链质量整合必然还存在其他前因,如组织间关系等。根据社会资本理论、关系观与资源基础观,作为一项关键性资源,关系资本有助于企业独特能力的构建,从而塑造与维持单个企业以及整个供应链的持续竞争优势。从治理机制层面来看,了解供应链关系特征并寻求正确的治理机制以处理冲突或应对机会主义行为是企业获取竞争力的关键,关系型治理机制可以帮助企业及其供应链合作伙伴实现共赢。由此可以认为,关系资本的构建将有助于促进供应链质量整合的实施进而提升企业绩效。与此同时,由 VRIO 资源基础分析框架可知,拥有关键资源只是使得企业具有构建核心能力的潜力,但最终能否构建及其水平如何,还要取决于对关键资源的组织。作为一种经营理念或组织文化,质量导向可以促使企业更加充分地利用关系资本以构建供应链质量整合能力。由此可见,质量导向强弱不同的企业关系资本对供应链质量整合的作用效果可能存在差异。

综上所述,本研究尝试探寻关系资本对供应链质量整合与运营绩效的影响以及质量导向的情境作用,以期完善供应链质量整合的研究框架,并丰富供应链情境下关系资本对运营绩效的作用机制,概念框架如图 3.1 所示。

3.2   研究假设

3.2.1   关系资本的内部关系

按照来源不同,关系资本可以细分为内部关系资本与外部关系资本;前者源于企业内部成员之间的联系,后者来自企业与外部利益相关者、合作伙伴甚

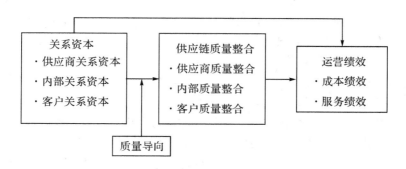

图 3.1　"关系资本→供应链质量整合→运营绩效"概念模型

至竞争对手之间的联系(陈建勋等,2009)。在供应链情境下,外部关系资本主要来自于企业与供应链上下游供应商以及客户之间的联系。但无论是内部关系资本还是外部关系资本,其基础构成要素都是人与人之间的关系性行为。根据社会资本与资源基础理论,内部关系资本属于内部关系资源,是一种从企业内部获得利益的关系能力;外部关系资本属于外部关系资源,是一种从企业外部获取收益的关系能力(谢洪明,2006;张爱丽,2010)。显然,企业既可以借助内部相对稳定的关系资源或能力获得超额利润,也可以通过外部关系网络获取互补性资源或能力以提高核心竞争力。从现有研究来看,上述二者之间的关系已为学者们所关注。例如,谢洪明(2006)分析指出,内部社会资本与外部社会资本显著相关;张爱丽(2010)研究表明,内部社会资本与外部社会资本相互关联;Schroeder 等(2002)分析指出,内部学习能力与外部学习能力之间存在正相关关系。

　　从组织学习视角来看,企业运营所需的各种信息可以从内部(自身经验或组织记忆)或外部(外部合作)获得。对于从外部获取的信息,则需要在企业内部进行传播,以使相关人员对其重要性和意义达成共识并自觉应用于实践,而这可以通过内部合作予以实现(Hillebrand & Biemans,2003)。基于共同理解与相互信任,企业既会加强与现有外部合作伙伴之间的合作,也会寻求建立新的外部合作伙伴关系。内部合作帮助企业实现了持续学习循环,其既可以对外部合作的结果做出解释,也会促使企业对外部合作做出新的努力。因此,内部合作可以作为外部合作的协调机制(Hillebrand & Biemans,2003),外部合作水平将直接取决于内部合作程度。

当企业内部通过多层次互动建立起相互信任与互相尊重的友好互惠关系后，不同部门之间的沟通将变得更加顺畅，信息分享与相互协作会得到进一步加强，企业由此也会更加积极主动地与外部企业进行多层次的交流与联系，从而建立良好的合作伙伴关系。例如，营销、生产与研发部门的合作，可以帮助企业更好地满足客户需求，提升客户满意度与忠诚度，从而构建良好的客户关系；采购、研发与生产部门的协作可以为供应商提供更加准确的原材料或零部件的需求信息，从而帮助供应商有针对性地进行生产规划与设计以降低成本、提高效率，此时供应商必然更愿意与制造商合作，进而推动双方建立合作伙伴关系。由此可见，内部关系资本有助于外部关系资本的构建，内部关系网络的功能会影响外部关系网络的效率和有效性。

综上所述，提出如下假设：

H1a：内部关系资本对供应商关系资本具有正向影响。

H1b：内部关系资本对客户关系资本具有正向影响。

3.2.2 关系资本对供应链质量整合的影响

社会资本理论与关系观指出，跨越企业边界而嵌入企业间惯例与程序的企业间异质性联系可以帮助企业获取关键性资源（Uzzi,1997；Kale, et al.,2000），是关系租金与竞争优势的重要来源（Dyer & Singh,1998；Koufteros, et al.,2010）。资源基础观也认为，作为一种有价值的资源或资产，关系资本在企业之间具有不可流动与难以复制的特征，其可以转化为企业独特的能力，从而激励企业从事价值增值活动（Dyer & Singh,1998；Zaheer, et al.,1998；Johnston, et al.,2004；Lawson, et al.,2008），而正是这些独特的资源与能力塑造了企业的可持续竞争优势（Wernerfelt,1984）。而根据组织能力理论，供应链质量整合可以视作一项聚焦于质量管理的企业能力，内部质量整合、供应商以及客户质量整合则分别代表了企业内部与外部动态能力。由此可见，企业能力既可以在企业内部得以发展，也可以跨越企业边界嵌入于广泛的企业间交换关系网络之中（Huo, et al.,2014b）。与此同时，实证研究也发现，作为一种关键资源，关系资本将有助于供应链质量整合能力的构建。例如，潘文安（2007）分析认为，供应链伙伴关系对企业内、外部整合能力的构建具有积极影响；张慧颖等（2013）研究发现，社会资本（供应商社会资本、客户社会资本、内部社会资本）可以促进供应链整合（供应商整合、客户整合、内部整合）；曾文杰和马士华（2010）分析显示，以沟通、信任、承诺、适应、相互依赖和合作为基础的供应链合作关系对供应链协同具有显著促进作用。

基于交易成本的理论视角,供应链质量整合的实施需要较高水平的专用投资,包括信息共享系统的建设与流程协调人员的投入,以降低交易不确定性并减少机会主义行为(Yeung,et al.,2009)。基于互动所构建的以信任、尊重、友好与互惠为表征的关系资本可以有效降低企业间关系中由专用投资、不确定性以及机会主义行为所引致的交易成本(Li,et al.,2007;Yeung,et al.,2009),从而促进供应链质量整合。作为关系资本的核心构成要素,如果交易双方之间缺乏信任,那么买方就会因为较高的转换成本与卖方潜在的机会主义行为而陷入其供应链专用资产投资所形成"关系锁定"陷阱(Yeung,et al.,2009);然而,交易双方之间高水平的信任关系可以有效降低企业对不确定性和机会主义行为的风险感知,从而增强企业对未来关系交换效率的信心,激励交易伙伴之间加强关系承诺,并加大企业内部以及整个供应链上专用性资产投入(Ojala & Hallikas,2006)。信任可以被理解为交易双方愿意将自身脆弱性暴露给彼此的意愿,实际上反映了交易双方期望合作的愿望(Malhotra & Murnighan,2002);因此,高水平的信任关系有助于解决交易双方可能存在的"关系锁定"困境,从而促进供应链合作(Yeung,et al.,2009)。而且,从本质上来说,企业内部以及与上下游供应商、客户之间的合作也是供应链质量整合的基础。例如,Seggie 等(2006)研究表明,对核心企业的伙伴依赖会促进供应链企业间系统整合;Wu 等(2014)分析指出,信任、承诺、互惠、权力是供应链协同的重要前因。

3.2.2.1 供应商关系资本对供应链质量整合的影响

作为企业的一项关键资源,供应商关系资本有助于供应链质量管理能力的构建,其可以通过有效降低企业间关系中的协调成本与交易风险促进供应链质量整合的实施。例如,Mcevily & Marcus(2005)研究指出,与供应商之间的嵌入性关系(信任、信息分享、共同解决问题)可以提升企业质量管理能力;Cai 等(2010)分析显示,供应商信任对供应链信息整合(信息分享、协同规划)具有显著影响;Prajogo & Olhager(2012)研究表明,长期供应商关系则是供应链整合(信息整合、物流整合)的重要动因。

与供应商在多个层次上进行互动并建立友好互惠关系,可以促进制造商与供应商在质量管理方面展开紧密合作,有利于双方共享质量需求信息与联合解决质量问题,从而实现质量标准的协同。如果制造商与供应商能相互信任与互相尊重,供应商就会愿意参与制造商的质量改进工作与新产品开发过程中的质量管理活动并为其提供必要投入,制造商也会主动地帮助供应商改善相关流程以提高其产品质量从而更好地满足自身质量需求。由此可见，供应商关系资本对供应商质量整合具有促进作用，这也为大量研究所证实。例如，Salvador 等（2001）分析发现，就质量管理问题与供应商进行互动可以有效促进质量管理、流管理、部门间协调与纵向协调等企业内部实践活动的开展；Lai 等（2005）研究认为，供应商感知关系稳定性会促使供应商对核心企业做出质量承诺；Yeung 等（2009）分析表明，与供应商之间的信任关系对供应商整合具有正向影响；Vijayasarathy（2010）研究指出，与供应商之间的信任、承诺与相互依赖是供应整合的关系性前因；Han 等（2011）分析发现，供应商关系治理机制对供应商质量管理具有促进作用；Zhao 等（2011）研究揭示，制造商对供应商的关系承诺可以促进供应商整合；陆杉（2012）分析表明，供应商关系资本对供应商协同目标的实现具有积极影响；霍宝锋等（2013）研究认为，制造商对供应商所做的规范性承诺与工具性承诺都可以促进供应商整合；Zhang & Huo（2013）分析显示，制造商对供应商的依赖会增加制造商与供应商之间的信任，从而促进供应商整合；Horn 等（2014）分析指出，供应商关系资本与外部供应商整合存在显著正相关关系。

不仅如此，Yeung 等（2009）研究还发现，与供应商之间高水平的信任关系不仅会促进供应商整合，其对企业内部整合也具有促进作用；这主要是因为，当制造商与供应商之间建立起信任以后，制造商会更愿意进行信息分享以及共同努力进行企业内部以及整个供应链业务流程的协调。Han 等（2011）分析表明，供应商关系治理机制对管理领导、质量设计、过程管理等企业内部质量管理实践具有促进作用；张慧颖等（2013）研究也认为，供应商社会资本对企业内部整合有积极影响，企业外部网络联结对组织内部实施的内部整合具有推动效应，与外部的强联结关系对企业内部整合起着关键作用。与此同时，供应商既可以提供有关原材料与零部件性能的准确信息，也可以为制造商产品设计与质量管理流程的改进提供必要输入，而这都可以帮助制造商提高产品质量以更好地满足客户质量需求，客户因此会更加信任制造商，从而愿意与其在质量管理等相关领域展开合作。由此可见，供应商关系资本对客户质量整合也有积极作用。

基于上述考虑，提出如下假设：

H2a：供应商关系资本对供应商质量整合具有正向影响。

H2b：供应商关系资本对内部质量整合具有正向影响。

H2c：供应商关系资本对客户质量整合具有正向影响。

3.2.2.2　内部关系资本对供应链质量整合的影响

基于资源基础观,内部关系资本作为企业内部的关键性资源,可以促进供应链质量管理能力的形成与发展。通过多层次交流与互动,企业不同职能部门之间可以及时共享质量运营的相关数据与信息,通过协商与沟通共同解决质量问题,从而实现质量管理工作的高效协同。相互信任与互相尊重也是保持长期关系的基础,其可以有效降低不确定性与机会主义行为风险,从而促进各职能部门之间合作开展各项质量管理实践,诸如定期召开跨部门质量专题会议以及组建质量问题联合攻关小组等等;与此同时,在质量问题决策过程中也会更加关注所有团队成员的意见和想法,以期促进质量问题的有效解决,提高企业质量管理效率。营造互惠氛围则可以增加各职能部门之间的相互了解,进而建立友谊,并通过沟通解决质量问题,以互相谅解抑制质量管理工作中出现的冲突,从而避免质量问题的再次发生。由此可见,内部关系资本有助于内部质量整合能力的构建。例如,García 等(2008)研究发现,在新产品开发过程中,营销与研发部门之间的信任关系可以促进营销与研发职能的整合;Daugherty 等(2009)分析认为,营销与物流之间关系的有效性对企业范围内整合具有促进作用。Kull & Narasimhan(2010)研究指出,基于合作的组织文化价值观对群体水平质量管理实践的开展具有积极影响;而且,随着时间推移,这种影响会逐渐增强(Kull, et al. ,2012)。Horn 等(2014)分析表明,内部关系资本与内部跨职能整合存在显著的正相关关系。

然而,供应链管理的成功实施不仅需要整合企业内部功能,也需要将其与供应链合作伙伴的外部运营有效联系起来(Holmberg,2000)。当企业内部形成承诺氛围以后,其就会更加积极地与其他企业合作进行供应链管理(Mello & Stank,2005);因此,企业内部员工的承诺也被认为是实现卓越供应链管理的关键(Shub & Stonebraker,2009)。Alfalla-Luque 等(2015)研究发现,员工承诺对企业内部整合以及供应商整合与客户整合都具有积极影响。由此可见,企业自身所拥有的各种资源可以视作外部能力构建的基础。企业内部不同部门之间通过互动所形成的信任与尊重以及友好与互惠关系将有助于企业外部协同与整合能力的形成,内部关系资本对外部质量整合(供应商质量整合与客户质量整合)的成功实施也具有促进作用。

综上所述,提出如下假设:

H3a:内部关系资本对供应商质量整合具有正向影响。

H3b:内部关系资本对内部质量整合具有正向影响。

H3c:内部关系资本对客户质量整合具有正向影响。

3.2.2.3 客户关系资本对供应链质量整合的影响

与供应商关系资本类似，客户关系资本作为企业关键资源也有助于企业供应链质量管理能力的构建。构建良好客户关系对供应链管理实践具有显著促进作用（Hsu，et al.，2014）。根据交易成本理论，客户关系资本属于交易专用性资产投资。随着客户关系资本的形成与发展，制造商与客户会更愿意交流与分享信息以更好地了解对方从而减少机会主义行为，进而降低交易成本，并构建双方稳定的长期关系（Zhao，et al.，2011）。因此，当制造商进行客户关系投资时，其就更有可能与客户进行合作与整合。同时，因为供应链成员之间合作与互惠伙伴关系的建立是供应链整合得以实现的关键（Wisner & Tan，2000），因此，与客户建立友好互惠关系对客户质量整合的实施具有重要作用。为了实现高水平的客户质量整合，制造商就必须与客户进行质量信息共享以及质量管理流程的协调与同步（Zhao，et al.，2011），而关系资本的构建则为其奠定了基础。例如，通过与客户在质量管理方面保持密切互动，制造商可以及时获取有关产品质量情况的反馈，从而有助于改进质量管理流程，以更好地满足客户的质量要求；随着制造商与客户之间信任与尊重关系的形成，客户会更愿意参与制造商的质量改进工作，参与其新产品开发过程中的质量管理活动并为其提供输入，帮助制造商提高产品质量；互惠与友好关系的建立，可以增进制造商与客户的相互了解，促进双方通过沟通与谅解协商解决质量管理工作中的冲突，以实现质量标准的统一与质量目标的协同。从实证研究来看，Salvador 等（2001）研究发现，就质量管理问题与客户进行互动也可以有效促进质量管理、流管理、部门间协调以及纵向协调等企业内部实践活动的开展；Han 等（2011）研究表明，客户关系治理机制对客户质量管理具有显著促进作用。同时，Zhao 等（2008）与 Zhao 等（2011）分析指出，制造商对客户的关系承诺有助于促进客户整合；曾文杰和马士华（2010）研究发现，客户合作关系（沟通、信任、承诺、适应、相互依赖和合作）对客户协同运作（信息共享、同步决策与激励联盟）具有很强的正向影响；Zhang & Huo（2013）分析表明，制造商对客户的依赖会增加制造商与客户之间的信任，进而促进客户整合。

不仅如此，张慧颖等（2013）分析发现，客户社会资本对企业内部整合也有积极影响；Han 等（2011）研究表明，客户关系治理机制对管理领导、质量设计、过程管理等企业内部质量管理实践具有促进作用，而且与供应商关系治理机制相比，其作用强度更大。由此可见，与客户之间的网络联结对企业内部实施的整合具有推动效应，与客户的强连接关系对企业内部整合也起着关键作用（张慧颖等，2013），客户关系资本有助于促进客户质量整合。与此同时，在买方市场环境下,客户需求是企业生存与发展的根本动力,良好的客户关系可以帮助企业及时获取并更好地理解客户需求。为了满足这一需求,企业会更加积极地寻求与供应商展开合作。由此可见,客户关系资本的构建对供应商质量整合也有促进作用。

综合上述考虑,提出如下假设:

H4a:客户关系资本对供应商质量整合具有正向影响。

H4b:客户关系资本对内部质量整合具有正向影响。

H4c:客户关系资本对客户质量整合具有正向影响。

3.2.3 供应链质量整合的内部关系

外部质量整合可以视作企业内部质量整合向上游供应商以及下游客户的延伸与拓展(Huo, et al.,2014b)。内部质量整合与外部质量整合之间的关系可以从以下三个层面进行分析。首先,从信息分享角度来看,如果企业内部缺少数据整合与信息分享的系统或平台,例如企业资源计划系统,不同职能部门或功能单元之间的运营规划与控制数据的公开与透明就无从谈起,企业因此不仅很难与外部供应商或客户进行数据或信息的实时与完全共享,而且也无法保证数据的准确性。众所周知,对于大多数企业而言,与供应商之间的互动主要是采购部门的职能,而与客户的交流则主要由营销或销售部门负责;因此,企业内部不同部门之间的信息共享与协调显然有助于企业更好地理解供应商与客户的需求并与其保持紧密合作。例如,Stank 等(2001)研究发现,企业内部不同部门之间的信息分享与外部合作具有相关性;Carr & Kaynak(2007)分析认为,企业内部信息分享对企业间信息共享具有正向影响;Ward & Zhou(2006)研究指出,企业内部信息技术整合与企业间信息技术整合正相关。其次,从合作或战略视角来看,内部合作是外部合作的前提,内部整合是外部整合的基础,只有当企业内部贯彻质量整合思想时,才可能实现外部质量整合(Huo, et al.,2014b)。基于供应链整合的视角,Koufteros 等(2005)研究指出,在新产品开发活动中,内部整合(并行工程)的实施可以促进客户整合以及供应商产品整合与流程整合;Zhao 等(2011)分析发现,内部整合对外部供应商整合与客户整合具有显著影响。最后,基于组织能力视角,内部沟通协调能力是外部整合能力形成的基础。当拥有吸收能力时,企业才更有可能通过向外部合作伙伴学习以了解他们的业务从而促进外部整合。从本质上来说,内部质量整合不仅代表了企业向外部合作伙伴学习的吸收能力,其也是企业进行外部协调的内部协调能力(Huo,et al.,2014b)。例如,Schroeder 等(2002)研究发现,内部学习能力与外部学习能力具有相关性,这也为内部整合能力与外部整合能力之间的关系提供了进一步的佐证。Kim(2006)分析也指出,与内部整合相比,外部整合则是供应链整合的高级阶段。

综上所述,内部质量整合对外部质量整合具有积极影响。内部质量整合可以帮助企业理解客户质量需求,促进企业与客户合作进行联合产品设计、质量信息交换并构建战略联盟。在当今动态环境中,离开内部不同职能之间的合作,企业就无法满足客户质量需求,也就谈不上与客户协同。不仅如此,内部质量整合还可以帮助供应商理解企业需求,特别是原材料与零部件的质量标准,从而构建良好的供应商合作关系,促进企业与供应商之间的信息交换以及在联合规划与产品设计过程中的合作。

基于上述分析,提出如下假设:

H5a:内部质量整合对供应商质量整合具有正向影响。

H5b:内部质量整合对客户质量整合具有正向影响。

3.2.4 供应链质量整合对运营绩效的影响

基于资源基础观与组织能力理论,供应链整合能力被认为是企业与供应链绩效的重要驱动因素(Huo,et al.,2014b)。例如,Verona(1999)研究指出,内部整合能力与外部整合能力可以改进流程效率(交付周期、生产率)与提高产品有效性(产品质量、符合市场需求);Andrew 等(2001)分析发现,知识基础设施与过程能力能够提升组织有效性;Schroeder 等(2002)研究显示,内部学习能力与外部学习能力都可以提升制造绩效;Paulraj 等(2008)分析表明,组织间沟通作为一种关系能力可以增强购买商与供应商绩效;Mishra &Shah(2009)研究发现,协作能力(供应商参与、客户参与、跨职能参与)会直接提升项目绩效,间接提升市场绩效。与此同时,大量实证研究均证实,供应链整合正向影响运营绩效(Armistead & Mapes,1993;Frohlich & Westbrook,2001;Ragatz,et al.,2002;Rosenzweig,et al.,2003;Koufteros,et al.,2005;Devaraj,et al.,2007;Swink,et al.,2007;Flynn,et al.,2010;Koufteros,et al.,2010;Lau,et al.,2010a;Narasimhan,et al.,2010;Wong,et al.,2011;Schoenherr & Swink,2012)。不仅如此,内部合作与外部供应商合作一直就是戴明质量管理理论中的两个基本构念(Anderson,et al.,1995),而"客户关注"与"供应商质量管理"也被认为是供应链质量管理两项关键实践(Kaynak,

2003；Ebrahimi & Sadeghi，2013）。其实，作为实现供应链质量的关键成功因素（Kuei，et al.，2008），"客户关注""供应商关系"与"外部关注的过程整合"也体现在 ISO9000"以客户为关注焦点""与供方互利的关系"与"管理的系统方法"等质量管理原则中，其明确提出组织应理解客户当前的和未来的需求，满足客户要求并争取超越客户期望，并通过与供应商建立互惠关系增强双方创造价值的能力，而内部相互关联过程的系统管理与整合则有助于组织提高实现目标的有效性和效率（Sroufe & Curkovic，2008）；以上都突显了客户质量整合、供应商质量整合与内部质量整合的重要性。

3.2.4.1 供应商质量整合对运营绩效的影响

作为组织动态能力，供应商质量整合可以帮助企业塑造持续竞争优势。与供应商保持密切联系与沟通，有助于双方共享质量需求信息与联合解决质量问题，从而促进产品交付、提高生产柔性、改进产品设计流程，最终为制造商带来更好的质量相关的绩效（Huo，et al.，2014b）。一方面，制造商参与供应商的质量改进活动可以帮助供应商改善其流程以更好地满足制造商的质量需求，使其可以较低的生产成本快速、灵活地提供高质量的原材料或零部件，从而有助于制造商提高产品质量与提升服务水平；另一方面，供应商参与制造商的新产品开发也可以为制造商提供有关原材料和零部件性能和功能方面的准确信息，从而帮助制造商提高产品开发成功率，缩短研发周期，降低产品成本。与此同时，供应商认证不仅有助于强化供应商对质量要求与规范的理解从而保证供应商提供符合要求的原材料或零部件，而且可以防止交易过程中供应商机会主义行为的发生从而有效降低供应风险，最终从源头上确保终端产品的高质量，减小制造商产品召回事件发生的概率，从而帮助制造商以低成本提供高水平的客户服务。

从实证研究来看，供应商质量管理与运营绩效之间的正向关系也为诸多学者所证实。例如，Romano & Vinelli（2001）分析指出，供应网络可以帮助企业通过质量实践/程序的共同定义与管理提升其满足终端消费者质量期望的能力；Primo & Amundson（2002）研究发现，供应商质量控制会促进供应商参与新产品开发，供应商参与则有助于提高产品质量；Sánchez-Rodríguez & Martínez-Lorente（2004）分析表明，供应商质量管理与运营绩效显著相关；Lin 等（2005）研究显示，质量管理实践与供应商参与以及供应商选择战略显著相关，供应商参与产品设计、改善项目或研讨会可以直接提升企业运营绩效。Lo & Yeung（2006）分析指出，供应商选择、供应商开发与供应商整合是领先制造企业供应质量管理的三项关键实践；同时，作为供应质量管理体系的重要组成部分,强调互利共赢的供应商整合实践可以显著提升供应与组织质量绩效(Lo,et al.,2007)。Nair(2006)基于元分析认为,供应商质量管理可以提升运营绩效。Kaynak & Hartley(2008)研究表明,在供应链成员之间进行质量交流、合作与整合对企业绩效具有重要影响;其中,供应商质量管理既直接提升库存管理绩效,又通过产品/服务设计、过程管理等内部质量管理实践间接提升质量绩效(Kaynak,2003;Kaynak & Hartley,2008)。Yeung(2008)分析发现,战略供应管理本质上属于质量管理举措,其可以提高出货准时率并降低运营成本,从而实现客户满意与提升企业绩效。Terziovski & Hermel(2011)研究指出,质量管理的整合性质对集成化供应链绩效具有显著贡献,从长远考虑选择和发展供应商可以提升产品质量与客户需求响应能力并促进快速交付。Mellat-Parast(2013)分析认为,供应商质量管理实践(信任、治理、信息整合、过程整合、合作学习)能够提升企业/供应链绩效与满意度。Huo等(2014b)研究表明,供应商质量整合有助于提升产品质量与降低质量成本。

基于上述考虑,提出如下假设:

H6a:供应商质量整合对成本绩效具有正向影响。

H6b:供应商质量整合对服务绩效具有正向影响。

3.2.4.2 内部质量整合对运营绩效的影响

作为内部整合能力,内部整合质量也被认为是质量相关绩效提升的动力(Huo,et al.,2014b)。企业内部相关职能之间的紧密配合与协调是实现企业运营高效率、高质量、低成本与准时交货的基础。传统专业化与部门化的组织形式造成了职能部门之间的独立与分割,妨碍了组织内部不同职能部门员工之间的沟通与合作,极大削弱了企业的市场响应能力;然而,内部质量整合则可以打破这种功能性限制,使得不同职能部门之间通过协商与合作共同解决质量问题的冲突,从而更好地满足客户的质量需求(Huo,et al.,2014b)。例如,基于营销、生产与库存职能的协作,采购职能能以低成本提供符合要求的高质量的原材料或零部件;通过协同营销、采购、制造等职能,研发职能可以更加快速、有效地开发出新产品;在营销与研发职能的配合下,制造职能可以更加有效和高效地提供高质量和低成本的产品;有了营销、规划、制造与库存等职能的协助,物流职能可以更加快速地将产品交付给客户。同时,不同职能部门之间的协调也有助于提升企业的应变能力以及客户响应的速度与质量,使其能够以更加灵活的方式满足客户变化的需求。更为重要的是,内部质量整合有助于在企业内部营造全员参与、全员担当的氛围,使得每个人都主动承担质量管理的责任,不同职能部门之间也能遵循同样的质量标准协同工作(Huo,et al.,2014b),从而以低成本为客户提供高质量的产品。

从实证研究来看,Sánchez-Rodríguez & Martínez-Lorente(2004)分析表明,跨职能协调与运营绩效、内部客户满意度、财务绩效以及资产回报率、市场份额显著相关。Choi 等(2012)研究发现,六西格玛管理活动对过程创新与质量改进具有积极影响,其有助于活化企业流程、提高产品质量,从而塑造企业竞争力。Huo 等(2014b)研究认为,内部质量整合不仅对产品质量、交付、质量成本以及柔性具有直接的积极影响,而且还会通过供应商质量整合与客户质量整合对产品质量、交付以及质量成本产生间接影响。

综上所述,提出以下假设:

H7a:内部质量整合对成本绩效具有正向影响。

H7b:内部质量整合对服务绩效具有正向影响。

3.2.4.3 客户质量整合对运营绩效的影响

与供应商质量整合类似,作为组织外部动态能力,客户质量整合也可以为企业带来持续竞争优势。与客户保持密切联系与沟通,既有助于及时获取产品质量情况的反馈以更好地理解客户的质量需求,又有利于双方共享质量需求信息与联合解决质量问题,这都有助于企业以低成本提供高质量的产品、可靠与快速的交付服务以及形成适应订单生产的灵活性。一方面,客户参与质量改进工作,可以提供有关产品性能、质量、可靠性等方面的可靠信息,从而帮助企业改进相关流程以提升产品质量。另一方面,客户参与新产品开发,可以直接提供有关产品需求的准确信息,有助于企业从事客户需求驱动的产品研发,从而提高新产品开发的成功率,降低创新风险。同时,主要流程通过客户认证既有助于企业更好地理解客户的质量要求从而确保提供的产品符合要求,也有利于减少交易中不道德行为的发生从而降低供应风险,提升客户满意度。而且,如前所述,客户质量整合在 ISO9000:2000"客户关注"原则中也有体现,"理解客户现在和未来需求,满足客户需求,并努力超越客户期望"也是对企业的基本要求(Sroufe & Curkovic,2008)。

在实证研究中,不少学者对客户关注与运营绩效之间的正向关系做了肯定性的论述。例如,Nair(2006)基于元分析发现,客户关注对运营绩效、财务绩效、产品质量以及客户服务都具有积极影响。Sila 等(2006)研究认为,供应链质量管理可以显著提升最终产品的质量,质量是企业与客户关系中最重要的因素,而且制造企业已将质量措施的实施范围覆盖到关键客户。Kaynak &

Hartley(2008)分析表明,在供应链成员之间进行质量交流、合作与整合对企业绩效具有重要影响,客户关注通过质量数据/报告、过程管理、产品/服务设计等内部质量管理实践以及供应商质量管理间接提升质量绩效与库存管理绩效。Huo 等(2014b)研究也证实,客户质量整合可以显著提升交付水平、降低质量成本。

综上所述,提出如下假设:

H8a:客户质量整合对成本绩效具有正向影响。

H8b:客户质量整合对服务绩效具有正向影响。

3.2.5　关系资本对运营绩效的影响

资源基础观认为,企业是各种资源的集合体,其所拥有的不同资源在企业之间具有不可流动性,这些独特的资源能够帮助企业获取异常利润,从而塑造企业的可持续竞争优势(Wernerfelt,1984;Barney,1991;Peteraf,1993)。关系观进一步指出,企业关键性资源可能跨越企业边界而嵌入企业间惯例和程序,异质性企业间联系可能是关系租金和竞争优势的来源(Dyer & Singh,1998)。从交易成本视角来看,关系资本可以减少机会主义行为期望、增加双方信任并降低交易成本,从而提升关系绩效(Dyer & Singh,1998)。同时,作为关系资本的关键要素,参与各方之间通过重复资源交换发展形成的信任(Adler & Kwon,2002),也可以为抑制机会主义行为提供一种强有力的控制机制从而减少对正式契约的需要(Matthews & Marzec,2012),并在促进知识转移的同时降低交易成本(Ketchen Jr & Hult,2007)。多重理论视角下的组织研究均表明,信任是组织间关系正面绩效结果的重要预测变量(Koka & Prescott,2002;Ireland & Webb,2007;Panayides & Venus Lun,2009)。关系资本为购买商与供应商协同运营创造了可能,有助于实现双方信息与知识的有效整合(Dyer & Chu,2003;Collins & Hitt,2006;Wu,2008),从而帮助购买商与供应商降低运营与生产成本、缩短新产品开发周期、改进新产品与流程设计(Corsten & Felde,2005;Cousins, et al. ,2006)。

从实证研究来看,基于"供应商—购买商"的二元视角,诸多学者都对关系资本与运营绩效之间的正向关系做了肯定性的论述。例如,Tsai & Ghoshal(1998)较早指出,关系资本有助于促进企业间资源的交换与组合,从而推动产品创新。Johnston 等(2004)研究发现,供应商对购买商的信任(仁慈与可靠性)有助于增强双方的合作关系行为(责任共担、共同计划、灵活安排),从而提升购买商的关系绩效感知(创新、成本、质量)。Corsten & Felde(2005)分析指出,信任在企业与供应商关系中扮演重要角色,其有助于企业创新水平的提高与采购成本的降低。Cousins 等(2006)研究认为,关系资本有助于供应商改进产品和流程设计,缩短交货期。Krause 等(2007)分析发现,与质量、交付与柔性绩效相比,表现为购买商依赖与供应商依赖的关系资本对成本与总成本绩效的解释力更强。潘文安和张红(2007)研究认为,供应链伙伴之间的信任(组织信任与个人信任)有助于提升企业之间的合作绩效。Lawson 等(2008)分析指出,由供应商整合、供应商亲密关系与关系资本三维度构成的关系嵌入性对购买商产品与过程设计改进、产品质量提升以及交货期缩短均具有显著积极影响。Yang 等(2008)研究发现,关系性承诺与供应商信任有助于发展稳定的供应商关系从而提升联盟绩效。Panayides & Venus Lun(2009)分析表明,制造商与供应商之间的信任可以促进供应链创新,提升供应链运营绩效。叶飞和徐学军(2009)研究显示,供应链伙伴之间的信任和关系承诺对运营绩效有显著的正向影响;叶飞和薛运普(2011)进一步指出,关系资本(信任、关系承诺)不仅可以直接提升制造企业的成本、服务与创新绩效,而且在信息共享对运营绩效的影响中具有中介作用。Cheung 等(2010)研究表明,关系性学习有助于提升买卖双方绩效(产品质量、交流、交付、成本、伙伴知识)。曾文杰和马士华(2010)分析显示,以沟通、信任、承诺、适应、相互依赖和合作为基础的供应链合作关系对供应链运作绩效具有显著的积极影响。Carey 等(2011)研究认为,关系资本不仅可以直接提升购买商创新与成本绩效,而且在认知资本、结构资本与购买商绩效关系中具有完全或部分中介作用。Handley & Benton Jr(2009)与 Handley(2012)分析揭示,建立在关系承诺与合作基础上的积极的关系管理实践会显著提升企业外包绩效(成本、质量、柔性与可靠性)。

上述诸多研究为三元视角下"供应商—制造商—客户"关系资本与运营绩效之间关系的探讨奠定了基础。从供应链结构来看,制造商与客户之间的关系也可以视作二元视角下"供应商—购买商"关系。众所周知,研发设计决定了产品全生命周期内的绝大部分成本,而客户需求是产品研发设计的关键输入。构建客户关系资本,有助于制造商及时掌握客户需求为产品的研发设计提供必要输入,从而帮助制造商降低成本;同时,考虑了客户要求的产品设计、生产与交付也必定能够使得客户更加满意,从而提升制造商的客户服务水平。由此可见,客户关系资本对运营绩效具有积极影响。例如,Fynes & Voss(2002)分析就指出,客户关系强度(信任、适应、沟通、依赖、承诺、满意、合作)

会增强质量实践对设计质量绩效的正向影响，与客户建立良好关系可以显著改善设计质量。不仅如此，作为企业内部一项重要资源，内部关系资本的构建也可以为企业带来竞争优势。企业内部不同职能部门之间的协调与配合，既是新产品开发设计与生产制造流程改进的基本前提，也是实施并行工程的必然要求，其可以帮助企业提高运营效率，从而以较低的成本满足客户较高的服务需求。由此可以认为，内部关系资本对运营绩效也具有积极作用。

基于上述考虑，提出如下假设：

H9a：供应商关系资本对成本绩效具有正向影响。

H9b：供应商关系资本对服务绩效具有正向影响。

H10a：内部关系资本对成本绩效具有正向影响。

H10b：内部关系资本对服务绩效具有正向影响。

H11a：客户关系资本对成本绩效具有正向影响。

H11b：客户关系资本对服务绩效具有正向影响。

3.2.6 质量导向的调节作用

质量管理原则在企业运营管理中一直都发挥着重要作用，诸多企业通过不同形式开展全面质量管理实践从而赢得了竞争优势。遵循组织全员的理念，全面质量管理要求组织各层次活动的开展都聚焦于业务活动的持续改善(Mehra, et al. ,2001)。Mehra 等(2001)基于过程视角强调了质量导向的重要性，其认为质量管理可以视作一种长期的永久的改进过程，需要投入大量的财务与人力资源，而且这种过程永远不可能是完整的，因为质量管理没有目标与终点，其应该成为我们的一种生活方式。由此可见，质量导向是一种企业经营理念或组织文化氛围，在这种理念与氛围环境之下，质量也即竞争优势，持续改进成为企业组织资源的根本出发点，全员参与质量管理是基本承诺，企业致力于通过提高产品质量以赢得客户并创建竞争优势。例如，Raju & Lonial(2001)分析认为，质量环境(市场环境、公司对质量的支持、管理者知识、产品/过程环境、过去的质量绩效)正向影响市场导向进而提升组织绩效；Sittimalakorn & Hart(2004)研究表明，质量导向既可以直接提升企业绩效，也会通过正向影响市场导向从而构建竞争优势以帮助企业获取卓越绩效；Wang & Wei(2005)分析发现，作为全面质量管理中一种由内而外(inside-out)的能力，质量导向有助于提升企业效益。

根据 Barney(1991)所提出的 VRIO 资源基础分析框架，有价值、稀缺且难以模仿的资源是企业取得竞争优势的基础,但要真正建立起持续竞争优势,则必须进行有效的组织以充分利用这些资源。作为互补性资源,"组织"将有利于企业关键资源的充分利用与核心能力的成功构建(Zhou, et al.,2008)。资源基础理论认为,关系资本作为企业关键资源可以促进供应链质量整合能力的构建,而质量导向的企业文化作为互补性资源进一步为关系资本的利用与供应链质量整合的实施营造了良好氛围。具体而言,可从以下几方面来看:对全体员工普及质量管理知识,并开展质量方法与工具的教育与培训(包括再培训),能够提升员工的质量能力与整个企业的质量意识水平,促使全员参与质量管理并承担质量责任;质量控制程序的建立与运行,有助于提升企业质量控制能力,使得终端产品的质量得到有效管控;营造团队协作环境与鼓励团队合作,有利于质量工作的协同开展与质量问题的共同解决,从而提高质量管理效率;制定质量管理奖惩制度可以充分调动员工参与质量管理的积极性以使其各司其职,从而提升企业为客户提供优质产品与服务的能力。上述各项措施都为质量导向性战略实践,也即供应链质量整合的实施创造了有利环境,使得关系资本的资源优势能够得到更加充分地发挥。由此可以认为,质量导向性越强的企业基于关系资本所形成的供应链质量整合能力水平更高,质量导向对关系资本与供应链质量整合之间的关系具有积极影响。

综上所述,提出如下假设:

H12a:质量导向正向调节供应商关系资本与供应商质量整合之间的关系。

H12b:质量导向正向调节内部关系资本与供应商质量整合之间的关系。

H12c:质量导向正向调节客户关系资本与供应商质量整合之间的关系。

H13a:质量导向正向调节供应商关系资本与内部质量整合之间的关系。

H13b:质量导向正向调节内部关系资本与内部质量整合之间的关系。

H13c:质量导向正向调节客户关系资本与内部质量整合之间的关系。

H14a:质量导向正向调节供应商关系资本与客户质量整合之间的关系。

H14b:质量导向正向调节内部关系资本与客户质量整合之间的关系。

H14c:质量导向正向调节客户关系资本与客户质量整合之间的关系。

3.2.7 控制变量

一般而言,与小企业相比,大企业拥有以及可能投入更多的资源通过供应链整合开展质量管理实践,从而取得更好的运营绩效。同时,由于不同行业的企业可能聚焦于不同类型的质量管理实践，其运营绩效因此也可能会存在差异。不仅如此，经营性质还可能会影响企业对质量管理理念的认识及其实践水平；通常情况下，有外资参股的企业（如合资企业或者外资企业），受母公司或母国经营环境的影响（如美国、日本、德国等），其质量意识可能更强，质量管理实践水平更高，运营绩效也更好。

综上所述，本研究将企业规模、行业类型、所有制作为控制变量。

3.3　研究设计

3.3.1　问卷设计

问卷调查是管理学定量研究中最为常用的方法，也是本研究中所采用的主要方法。作为一种重要的研究工具，调查问卷的设计是否科学合理将直接决定能否快速有效地收集到高质量的数据，最终影响研究结论的可靠性与有效性。为了提升调查问卷的科学性与合理性，本研究遵循了严格的问卷设计程序。

3.3.1.1　初始问卷编制

为了保证问卷的信度与内容效度，本研究中所有变量测量的原始题项均选自运营管理领域重要期刊的成熟量表，通过"回译"（back translation）形成初始问卷。为了确保内容的可靠性，问卷"回译"过程诚挚邀请到运营管理研究方向的3位博士共同完成，首先由1位博士将英文版问卷翻译成中文，然后由另1位博士再将中文版问卷翻译成英文，最后由第3位博士将回译问卷与原始问卷进行对照，针对存在差异或有歧义的地方进行讨论修改。重复上述过程直至两种版本问卷的表述与意思完全一致。

3.3.1.2　多重反复修改

为了提高量表的内容效度并确保问卷的精简性，首先，咨询运营管理领域的权威教授，重点就问卷设计的科学性、题项设置的合理性、文字表述的逻辑性以及在中国情境下的适用性进行讨论。其次，联系博士在读期间的项目合作企业，邀请2位CEO，2位供应链经理以及2位质量经理阅读问卷，请他们重点对题项内容是否容易理解、是否有歧义、是否易于作答、是否符合实际等进行评价。最后，利用EMBA（高级管理人员工商管理硕士）课堂与赴企业评审或培训的机会就初始问卷先后向来自浙江、江苏、上海、安徽的多位企业高管征求意见,请他们就量表中所预设的变量之间的关系与实际情况是否吻合、测量题项是否能够以及能够在多大程度上反映出企业相关情况做出评价。

3.3.1.3　问卷前测(pre-test)

联系杭州、宁波两地的 20 家企业进行前测。因为问卷略微有点长,并且相关题项可能较为专业,因此,为了保证效果,前测由笔者与 1 位博士同行,两人亲自参与实施。事先借助私人关系与企业高层取得联系并说明意图以确定答卷者目标人选,如 CEO、总经理、供应链经理或质量经理等;进而,主动拜访企业邀请相关人员填写问卷,同时记录作答时间;最后,问卷完成之后进一步邀请他们就问卷中可能存在的问题进行面对面讨论,依此对部分题项的表述进行修改与增删,进一步确保问卷题项更容易理解且更加贴合中国实际。

3.3.1.4　问卷试测(pilot-test)

利用一次企业培训的机会发放问卷进行预测试,由于是地方政府主管部门发起的培训,学员均来自企业供应链管理与质量管理的中高层管理岗位,其对供应链管理与质量管理有着较为深入的了解,属于比较理想的调查对象,此次共发放问卷 150 份,回收有效问卷 120 份。基于此次试测结果进一步对问卷题项进行增删与修改,最终得到可进行大规模发放的调查问卷。

3.3.2　变量测度

为了确保测量工具的信度及效度,首先深入研读已有文献,寻找相关概念的有效测量题项,尽可能使用现有文献中使用过或验证过的成熟量表。如果已有文献对某个变量研究不多(如供应链关系资本、供应链质量整合),其测量题项尚未得到有效记录或验证,则根据对概念本身的理解,并综合考虑运营管理研究领域权威教授以及企业走访过程中供应链管理领域行业专家的意见和建议,先初步列出测量题项,然后进行严格检验以形成最终问卷。

本研究中所有量表中的测量题项均来自已有文献,在此基础上根据我国的具体情况以及多方反馈对部分题项进行适当的修改或增删,进而与供应链管理研究领域的权威教授进行反复讨论,最终形成大规模调查问卷。

3.3.2.1　关系资本

本研究聚焦于供应链三元视角下核心企业的关系资本,可以理解为企业内部以及与上游供应商、下游客户之间通过长期社会互动建立起来的多层次的信任、尊重、友谊与互惠关系(Kale, et al., 2000;Cousins, et al., 2006;Lawson, et al., 2008;Yang, et al., 2008;Yang, 2009;Carey, et al., 2011;Villena, et al., 2011),主要包括供应商关系资本、企业内部关系资本以及客户关系资本三个维度。其中，供应商关系资本，是指企业与供应商通过长期互动建立起来的多层次信任、尊重、友谊与互惠关系；企业内部关系资本，指企业内部不同部门之间通过长期互动建立起来的多层次信任、尊重、友谊与互惠关系；客户关系资本，则指企业与客户之间通过长期互动建立起来的多层次信任、尊重、友谊与互惠关系。

根据 Kale 等（2000）、Cousins 等（2006）、Lawson 等（2008）、Yang 等（2008）、Yang（2009）、Carey 等（2011）与 Villena 等（2011）等研究，从互动、信任、尊重、友好、互惠关系等层面对供应商关系资本、内部关系资本以及客户关系资本进行测量，各由 5 个题项所构成，详见表 3.1。该量表由总经理或者供应链经理基于 Likert-7 点评分表达对各项陈述的同意程度，"1→7"依次表示"非常不同意→非常同意"（马文聪，2012）。

表 3.1　关系资本测量量表

维度	编号	题项
供应商关系资本	SRC01	我们和主要供应商在多个层次上都有互动
	SRC02	我们和主要供应商在多个层次上相互信任
	SRC03	我们和主要供应商在多个层次上互相尊重
	SRC04	我们和主要供应商在多个层次上都建立了友好关系
	SRC05	我们的目标和主要供应商在多个层次上是互惠的
内部关系资本	IRC01	我们公司不同部门在多个层次上都有互动
	IRC02	我们公司不同部门在多个层次上相互信任
	IRC03	我们公司不同部门在多个层次上互相尊重
	IRC04	我们公司不同部门在多个层次上都建立了友好关系
	IRC05	我们公司不同部门在多个层次上是互惠的
客户关系资本	CRC01	我们和主要客户在多个层次上都有互动*
	CRC02	我们和主要客户在多个层次上相互信任
	CRC03	我们和主要客户在多个层次上互相尊重
	CRC04	我们和主要客户在多个层次上都建立了友好关系
	CRC05	我们的目标和主要客户在多个层次上是互惠的

注：* 表示在小样本试测阶段经探索性因子分析存疑题项。

3.3.2.2 供应链质量整合

本研究采用 Huo 等(2014b)对供应链质量整合所下的定义,也即"组织内部功能与外部供应链合作伙伴之间进行战略与运营合作的程度,其目的是通过共同管理组织内部与组织之间与质量相关的关系、交流以及流程从而以低成本获得较高的质量绩效",包括供应商质量整合、内部质量整合与客户质量整合三个维度。供应商质量整合与客户质量整合统称为外部质量整合,是指企业为了满足客户质量需求通过与供应商、客户等外部伙伴合作将组织间战略、实践和程序组织成协同、同步的与质量相关流程的程度,亦可理解为企业与关键供应商与客户协调所产生的核心质量能力(Flynn, et al. ,2010;Huo, et al. ,2014b)。内部质量整合聚焦于组织内部各功能之间的综合性质量活动,是指企业为了满足客户质量需求将不同部门战略、实践和程序组织成协同、同步的与质量相关流程的程度(Flynn, et al. ,2010;Huo, et al. ,2014b)。

参考 Huo 等(2014b)、Wong 等(2011)、Flynn 等(2010)与 Narasimhan & Kim(2002)等研究,从供应商合作关系、供应商沟通、供应商参与质量管理流程改进以及供应商认证等层面对供应商质量整合进行测量,从跨职能合作、质量团队组建以及质量专题会议等层面对内部质量整合进行测量,从客户合作关系、客户沟通、客户参与质量管理流程改进以及客户认证等层面对客户质量整合进行测量,各由 10 个题项构成,详见表 3.2。

表 3.2 供应链质量整合测量量表

维度	编号	题 项
供应商 质量整合	SQI01	与主要供应商在质量管理方面保持合作关系
	SQI02	帮助主要供应商提高他们的质量
	SQI03	与主要供应商密切沟通质量与设计变更问题
	SQI04	主要供应商为我们新产品开发设计中的质量控制提供投入
	SQI05	主要供应商参与我们新产品开发过程中的质量管理
	SQI06	主要供应商参与我们的质量改进工作
	SQI07	帮助主要供应商改善其流程以更好地满足我们的质量需求
	SQI08	与主要供应商共享质量需求信息
	SQI09	与主要供应商协商制定统一的质量标准*
	SQI10	与主要供应商联合解决质量问题

续表

维度	编号	题　项
内部 质量整合	IQI01	不同部门之间能协同质量管理工作
	IQI02	不同部门之间通过协商解决质量问题的冲突
	IQI03	不同部门之间能协调开展质量活动
	IQI04	不同部门之间相互交流质量信息
	IQI05	质量问题决策尽量征询所有团队成员的意见和想法
	IQI06	通过组建团队解决质量问题
	IQI07	问题解决型团队有助于改善我们的质量管理流程
	IQI08	实现质量运营数据的实时获取
	IQI09	不同部门联合解决质量问题
	IQI10	定期召开跨部门质量专题会议
客户 质量整合	CQI01	与主要客户在质量管理方面保持密切联系
	CQI02	主要客户为我们提供产品质量情况的反馈
	CQI03	主要客户为我们新产品开发设计中的质量控制提供投入
	CQI04	主要客户参与我们新产品开发过程中的质量管理
	CQI05	我们的流程通过主要客户认证、符合其质量要求
	CQI06	主要客户要求我们参与其质量改进工作
	CQI07	主要客户与我们共享其质量需求信息
	CQI08	主要客户参与我们的质量改进工作
	CQI09	与主要客户协商制定统一的质量标准
	CQI10	与主要客户联合解决质量问题

注：＊表示在小样本试测阶段经探索性因子分析存疑题项。

该量表由总经理与质量经理基于 Likert-7 点评分对公司各项活动的开展情况进行评价，"1→7"依次表示"完全没有→非常广泛"（马文聪，2012）。

3.3.2.3 运营绩效

运营绩效主要衡量企业在质量、成本、柔性与交付等4个方面的表现。参考 Wong 等(2011)与 Huo 等(2014b)的研究,质量由5个测量题项构成,成本包括4个测量题项,柔性由5个测量题项构成,交付包括4个测量题项,详见表3.3。该量表由总经理与质量经理基于 Likert-7 点评分来表达对公司在所述各方面表现的同意程度,"1→7"依次表示"非常不同意→非常同意"(马文聪,2012);其中,质量与成本量表由质量经理填写、交付与柔性量表由总经理填写(Huo, et al., 2014b)。为了简化模型,参考 Huo 等(2008)的做法,将运营绩效合并为两个维度,即成本绩效(成本)与服务绩效(质量、柔性、交付),SP01、SP02、SP03 分别取质量、柔性与交付测量题项的均值。

表 3.3 运营绩效测量量表

维度		编号	题 项
成本绩效		CP01	生产成本低
		CP02	库存成本低
		CP03	间接成本低
		CP04	产品合格率高(次品率低)*
服务绩效	质量 SP01	QP01	产品性能好
		QP02	产品质量稳定、缺陷少
		QP03	产品可靠性高
		QP04	产品整体质量水平高
		QP05	产品符合标准规定
	柔性 SP02	FP01	能够适应产量的变化*
		FP02	能够提供定制化的产品
		FP03	能够生产多种规格的产品
		FP04	能够提供多种产品组合
		FP05	能够按时推出新产品
	交付 SP03	DP01	能够快速交货给客户
		DP02	能够准时交货给客户
		DP03	交货可靠性高
		DP04	完成客户订单所需时间短

注:* 在小样本试测阶段经探索性因子分析存疑题项。

3.3.2.4 质量导向

根据 Mehra 等(2011)的研究,质量导向也即基于质量竞争的组织承诺,由 4 个测量题项所构成,详见表 3.4。该量表由总经理或质量经理基于 Likert-7 点评分对公司各项活动的开展情况进行评价,"1→7"依次表示"完全没有→非常广泛"(马文聪,2012)。

表 3.4 质量导向测量量表

编号	题 项
QO01	开展质量教育与培训
QO02	营造团队协作氛围
QO03	建立质量控制程序
QO04	制定质量管理奖惩制度

3.3.2.5 控制变量

参考 Flynn 等(2010)以及马文聪(2012)的做法,采用员工总人数来表征企业规模的大小,具体包含 7 个区间;企业经营性质被划分为国有、集体、私营、合资、外资以及其他 6 种类型;企业所属行业类型包括美术与工艺、建筑材料、化学制品与石油化工等 13 大类。详见附录 3 问卷。

3.3.3 样本与数据收集

3.3.3.1 样本选择

本研究聚焦于中国情境,但中国幅员辽阔,企业为数众多,不可能进行全面调查;且答卷者设定为企业中高层管理人员,进行大范围调查的难度也非常之大。因此,方便抽样是最佳选择。作为全国发展基础最好、体制环境最优、开放程度最高区域之一——长三角的南翼,浙江省经济社会发展整体水平较高,制造业基础雄厚,服装、汽车、机械设备、冶金建材等行业优势明显,拥有吉利、万向、超威、奥克斯、雅戈尔等一大批代表性制造企业。2014 年开始推行的"浙江制造"更是浙江制造业迈向高品质高水平的象征,2016 年宁波成为"中国制造 2025"全国首个试点示范城市。因此,浙江省是中国制造业的典型区域,浙江省制造企业构成了本研究非常有代表性的样本,在该地域进行调研更有可能获取研究所需基础信息。

3.3.3.2 问卷调查

本研究主要采用邮寄调查的方式收集企业数据。针对目标区域尽量通过随机抽样获取有效企业样本：首先使用中国电信黄页与各省市工商企业名录初步筛选代表性制造企业样本；待随机确认目标以后，通过电话联系确认企业是否愿意参与问卷调查；对于愿意接受问卷调查的企业，询问潜在答卷者的联络信息，进而以信件方式寄出问卷，并附上回邮信封，同时附函说明此次调查研究的目的与潜在价值。为了保证样本量，此次问卷发放综合使用了多种方法，具体包括：(1)拜托亲戚、朋友与同学、同事利用各自人际关系联系；(2)借助上交所与深交所网站获取上述地区上市公司联系方式，通过 Email 联系；(3)通过指定行业类型、所在地区以及答卷者职位等关键信息，委托专业调查机构联系；(4)利用平时到企业辅导、培训与评审的机会发放；(5)委托政府相关部门联系。

　　为了尽可能如实反映企业实际，要求答卷者对供应链管理有较为全面的了解，初步将公司总经理、董事长、CEO 或者负责运营与供应链管理的高级管理人员(如运营经理、供应链经理)锁定为目标调查对象。当然，如果由采购、生产、销售、物流等不同部门的经理分别填写不同部分的问卷则最为理想，因为这样可以有效避免单一答卷者所带来的同源偏差。但为了节省时间和费用，同时考虑到多源数据获取的难度与可行性，在运营与供应链管理实证研究中，单一答卷者的情况也非常普遍，而且也是可以接受的(Huo，2012)。根据 Frohlich(2002)的研究，为了提高回收率，问卷发放之前通过电话或 Email 与答卷者取得联系，问卷寄出或者发出两周之后，再次通过电话或 Email 询问其答卷进度以及答卷过程是否存在疑问，如果没有收到及时补发，如果有问题则给予解释；同时，也便于后续缺失值的处理，因为待问卷回收之后，如果没有填完还可能联系有关企业补填个别题项。

3.4　分析与结果

3.4.1　样本描述

　　本研究通过各种渠道累计发放问卷 450 份，回收 340 份，其中有效问卷 308 份，有效回收率 68.4%，远远超过运营管理实证研究中问卷回收率 20% 的最低标准(Malhotra，1998)，具体情况见表 3.5。

　　表 3.6 揭示了样本数据的整体分布情况与被调查企业的基本特征。

表 3.5　问卷发放与回收情况统计

发放途径	发放（份）	回收（份）	有效问卷（份）	有效回收率（%）
亲戚/同学/同事	30	30	26	86.7
Email	130	20	12	9.2
专业调查机构	180	180	168	93.3
企业辅导/培训/评审机构	30	30	28	93.3
政府相关部门	80	80	74	92.5
合计	**450**	**340**	**308**	**68.4**

表 3.6　样本企业基本特征

特征	数量（家）	占比（%）
行业类型		
建筑材料	27	8.8
化学制品与石油化工	24	7.8
电子产品与电器	54	17.5
食品、饮料、烟酒与香烟	30	9.7
金属、机械与工程	100	32.5
制药	24	7.8
橡胶与塑料	25	8.1
纺织品与服饰	24	7.8
是否上市		
是	69	22.4
否	239	77.6
经营年限		
1～5 年	26	8.4
6～10 年	76	24.7
11～15 年	73	23.7
16～20 年	63	20.5
21～30 年	44	14.3
31 年及以上	26	8.4

	数量（家）	占比（%）
经营性质		
国有企业	20	6.5
集体企业	15	4.9
私营企业	184	59.7
合资企业	57	18.5
外资企业	32	10.4
员工总人数		
100～199 人	58	18.8
200～499 人	113	36.7
500～999 人	67	21.8
1000～4999 人	52	16.9
5000 人及以上	18	5.8
固定资产		
500 万～<1000 万元	28	9.1
1000 万～<2000 万元	48	15.6
2000 万～<5000 万元	77	25.0
5000 万～<1 亿元	40	13.0
1 亿元及以上	115	37.3
销售收入		
500 万～<1000 万元	4	1.3
1000 万～<2000 万元	36	11.7
2000 万～<5000 万元	58	18.8
5000 万～<1 亿元	74	24.0
1 亿元及以上	136	44.2

从中可以看出被访企业主要来自八大行业,行业分布比较广泛;其中,32.5%的企业来自金属、机械与工程行业,17.5%的企业来自电子产品与电器行业,9.7%的企业来自食品、饮料、烟酒与香烟行业。从企业规模来看,固定资产在 1 亿元及以上的企业占 37.3%,有 44.2%的企业 2013 年度销售收入

达到或超过 1 亿元,81.2％的被访企业员工总人数在 200 人以上,由于少于 100 名员工的企业不大可能进行复杂的供应链管理活动(Huo, et al., 2014b),因此这在很大程度上保证了获取相关数据的可能性。另外,在所有被访企业当中,91.6％的企业在所在地区运营超过 5 年,私营企业与外资或合资企业分别占 59.7％和 28.9％,22.4％的企业已经上市。

综上所述,从调查对象的基本特征来看,被访企业具有相当的代表性,可以很好地保证此次调查研究的真实性与有效性。

表 3.7 反映了被访者的基本信息。从中可以看出,97.4％的被访者来自中高层管理岗位,84.4％的答卷者在现有岗位工作超过 3 年,其对供应链相关业务非常熟悉,可以很好地提供问卷调查所需要的信息并保证数据的可靠性。

表 3.7   答卷者基本特征

职位	占比(％)	任职年限	占比(％)
高层管理者	37.6	1～3 年	15.6
中层管理者	59.8	4～6 年	34.4
其他	2.6	7～12 年	36.4
		12 年以上	13.6

注:(1)高层管理者包括董事长、总经理、CEO;
(2)中层管理者包括运营经理、供应链经理以及其他相关部门经理。

3.4.2   无应答偏差与共同方法偏差检验

无应答偏差(non-response bias)。通过与拒绝答卷者沟通发现并未出现因问卷设计不合理或对测量题项表述有异议等而拒绝填答的情况,因此,此处主要考虑不同时间段与发放渠道可能对问卷填答情况所造成的影响,参考 Armstrong & Overton(1977)的做法,采用外推法进行无应答偏差检验。具体操作是,将后面回收的 108 份问卷与前面回收的 200 份问卷以及随机对通过专业调查机构回收的 168 份问卷与通过政府相关部门回收的 74 份问卷分别进行 T 检查,以比较两者在关键变量以及背景变量上是否存在差异,结果见表 3.8 与表 3.9。从中可以看出,前后不同阶段与经由不同发放渠道所得样本在关系资本、供应链质量整合以及运营绩效等方面并不存在显著差异,由此可见,本研究中并不存在无应答偏差问题。

共同方法偏差(common method bias)。由于问卷数据大多收集自同一时间点的单一答卷者,因此,本研究通过 Harmon 的单因素检验(Harmon's single-factor test)以评价共同方法偏差问题的影响(Podsakoff & Organ,1986)。由表 3.10 可知,通过对概念模型中所有变量的测量题项进行因子分析,从中提取了 9 个特征根大于 1 的因子,累积方差解释率为 78.204%,其中最大因子的解释率仅为 15.915%。由此表明,本研究中共同方法偏差问题并不严重。

表 3.8　前后不同阶段回收问卷的均值差异比较

变量		方差齐性 Levene 检验		均值齐性 t 检验				
		F 值	Sig. 显著性	t 值	df	Sig. 双尾显著性	差值95%置信区间	
							下限	上限
供应商 关系资本	假设方差相等	3.110	0.079	−1.826	306	0.069	−0.489	0.018
	假设方差不相等			−1.910	248.875	0.057	−0.478	0.007
内部 关系资本	假设方差相等	2.909	0.089	−1.591	306.000	0.113	−0.556	0.059
	假设方差不相等			−1.610	226.733	0.109	−0.553	0.056
客户 关系资本	假设方差相等	2.581	0.109	−1.207	306	0.228	−0.471	0.113
	假设方差不相等			−1.249	241.749	0.213	−0.461	0.103
供应商 质量整合	假设方差相等	2.279	0.132	−0.707	306	0.480	−0.347	0.164
	假设方差不相等			−0.820	304.204	0.413	−0.312	0.128
内部 质量整合	假设方差相等	0.153	0.696	−0.810	306	0.418	−0.449	0.187
	假设方差不相等			−0.818	224.970	0.414	−0.446	0.185
客户 质量整合	假设方差相等	1.345	0.247	−1.436	306	0.152	−0.568	0.089
	假设方差不相等			−1.402	204.644	0.163	−0.577	0.097
成本绩效	假设方差相等	0.025	0.874	−1.173	306	0.242	−0.468	0.119
	假设方差不相等			−1.149	206.902	0.252	−0.475	0.125
服务绩效	假设方差相等	0.371	0.543	0.303	306	0.762	−0.077	0.106
	假设方差不相等			0.305	224.654	0.761	−0.077	0.105

表 3.9　不同发放渠道回收问卷的均值差异比较

变量		方差齐性Levene 检验		均值齐性 t 检验				
		F 值	Sig.显著性	t 值	df	Sig.双尾显著性	差值 95% 置信区间	
							下限	上限
供应商关系资本	假设方差相等	2.527	0.113	−1.816	240	0.071	−0.687	0.028
	假设方差不相等			−1.727	124.791	0.087	−0.707	0.048
内部关系资本	假设方差相等	1.813	0.179	−1.906	240	0.058	−0.685	0.011
	假设方差不相等			−1.862	132.394	0.065	−0.695	0.021
客户关系资本	假设方差相等	0.561	0.455	−1.386	240	0.167	−0.527	0.092
	假设方差不相等			−1.421	148.164	0.157	−0.521	0.085
供应商质量整合	假设方差相等	2.483	0.116	−1.254	240	0.211	−0.635	0.141
	假设方差不相等			−1.207	127.993	0.230	−0.652	0.158
内部质量整合	假设方差相等	1.116	0.292	−1.275	240	0.204	−0.517	0.111
	假设方差不相等			−1.347	159.425	0.180	−0.501	0.095
客户质量整合	假设方差相等	0.551	0.459	−0.850	240	0.396	−0.501	0.199
	假设方差不相等			−0.852	140.366	0.396	−0.502	0.200
绿色采购	假设方差相等	2.062	0.152	−1.507	240	0.133	−0.521	0.069
	假设方差不相等			−1.539	146.931	0.126	−0.516	0.064
内部绿色管理	假设方差相等	0.254	0.615	−1.776	240	0.077	−0.542	0.028
	假设方差不相等			−1.756	136.042	0.081	−0.546	0.032
客户绿色合作	假设方差相等	0.217	0.642	−1.563	240	0.119	−0.549	0.063
	假设方差不相等			−1.547	136.299	0.124	−0.553	0.068
成本绩效	假设方差相等	0.015	0.903	−0.480	240	0.631	−0.300	0.183
	假设方差不相等			−0.516	166.026	0.607	−0.284	0.167
服务绩效	假设方差相等	0.103	0.748	1.241	240	0.216	−0.087	0.385
	假设方差不相等			1.329	165.124	0.186	−0.072	0.370

3.4.3　探索性因子分析

虽然本研究中所有变量的测量指标均来自权威期刊文献的成熟量表，但现有量表的可靠性尚未得到系统验证,加之测量指标使用环境的变化,因此,本研究对量表均进行了严格的验证。具体而言,首先利用试测阶段的小样本数据进行探索性因子分析以确定各变量的因子结构,然后运用大规模发放阶段所收集的大样本数据进行信度与效度检验以进一步验证。

运用SPSS16.0进行探索性因子分析,以保证各测量指标的单一维度性。通过KMO值与Bartlett's球形检验可以预先验证数据是否适合进行探索性因子分析(马文聪,2012)。其中,KMO取值在0~1之间,越接近于1,表示因子分析效果越好。一般而言,KMO>0.7,因子分析效果比较好;如果KMO<0.5,则表示不适合进行因子分析(马文聪,2012);同时,各变量之间应该相关,也即Bartlett's球形检验显著,否则也不适宜进行因子分析(马文聪,2012;吴明隆,2013)。由KMO值(0.947)与Bartlett's球形检验(Approximate Chi-Square=17382.293、=1378、$p<0.001$)结果可知,本研究样本数据非常适合进行因子分析。在此基础上,再运用主成分分析与方差最大化旋转基于特征根大于1提取因子。

通过探索性因子分析共提取9个因子,依次是内部质量整合、客户质量整合、供应商质量整合、质量导向、内部关系资本、客户关系资本、供应商关系资本、成本绩效以及服务绩效,结果见表3.10。从中可以看出,各因子所有题项的因子载荷都在0.6以上,累积解释了78.204%的方差变异,方差解释率较高,而且各题项的归属清楚。

表3.10 探索性因子分析结果

题项编号	因子载荷								
	内部质量整合	客户质量整合	供应商质量整合	质量导向	内部关系资本	客户关系资本	供应商关系资本	成本绩效	服务绩效
SRC01	0.186	0.225	0.496	0.023	0.068	0.020	**0.628**	−0.001	−0.015
SRC02	0.174	0.156	0.239	−0.028	0.073	0.090	**0.646**	−0.066	0.079
SRC03	0.151	0.107	0.236	−0.035	0.082	0.079	**0.715**	0.043	0.051
SRC04	0.167	0.195	0.254	0.022	0.084	0.090	**0.633**	−0.125	0.163
SRC05	0.042	0.121	0.159	0.033	0.168	0.082	**0.759**	0.098	−0.018
IRC01	0.171	0.138	0.163	0.018	**0.796**	0.133	0.047	0.072	0.050
IRC02	0.154	0.087	0.206	−0.055	**0.790**	0.084	0.127	0.025	0.087

续表

题项编号	因子载荷								
	内部质量整合	客户质量整合	供应商质量整合	质量导向	内部关系资本	客户关系资本	供应商关系资本	成本绩效	服务绩效
IRC03	0.185	0.116	0.161	−0.057	**0.784**	0.108	0.142	0.126	0.054
IRC04	0.209	0.144	0.219	−0.032	**0.755**	0.095	0.093	0.088	0.115
IRC05	0.076	0.111	0.091	−0.068	**0.673**	0.297	0.060	−0.087	0.094
CRC02	0.170	0.203	0.164	−0.032	0.177	**0.861**	0.084	0.047	0.045
CRC03	0.226	0.221	0.189	−0.035	0.150	**0.841**	0.096	0.062	0.016
CRC04	0.212	0.197	0.184	−0.057	0.211	**0.845**	0.123	0.004	0.012
CRC05	0.219	0.173	0.198	−0.067	0.193	**0.839**	0.082	0.030	0.028
SQI01	0.200	0.179	**0.746**	−0.135	0.185	0.106	0.224	0.013	0.119
SQI02	0.194	0.195	**0.780**	−0.089	0.178	0.161	0.137	0.039	0.062
SQI03	0.154	0.205	**0.781**	−0.017	0.176	0.064	0.153	0.065	0.093
SQI04	0.186	0.192	**0.819**	−0.038	0.107	0.083	0.106	0.026	0.049
SQI05	0.177	0.212	**0.775**	−0.075	0.100	0.137	0.164	0.186	0.038
SQI06	0.206	0.186	**0.769**	−0.026	0.109	0.111	0.144	0.120	0.131
SQI07	0.189	0.237	**0.798**	−0.100	0.086	0.144	0.138	0.055	0.064
SQI08	0.236	0.246	**0.769**	−0.042	0.177	0.016	0.163	0.080	0.076
SQI10	0.199	0.236	**0.751**	−0.033	0.056	0.162	0.194	−0.007	0.149
IQI01	**0.868**	0.145	0.200	−0.040	0.077	0.103	0.086	0.054	0.075
IQI02	**0.851**	0.142	0.195	−0.040	0.122	0.102	0.087	0.039	0.087
IQI03	**0.854**	0.109	0.194	−0.005	0.114	0.080	0.070	0.080	0.056
IQI04	**0.853**	0.225	0.114	−0.014	0.126	0.084	0.110	0.034	0.053
IQI05	**0.855**	0.166	0.114	−0.049	0.049	0.099	0.120	0.075	0.051
IQI06	**0.854**	0.147	0.165	−0.062	0.104	0.151	0.079	0.128	0.092
IQI07	**0.849**	0.199	0.146	−0.039	0.100	0.125	0.087	0.102	0.059
IQI08	**0.832**	0.161	0.166	−0.027	0.112	0.096	0.085	0.081	0.074
IQI09	**0.859**	0.187	0.167	0.016	0.127	0.058	0.035	0.012	0.038

续表

题项编号	因子载荷								
	内部质量整合	客户质量整合	供应商质量整合	质量导向	内部关系资本	客户关系资本	供应商关系资本	成本绩效	服务绩效
IQI10	**0.850**	0.147	0.216	−0.011	0.116	0.112	0.103	0.058	0.076
CQI01	0.139	**0.781**	0.192	−0.014	0.068	0.158	0.231	0.073	−0.017
CQI02	0.144	**0.831**	0.133	0.031	0.086	0.114	−0.001	0.001	0.047
CQI03	0.166	**0.812**	0.207	−0.019	0.084	0.055	0.084	0.004	0.100
CQI04	0.112	**0.814**	0.272	0.008	0.102	0.122	0.083	0.084	0.044
CQI05	0.216	**0.797**	0.171	−0.031	0.046	0.035	0.064	0.049	−0.009
CQI06	0.156	**0.818**	0.105	−0.036	0.118	0.108	0.114	0.123	0.026
CQI07	0.134	**0.821**	0.144	−0.099	0.103	0.111	0.094	0.059	0.092
CQI08	0.168	**0.796**	0.214	−0.008	0.097	0.039	0.107	0.119	0.046
CQI09	0.176	**0.816**	0.181	−0.037	0.044	0.123	0.055	−0.025	0.125
CQI10	0.171	**0.815**	0.171	−0.023	0.052	0.100	0.125	0.164	0.027
CP01	0.198	0.185	0.084	−0.028	0.022	0.058	−0.090	**0.768**	0.248
CP02	0.163	0.125	0.118	−0.001	0.074	0.013	0.016	**0.829**	0.091
CP03	0.082	0.123	0.124	−0.068	0.082	0.039	0.043	**0.835**	0.179
SP01	0.144	0.218	0.150	0.017	0.134	0.021	0.050	0.192	**0.802**
SP02	0.169	0.063	0.140	−0.041	0.096	0.013	0.087	0.142	**0.809**
SP03	0.110	0.036	0.184	0.058	0.121	0.048	0.070	0.173	**0.798**
QO01	−0.044	−0.033	−0.101	**0.984**	−0.034	−0.042	−0.004	−0.023	0.014
QO02	−0.039	−0.042	−0.090	**0.986**	−0.047	−0.044	−0.016	−0.025	0.016
QO03	−0.042	−0.024	−0.088	**0.986**	−0.039	−0.043	0.005	−0.021	0.014
QO04	−0.045	−0.046	−0.057	**0.983**	−0.045	−0.029	0.012	−0.027	−0.019
Cronbach's Alpha	0.976	0.962	0.959	0.995	0.882	0.956	0.834	0.840	0.837
特征根	18.907	4.628	4.084	3.623	2.831	2.653	1.862	1.560	1.301

续表

题项编号	因子载荷								
	内部质量整合	客户质量整合	供应商质量整合	质量导向	内部关系资本	客户关系资本	供应商关系资本	成本绩效	服务绩效
方差解释率（%）	15.915	14.592	13.093	7.534	6.605	6.388	5.377	4.403	4.299
累积方差解释率（%）	15.915	30.507	43.600	51.134	57.738	64.126	69.503	73.906	78.204

3.4.4 信度与效度检验

信度。信度评价主要可以参考两个指标，即内部一致性系数（Cronbach's alpha）与组合信度（Composite Reliability，CR）（Peng & Lai,2012）。详见表3.11。其中 Cronbach's alpha 取值介于 0～1 之间，越接近于 1，表示量表的内部一致性越好。通常认为，一份信度良好的量表 Cronbach's alpha 至少要在 0.8 以上，0.9以上更佳；如果低于 0.6，则不能接受（吴明隆,2013）。与此同时，如果CR>0.7，也表示量表的测量结果是可信的（Fornell & Larcker,1981）。虽然 CR 与 Cronbach's Alpha 比较类似，但 CR 明显要优于 Cronbach's Alpha，因为 CR 考虑了真实的因子载荷，而 Cronbach's Alpha 则是假定每个测量题项具有相同的权重（Fornell & Larcker,1981；Huo, et al. ,2014b）。综合考虑，本研究结合 Cronbach's Alpha 系数，主要参考 CR 对量表信度进行评价（见表 3.11）。

表 3.11　验证性因子分析结果

显变量		潜变量	标准化因子载荷	标准误 S.E.	显著性概率 p	组合信度 CR	平均萃取变异量 AVE
SRC05	←	供应商关系资本	0.656	—	—	0.834	0.504
SRC04	←	供应商关系资本	0.689	0.098	* * *		
SRC03	←	供应商关系资本	0.671	0.111	* * *		
SRC02	←	供应商关系资本	0.665	0.103	* * *		
SRC01	←	供应商关系资本	0.851	0.116	* * *		
IRC05	←	内部关系资本	0.646	—	—	0.887	0.613
IRC04	←	内部关系资本	0.818	0.093	* * *		

续表

显变量		潜变量	标准化因子载荷	标准误 S. E.	显著性概率 p	组合信度 CR	平均萃取变异量 AVE
IRC03	←	内部关系资本	0.820	0.096	* * *		
IRC02	←	内部关系资本	0.806	0.089	* * *		
IRC01	←	内部关系资本	0.810	0.095	* * *		
CRC05	←	客户关系资本	0.903	—	—	0.956	0.843
CRC04	←	客户关系资本	0.938	0.038	* * *		
CRC03	←	客户关系资本	0.918	0.040	* * *		
CRC02	←	客户关系资本	0.913	0.039	* * *		
SQI01	←	供应商质量整合	0.842	—	—	0.960	0.725
SQI02	←	供应商质量整合	0.861	0.051	* * *		
SQI03	←	供应商质量整合	0.839	0.052	* * *		
SQI04	←	供应商质量整合	0.850	0.053	* * *		
SQI05	←	供应商质量整合	0.852	0.052	* * *		
SQI06	←	供应商质量整合	0.840	0.051	* * *		
SQI07	←	供应商质量整合	0.873	0.050	* * *		
SQI08	←	供应商质量整合	0.863	0.051	* * *		
SQI10	←	供应商质量整合	0.840	0.050	* * *		
IQI01	←	内部质量整合	0.911	—	—	0.976	0.800
IQI02	←	内部质量整合	0.898	0.038	* * *		
IQI03	←	内部质量整合	0.887	0.039	* * *		
IQI04	←	内部质量整合	0.895	0.038	* * *		
IQI05	←	内部质量整合	0.879	0.041	* * *		
IQI06	←	内部质量整合	0.908	0.039	* * *		
IQI07	←	内部质量整合	0.899	0.038	* * *		
IQI08	←	内部质量整合	0.872	0.039	* * *		
IQI09	←	内部质量整合	0.887	0.039	* * *		
IQI10	←	内部质量整合	0.907	0.038	* * *		
CQI01	←	客户质量整合	0.836	—	—	0.962	0.717
CQI02	←	客户质量整合	0.829	0.056	* * *		
CQI03	←	客户质量整合	0.851	0.057	* * *		

续表

显变量		潜变量	标准化 因子载荷	标准误 S. E.	显著性 概率 p	组合信度 CR	平均萃取变 异量 AVE
CQI04	←	客户质量整合	0.874	0.056	***		
CQI05	←	客户质量整合	0.818	0.056	***		
CQI06	←	客户质量整合	0.849	0.056	***		
CQI07	←	客户质量整合	0.853	0.056	***		
CQI08	←	客户质量整合	0.846	0.057	***		
CQI09	←	客户质量整合	0.846	0.055	***		
CQI10	←	客户质量整合	0.866	0.055	***		
CP01	←	成本绩效	0.809	—	—	0.842	0.640
CP02	←	成本绩效	0.773	0.083	***		
CP03	←	成本绩效	0.818	0.078	***		
SP01	←	服务绩效	0.829	—	—	0.788	0.557
SP02	←	服务绩效	0.779	0.052	***		
SP03	←	服务绩效	0.613	0.098	***		
QO04	←	质量导向	0.979	—	—	0.995	0.980
QO03	←	质量导向	0.991	0.014	***		
QO02	←	质量导向	0.996	0.013	***		
QO01	←	质量导向	0.993	0.014	***		

拟合指标:$\chi^2(1289)=1749.082$,$\chi^2 df=1.357$,GFI$=0.832$,AGFI$=0.814$,RMSEA$=0.034$,IFI$=0.973$,TLI(NNFI)$=0.971$,CFI$=0.973$,SRMR$=0.033$。

注:*** 表示 $p<0.001$,即 $T>3.28$。

从表 3.10 与表 3.11 中可以看出,供应商关系资本、内部关系资本、客户关系资本、供应商质量整合、内部质量整合、客户质量整合、成本绩效、服务绩效与质量导向的 Cronbach's Alpha 都高于 0.8(0.834~0.995)、CR 都大于 0.7(0.788~0.995),由此表明这些变量的测量是可信的(Fornell & Larcker,1981)。

效度。效度主要包括内容效度、收敛效度与区分效度三种。本研究所用量表的形成都经历了本领域文献的广泛搜索、现有概念的整合评价以及本领域专家的反复修改三个环节,由此可以保证量表的内容效度(Flynn, et al., 2010)。聚合效度与区分效度通过验证性因子分析进行评价(O'Leary-Kelly

& Vokurka,1998)。其中,聚合效度的评价依据因子载荷、组合信度(CR)与平均萃取变异量(average variance extracted,AVE)进行判断,如果因子载荷大于 0.5、T 值大于 2(Fornell & Larcker,1981;Narasimhan & Kim,2002;Vickery, et al.,2003;Droge, et al.,2004;Flynn, et al.,2010;Hair, et al.,2011;Peng & Lai,2012),或者 CR 大于 0.7、AVE 大于 0.5(Fornell & Larcker,1981;Peng & Lai,2012),均表示该量表具有良好的聚合效度;区分效度通过比较各个因子平均萃取变异量的平方根与该因子和其他因子之间的相关系数进行评价,如果前者大于后者,表示对应因子的量表具有良好的区分效度(Fornell & Larcker,1981;Peng & Lai,2012;马文聪,2012)。

从表 3.11 可以看出,本研究 CFA 模型拟合参数为 $\chi^2(1289)=1749.082$、RMSEA$=0.034$、NNFI$=0.971$、CFI$=0.973$、SRMR$=0.033$,这些指标均优于 Hu & Bentler(1999)所建议的标准,由此表明该模型是可以接受的。

由表 3.11 可知,供应商关系资本、内部关系资本、客户关系资本、供应商质量整合、内部质量整合、客户质量整合、成本绩效、服务绩效与质量导向所有测量题项的因子载荷都大于 0.5(0.613~0.938)、T 值都大于 2,且 CR 均大于 0.7、AVE 均大于 0.5(0.504~0.980),从而表明各量表具有很好的聚合效度(Fornell & Larcker,1981;Narasimhan & Kim,2002;Vickery, et al.,2003;Droge, et al.,2004;Flynn, et al.,2010;Peng & Lai,2012)。

由表 3.11 亦可知,各因子 AVE 平方根都明显大于该因子与其他因子之间的相关系数,由此说明各量表具有良好的区分效度(Fornell & Larcker,1981;Peng & Lai,2012)。

3.4.5 控制变量的影响分析

本研究中控制变量属于比较典型的分类变量,因此,运用单因素方差分析(one-way ANOVA)来检验控制变量对供应链质量整合与运营绩效的影响,结果见表 3.12、表 3.13 与表 3.14。

由表 3.12 可知,企业规模对供应商质量整合、内部质量整合、客户质量整合以及成本绩效与服务绩效的影响都不显著。这也就是说,规模大小对企业供应链质量整合的实践水平及其实施效果并没有明显的影响。

由表 3.13 可见,所有制类型对供应商质量整合、内部质量整合、客户质量整合以及成本绩效与服务绩效的影响均不显著。由此表明,不管是国有企业、集体企业,还是私营企业,抑或是合资企业、外资企业,在供应链质量整合实践及其实施效果方面并不存在明显差异。

表 3.12　企业规模对供应链质量整合与运营绩效的影响分析

	F 值	p 值	是否显著
供应商质量整合	2.763	0.074	否
内部质量整合	0.227	0.923	否
客户质量整合	2.114	0.079	否
成本绩效	0.890	0.470	否
服务绩效	0.761	0.552	否

表 3.13　所有制对供应链质量整合与运营绩效的影响分析

	F 值	p 值	是否显著
供应商质量整合	0.918	0.454	否
内部质量整合	1.521	0.196	否
客户质量整合	0.597	0.665	否
成本绩效	0.286	0.887	否
服务绩效	0.558	0.693	否

表 3.14　行业类型对供应链质量整合与运营绩效的影响分析

	F 值	p 值	是否显著
供应商质量整合	1.399	0.196	否
内部质量整合	0.716	0.677	否
客户质量整合	0.747	0.650	否
成本绩效	1.373	0.208	否
服务绩效	1.151	0.329	否

由表 3.14 可知，行业类型对供应商质量整合、内部质量整合、客户质量整合以及成本绩效与服务绩效的影响都不显著。由此显示，建筑材料、化学制品与石油化工、电子产品与电器；食品、饮料、烟酒与香烟；金属、机械与工程；制药、橡胶与塑料、纺织品与服饰等不同行业的企业，在供应链质量整合实践及其实施效果方面并没有显著不同。

3.4.6　描述性统计分析

对关系资本(供应商关系资本、内部关系资本与客户关系资本)、供应链质量整合(供应商质量整合、内部质量整合与客户质量整合)、运营绩效(成本绩效与服务绩效)与质量导向进行描述性统计与相关分析,由此得到它们的均值、标准差与相关系数,详见表 3.15。

表 3.15　描述性统计与相关分析结果

	供应商 关系资本 SRC	内部 关系资本 IRC	客户 关系资本 CRC	供应商 质量整合 SQI	内部 质量整合 IQI	客户 质量整合 CQI	成本 绩效 CP	服务 绩效 SP	质量 导向 QO
SRC	**0.710**								
IRC	0.371***	**0.783**							
CRC	0.352***	0.467***	**0.918**						
SQI	0.603***	0.454***	0.444***	**0.851**					
IQI	0.388***	0.391***	0.420***	0.482***	**0.894**				
CQI	0.421***	0.340***	0.415***	0.513***	0.423***	**0.847**			
CP	0.124*	0.222***	0.186**	0.293***	0.305***	0.302***	**0.800**		
SP	0.288***	0.300***	0.263***	0.430***	0.369***	0.366***	0.510***	**0.746**	
QO	−0.052	−0.124*	−0.129*	−0.177**	−0.103	−0.096	−0.086	−0.028	**0.990**
均值	5.506	5.458	4.959	5.518	5.331	5.273	4.937	5.507	3.328
标准差	0.776	1.008	1.091	0.911	1.166	0.910	1.094	0.784	1.599

注:(1)双尾检验显著性水平:*** 表示 $p<0.001$,** 表示 $p<0.01$,* 表示 $p<0.05$;

(2)对角线中加粗斜体数字为对应因子的 AVE 平方根。

3.4.7　假设检验

3.4.7.1　结构方程分析

本研究概念模型中有 25 条关系路径假设与 49 个观测指标,样本量(308)难以满足协方差结构方程模型(covariance-based SEM)的基本要求(LISREL 或 AMOS),但适用于基于方差或者成分的结构方程模型技术(variance-based & conponent-based SEM)(PLS),因为后者能够较好地处理小样本的复杂模型(Hair, et al.,2011;Peng & Lai,2012;Huo, et al.,2014b)。因此,本研究借助 SmartPLS2.0.M3 软件,采用偏最小二乘法结构方程模型(PLS-SEM)验证理论模型,并运用 bootstrapping 估计程序($n=5000$)检验路径系数的显著性水平(T 值)(Hair, et al.,2011;Peng & Lai,2012),见图 3.2 与表 3.16。

由图 3.2 可知,假设模型对供应商关系资本与客户关系资本的方差解释率为 13.9% 与 21.1%,对供应商质量整合、内部质量整合与客户质量整合的方差解释率依次为 49.4%、27.6% 与 30.7%,对成本绩效与服务绩效的方差解释率分别为 16.4% 与 25.8%。由此可见,假设模型对各潜变量方差变异做出了比较理想的解释(Hair, et al.,2011)。

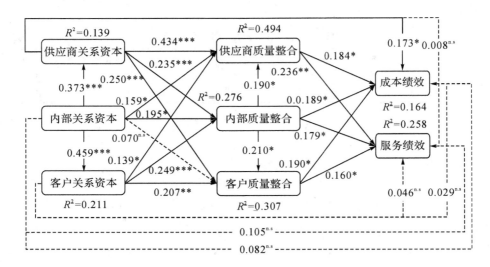

图 3.2 "关系资本→供应链质量整合→运营绩效"影响模型
注:(1)实线表示路径显著,虚线表示路径不显著;
(2) ***表示 $p < 0.001$,** 表示 $p < 0.01$,* 表示 $p < 0.05$,n.s 表示 $p > 0.05$。

表 3.16 "关系资本→供应链质量整合→运营绩效"影响模型检验结果

关系路径	标准化 路径系数	标准误 S.E.	T 值	显著性
内部关系资本→供应商关系资本	0.373	0.059	6.305	***
内部关系资本→客户关系资本	0.459	0.063	7.267	***
供应商关系资本→供应商质量整合	0.434	0.070	6.211	***
供应商关系资本→内部质量整合	0.235	0.063	3.748	***
供应商关系资本→客户质量整合	0.250	0.068	3.673	***
内部关系资本→供应商质量整合	0.159	0.075	2.104	*
内部关系资本→内部质量整合	0.195	0.081	2.421	*
内部关系资本→客户质量整合	0.070	0.069	1.021	n.s
客户关系资本→供应商质量整合	0.139	0.056	2.463	*
客户关系资本→内部质量整合	0.249	0.077	3.229	***
客户关系资本→客户质量整合	0.207	0.072	2.860	**

关系路径	标准化路径系数	标准误 S. E.	T 值	显著性
内部质量整合→供应商质量整合	0.190	0.063	3.027	＊＊
内部质量整合→客户质量整合	0.210	0.087	2.418	＊
供应商质量整合→成本绩效	0.184	0.089	2.083	＊
供应商质量整合→服务绩效	0.236	0.081	2.897	＊＊
内部质量整合→成本绩效	0.189	0.087	2.158	＊
内部质量整合→服务绩效	0.179	0.072	2.497	＊
客户质量整合→成本绩效	0.190	0.087	2.185	＊
客户质量整合→服务绩效	0.160	0.071	2.244	＊
供应商关系资本→成本绩效	0.173	0.087	1.994	＊
供应商关系资本→服务绩效	0.008	0.084	0.091	n. s
内部关系资本→成本绩效	0.082	0.068	1.203	n. s
内部关系资本→服务绩效	0.105	0.063	1.665	n. s
客户关系资本→成本绩效	0.029	0.067	0.437	n. s
客户关系资本→服务绩效	0.046	0.066	0.695	n. s

注：＊＊＊表示 $p < 0.001$，＊＊表示 $p < 0.01$，＊表示 $p < 0.05$，n. s 表示 $p > 0.05$。

由图 3.2 与表 3.16 可知，内部关系资本与供应商关系资本以及客户关系资本之间的标准化路径系数分别为 0.373($p < 0.001$)与 0.459($p < 0.001$)，因此，假设 H1a 与 H1b 得到支持。供应商关系资本与供应商质量整合、内部质量整合以及客户质量整合之间的标准化路径系数依次为 0.434($p < 0.001$)、0.235($p < 0.001$)与 0.250($p < 0.001$)，由此，假设 H2a、H2b 与 H2c 得到支持。内部关系资本与供应商质量整合、内部质量整合以及客户质量整合之间的标准化路径系数分别为 0.159($p < 0.05$)、0.195($p < 0.05$)与 0.070($p > 0.05$)，因此，假设 H3a 与 H3b 得到支持，而假设 H3c 未得到支持。客户关系资本与供应商质量整合、内部质量整合以及客户质量整合之间的标准化路径系数依次为 0.139($p < 0.05$)、0.249($p < 0.001$)与 0.207($p < 0.01$)，由此，假设 H4a、H4b 与 H4c 得到支持。内部质量整合与供应商质量整合以及客户质量整合之间的标准化路径系数分别为 0.190($p < 0.01$)与 0.210($p < 0.05$)，因此，假设 H5a 与 H5b 得到支持。供应商质量整合与成本绩效以及服务绩效之间的标准化路径系数分别为 0.184($p < 0.05$)与 0.236($p < 0.01$)，由此，假

设 H6a 与 H6b 得到支持。内部质量整合与成本绩效以及服务绩效之间的标准化路径系数分别为 $0.189(p<0.05)$ 与 $0.179(p<0.05)$，因此，假设 H7a 与 H7b 得到支持。客户质量整合与成本绩效以及服务绩效之间的标准化路径系数分别为 $0.190(p<0.05)$ 与 $0.160(p<0.05)$，由此，假设 H8a 与 H8b 得到支持。供应商关系资本与成本绩效以及服务绩效的标准化路径系数分别为 $0.173(p<0.05)$ 与 $0.008(p>0.05)$，由此，假设 H9a 得到支持，假设 H9b 未得到支持。内部关系资本与成本绩效以及服务绩效的标准化路径系数分别为 $0.082(p>0.05)$ 与 $0.105(p>0.05)$，因此，假设 H10a 与 H10b 未得到支持。客户关系资本与成本绩效以及服务绩效的标准化路径系数分别为 $0.029(p>0.05)$ 与 $0.046(p>0.05)$，由此，假设 H11a 与 H11b 未得到支持。

3.4.7.2 调节效应检验

运用层级回归分析以验证质量导向在关系资本与供应链质量整合之间的调节作用，首先分别将供应商质量整合、内部质量整合、客户质量整合设为因变量，进而依次引入自变量（供应商关系资本、内部关系资本、客户关系资本）和调节变量（质量导向），最后加入自变量与调节变量的乘积项（供应商关系资本×质量导向、内部关系资本×质量导向、客户关系资本×质量导向），结果见表 3.17、表 3.18 及表 3.19。当检验质量导向对关系资本与供应商质量整合之间关系起调节作用时，将内部质量整合与客户质量整合视作自变量以控制其影响(Huo, et al. ,2014a)；以此类推。同时，先对自变量与调节变量进行标准化处理，再构造其乘积项，以消除多重共线性的影响。

从表 3.17 中可以看出，供应商关系资本、客户关系资本与质量导向的乘积项对供应商质量整合具有显著的正向影响(Model3：$\beta=0.120$，$p<0.05$；$\beta=0.122$，$p<0.01$)，且供应商关系资本与客户关系资本对供应商质量整合均有显著的正向影响(Model1：$\beta=0.465$，$p<0.001$；$\beta=0.190$，$p<0.001$)，由此说明质量导向对供应商关系资本、客户关系资本与供应商质量整合之间的关系存在正向调节作用，也即质量导向越强，供应商关系资本、客户关系资本与供应商质量整合之间的正向关系越强，从而支持了假设 H12a 与 H12c；而内部关系资本与质量导向的乘积项对供应商质量整合的影响不显著(Model6：$\beta=0.061$，$p>0.05$)，因此，质量导向对内部关系资本与供应商质量整合之间的关系不存在调节作用，假设 H12b 未获支持。

表 3.17　质量导向对关系资本与供应商质量整合关系的调节作用检验

	供应商质量整合		
	Model1	Model2	Model3
自变量			
供应商关系资本	0.465***	0.467***	0.438***
内部关系资本	0.193***	0.184***	0.123*
客户关系资本	0.190***	0.180***	0.132**
调节变量			
质量导向		−0.107*	−0.190***
交互项			
供应商关系资本×质量导向			0.120*
内部关系资本×质量导向			0.061
客户关系资本×质量导向			0.122**
R^2	0.453	0.464	0.510
ΔR^2	0.453	0.011	0.047
F	83.799***	65.539***	44.678***
ΔF	83.799***	6.341*	9.506***

注：***表示 $p<0.001$，**表示 $p<0.01$，*表示 $p<0.05$。

从表 3.18 中可以看出，内部关系资本与质量导向的乘积项对内部质量整合具有显著的正向影响（Model6：$\beta=0.140$，$p<0.05$），且内部关系资本对内部质量整合具有正向影响（Model4：$\beta=0.188$，$p<0.01$），从而表明质量导向对内部关系资本与内部质量整合之间的关系具有正向调节作用，也即质量导向越强，内部关系资本与内部质量整合之间的正向关系越强，由此支持了假设 H13b；但供应商关系资本、客户关系资本与质量导向的乘积项对内部质量整合的影响不显著（Model6：$\beta=0.073$，$p>0.05$；$\beta=-0.030$，$p>0.05$），因此，质量导向对供应商关系资本、客户关系资本与内部质量整合之间的关系不存在调节作用，假设 H13a 与 H13c 未获支持。

表 3.18　质量导向对关系资本与内部质量整合关系的调节作用检验

	内部质量整合		
	Model4	Model5	Model6
自变量			
供应商关系资本	0.230***	0.230***	0.222***
内部关系资本	0.188**	0.185**	0.138*
客户关系资本	0.252***	0.248***	0.215***
调节变量			
质量导向		−0.037	−0.087
交互项			
供应商关系资本×质量导向			0.073
内部关系资本×质量导向			0.140*
客户关系资本×质量导向			−0.030
R^2	0.269	0.270	0.293
ΔR^2	0.269	0.001	0.023
F	37.201***	27.994***	17.779***
ΔF	37.201***	0.541	3.307*

注:***表示 $p<0.001$,**表示 $p<0.01$,*表示 $p<0.05$。

表 3.19　质量导向对关系资本与客户质量整合关系的调节作用检验

	客户质量整合		
	Model7	Model8	Model9
自变量			
供应商关系资本	0.288***	0.289***	0.261***
内部关系资本	0.111	0.108	0.089
客户关系资本	0.262***	0.258***	0.221***
调节变量			
质量导向		−0.034	−0.126*
交互项			
供应商关系资本×质量导向			0.193**
内部关系资本×质量导向			−0.027
客户关系资本×质量导向			0.151*

	客户质量整合		
	Model7	Model8	Model9
R^2	0.268	0.269	0.294
ΔR^2	0.268	0.001	0.025
F	37.026***	27.842***	17.856***
ΔF	37.026***	0.479	3.591*

注:***表示 $p < 0.001$,**表示 $p < 0.01$,*表示 $p < 0.05$。

从表 3.19 中可以看出,供应商关系资本、客户关系资本与质量导向的乘积项对客户质量整合具有显著的正向影响(Model9:$\beta = 0.193$,$p < 0.01$;$\beta = 0.151$,$p < 0.05$),且供应商关系资本与客户关系资本对客户质量整合都有显著的正向影响(Model7:$\beta = 0.288$,$p < 0.001$;$\beta = 0.262$,$p < 0.001$),这就说明质量导向对供应商关系资本、客户关系资本与客户质量整合之间的关系具有正向调节作用,也即质量导向越强,供应商关系资本、客户关系资本与客户质量整合之间的正向关系越强,从而支持了假设 H14a 与 H14c;而内部关系资本与质量导向的乘积项对客户质量整合的影响不显著(Model9:$\beta = -0.027$,$p > 0.05$),因此,质量导向对内部关系资本与客户质量整合之间的关系不存在调节作用,假设 H14b 未获支持。

3.4.7.3 中介效应检验

根据 Baron & Kenny(1986)所建议的分析步骤,运用偏最小二乘法结构方程模型(PLS-SEM)依次检验关系资本对供应链质量整合的影响、关系资本对运营绩效的影响以及关系资本与供应链质量整合对运营绩效的影响,从而验证供应链质量整合在关系资本与运营绩效之间所起的中介作用。关系资本与供应链质量整合对运营绩效的影响在 3.4.7.1 已做检验,因此,下面将重点检验前两步。

第一步:关系资本对供应链质量整合的影响。

由图 3.3 与表 3.20 可知,供应商关系资本($\beta = 0.436$,$p < 0.001$;$\beta = 0.236$,$p < 0.001$;$\beta = 0.251$,$p < 0.001$)与客户关系资本($\beta = 0.139$,$p < 0.05$;$\beta = 0.248$,$p < 0.001$;$\beta = 0.208$,$p < 0.01$)对供应商质量整合、内部质量整合与客户质量整合以及内部关系资本($\beta = 0.158$,$p < 0.05$;$\beta = 0.194$,$p < 0.05$)对供应商质量整合与内部质量整合具有显著的正向影响,而内部关系资本对客户质量整合($\beta = 0.069$,$p > 0.05$)的影响不显著。由此可见,Baron & Ken-

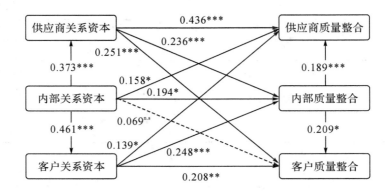

图 3.3 "关系资本→供应链质量整合"影响模型

注:(1)实线表示路径显著,虚线表示路径不显著;

(2)＊＊＊表示 $p < 0.001$,＊＊表示 $p < 0.01$,＊表示 $p < 0.05$,n.s 表示 $p > 0.05$。

表 3.20 "关系资本→供应链质量整合"影响模型分析结果

关系路径	标准化路径系数	标准误 S.E.	T 值	显著性
内部关系资本 → 供应商关系资本	0.373	0.060	6.194	＊＊＊
内部关系资本 → 客户关系资本	0.461	0.062	7.408	＊＊＊
供应商关系资本 → 供应商质量整合	0.436	0.069	6.333	＊＊＊
供应商关系资本 → 内部质量整合	0.236	0.063	3.758	＊＊＊
供应商关系资本 → 客户质量整合	0.251	0.067	3.738	＊＊＊
内部关系资本 → 供应商质量整合	0.158	0.077	2.065	＊
内部关系资本 → 内部质量整合	0.194	0.079	2.456	＊
内部关系资本 → 客户质量整合	0.069	0.068	1.026	n.s
客户关系资本 → 供应商质量整合	0.139	0.055	2.509	＊
客户关系资本 → 内部质量整合	0.248	0.075	3.307	＊＊＊
客户关系资本 → 客户质量整合	0.208	0.071	2.917	＊＊
内部质量整合 → 供应商质量整合	0.189	0.062	3.044	＊＊
内部质量整合 → 客户质量整合	0.209	0.086	2.441	＊

注:＊＊＊表示 $p < 0.001$,＊＊表示 $p < 0.01$,＊表示 $p < 0.05$,n.s 表示 $p > 0.05$。

ny(1986)所提及的条件 1 部分得到满足。

第二步:关系资本对运营绩效的影响。

由图 3.4 与表 3.21 可知,供应商关系资本($\beta=0.215,p<0.01;\beta=0.182,p<0.01$)、内部关系资本($\beta=0.176,p<0.05;\beta=0.209,p<0.01$)以及客户关系资本($\beta=0.156,p<0.05;\beta=0.235,p<0.01$)对成本绩效与服务绩效均具有显著的正向影响。因此,Baron & Kenny(1986)所提及的条件 2 部分得到满足。

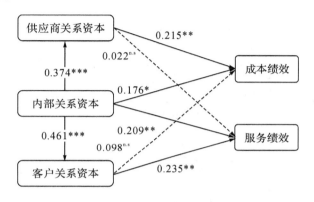

图 3.4 "关系资本→运营绩效"影响模型

注:(1)实线表示路径显著,虚线表示路径不显著;

(2)$***$ 表示 $p<0.001$,$**$ 表示 $p<0.01$,$*$ 表示 $p<0.05$,n.s 表示 $p>0.05$。

表 3.21 "关系资本→运营绩效"影响模型分析结果

关系路径	标准化路径系数	标准误 S.E.	T 值	显著性
内部关系资本 → 供应商关系资本	0.374	0.060	6.233	$***$
内部关系资本 → 客户关系资本	0.461	0.062	7.443	$***$
供应商关系资本 → 成本绩效	0.215	0.071	3.026	$**$
供应商关系资本 → 服务绩效	0.022	0.072	0.303	n.s
内部关系资本 → 成本绩效	0.176	0.070	2.512	$*$
内部关系资本 → 服务绩效	0.209	0.075	2.775	$**$
客户关系资本 → 成本绩效	0.098	0.071	1.376	n.s
客户关系资本 → 服务绩效	0.235	0.087	2.698	$**$

注:$***$ 表示 $p<0.001$,$**$ 表示 $p<0.01$,$*$ 表示 $p<0.05$,n.s 表示 $p>0.05$。

第三步:供应链质量整合对运营绩效的影响。

由图 3.5 与表 3.22 可知,除供应商质量整合对成本绩效($\beta=0.119,p>$

0.05)的影响不显著以外,供应商质量整合对服务绩效($\beta=0.263, p<0.001$)以及内部质量整合($\beta=0.181, p<0.05; \beta=0.190, p<0.01$)与客户质量整合($\beta=0.168, p<0.05; \beta=0.162, p<0.05$)对成本绩效与服务绩效均具有显著的正向影响。

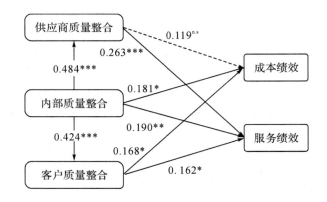

图 3.5　"供应链质量整合→运营绩效"影响模型

注:(1)实线表示路径显著,虚线表示路径不显著;

　　(2) * * * 表示 $p<0.001$, * * 表示 $p<0.01$, * 表示 $p<0.05$, n.s 表示 $p>0.05$。

表 3.22　"供应链质量整合→运营绩效"影响模型分析结果

关系路径	标准化路径系数	标准误 S.E.	T 值	显著性
内部质量整合 → 供应商质量整合	0.484	0.061	7.873	* * *
内部质量整合 → 客户质量整合	0.424	0.068	6.204	* * *
供应商质量整合 → 成本绩效	0.119	0.081	1.479	n.s
供应商质量整合 → 服务绩效	0.263	0.066	3.963	* * *
内部质量整合 → 成本绩效	0.181	0.086	2.091	*
内部质量整合 → 服务绩效	0.190	0.068	2.810	* *
客户质量整合 → 成本绩效	0.168	0.083	2.030	*
客户质量整合 → 服务绩效	0.162	0.068	2.381	*

注: * * * 表示 $p<0.001$, * * 表示 $p<0.01$, * 表示 $p<0.05$, n.s 表示 $p>0.05$。

　　基于上述分析,对结果进一步汇总,根据温忠麟等(2004)建议并结合 Sobel Test 判断供应链质量整合在关系资本与运营绩效之间的中介效应是否存在及其显著性,结果见表3.23。从中可以看出,供应商质量整合在供应商关

表 3.23　供应链质量整合的中介作用检验结果

自变量 X	中介变量 M	因变量 Y	X→Y(c)	X→M(a)	X×M→Y		结论	Sobel test z(p)
					M→Y(b)	X→Y(c')		
供应商	供应商质量整合	成本绩效	0.215**	0.436***	0.184*	0.173*	部分中介效应显著	—
关系资本		服务绩效	0.022n.s		0.236**	0.008n.s	不存在	—
内部		成本绩效	0.176*	0.158*	0.184*	0.082n.s	完全中介效应显著	—
关系资本		服务绩效	0.209**		0.236**	0.105n.s	完全中介效应显著	—
客户		成本绩效	0.098n.s	0.139*	0.184*	0.029n.s	不存在	—
关系资本		服务绩效	0.235**		0.236**	0.046n.s	完全中介效应显著	—
供应商	内部质量整合	成本绩效	0.215**	0.236***	0.189*	0.173*	部分中介效应显著	—
关系资本		服务绩效	0.022n.s		0.179*	0.008n.s	不存在	—
内部		成本绩效	0.176*	0.194*	0.189*	0.082n.s	完全中介效应显著	—
关系资本		服务绩效	0.209**		0.179*	0.105n.s	完全中介效应显著	—
客户		成本绩效	0.098n.s	0.248***	0.189*	0.029n.s	不存在	—
关系资本		服务绩效	0.235**		0.179*	0.046n.s	完全中介效应显著	—
供应商	客户质量整合	成本绩效	0.215**	0.251***	0.190*	0.173*	部分中介效应显著	—
关系资本		服务绩效	0.022n.s		0.160*	0.008n.s	不存在	—
内部		成本绩效	0.176*	0.069n.s	0.190*	0.082n.s	中介效应不显著	0.92(0.357)
关系资本		服务绩效	0.209**		0.160*	0.105n.s	中介效应不显著	0.93(0.355)
客户		成本绩效	0.098n.s	0.208**	0.190*	0.029n.s	不存在	—
关系资本		服务绩效	0.235**		0.160*	0.046n.s	完全中介效应显著	—

注：*** 表示 $p < 0.001$，** 表示 $p < 0.01$，* 表示 $p < 0.05$，n.s 表示 $p > 0.05$。

系资本与成本绩效之间具有部分中介作用、在供应商关系资本与服务绩效之间不存在中介作用,在内部关系资本与成本绩效以及服务绩效之间均起完全中介作用,在客户关系资本与成本绩效之间不起中介作用、在客户关系资本与服务绩效之间起完全中介作用。内部质量整合在供应商关系资本与成本绩效之间具有部分中介作用、在供应商关系资本与服务绩效之间不存在中介作用,在内部关系资本与成本绩效以及服务绩效之间具有完全中介作用,在客户关系资本与成本绩效之间不起中介作用、在客户关系资本与服务绩效之间起完全中介作用。客户质量整合在供应商关系资本与成本绩效之间起部分中介作用、在供应商关系资本与服务绩效之间不存在中介作用,在内部关系资本与成本绩效以及服务绩效之间均不起中介作用,在客户关系资本与成本绩效之间不起中介作用、在客户关系资本与服务绩效之间起完全中介作用。由此说明,绿色供应链管理在关系资本与财务绩效的关系中具有一定中介作用。

3.5 结论与讨论

3.5.1 结果汇总

本章探讨了"关系资本→供应链质量整合→运营绩效"的影响关系,并检验了质量导向的调节效应与供应链质量整合的中介效应。结果发现,25 个路径关系假设有 19 个获得了支持,9 个调节效应假设有 5 个获得了支持,汇总结果见表 3.24;中介效应检验也表明,供应链质量整合在关系资本与运营绩效之间起着一定的中介作用。

表 3.24 子研究 1 结果汇总

编号	研究假设	结论
H1a	内部关系资本对供应商关系资本具有正向影响。	支持
H1b	内部关系资本对客户关系资本具有正向影响。	支持
H2a	供应商关系资本对供应商质量整合具有正向影响。	支持
H2b	供应商关系资本对内部质量整合具有正向影响。	支持
H2c	供应商关系资本对客户质量整合具有正向影响。	支持
H3a	内部关系资本对供应商质量整合具有正向影响。	支持
H3b	内部关系资本对内部质量整合具有正向影响。	支持

续表

编号	研究假设	结论
H3c	内部关系资本对客户质量整合具有正向影响。	不支持
H4a	客户关系资本对供应商质量整合具有正向影响。	支持
H4b	客户关系资本对内部质量整合具有正向影响。	支持
H4c	客户关系资本对客户质量整合具有正向影响。	支持
H5a	内部质量整合对供应商质量整合具有正向影响。	支持
H5b	内部质量整合对客户质量整合具有正向影响。	支持
H6a	供应商质量整合对成本绩效具有正向影响。	支持
H6b	供应商质量整合对服务绩效具有正向影响。	支持
H7a	内部质量整合对成本绩效具有正向影响。	支持
H7b	内部质量整合对服务绩效具有正向影响。	支持
H8a	客户质量整合对成本绩效具有正向影响。	支持
H8b	客户质量整合对服务绩效具有正向影响。	支持
H9a	供应商关系资本对成本绩效具有正向影响。	支持
H9b	供应商关系资本对服务绩效具有正向影响。	不支持
H10a	内部关系资本对成本绩效具有正向影响。	不支持
H10b	内部关系资本对服务绩效具有正向影响。	不支持
H11a	客户关系资本对成本绩效具有正向影响。	不支持
H11b	客户关系资本对服务绩效具有正向影响。	不支持
H12a	质量导向正向调节供应商关系资本与供应商质量整合之间的关系。	支持
H12b	质量导向正向调节内部关系资本与供应商质量整合之间的关系。	不支持
H12c	质量导向正向调节客户关系资本与供应商质量整合之间的关系。	支持
H13a	质量导向正向调节供应商关系资本与内部质量整合之间的关系。	不支持
H13b	质量导向正向调节内部关系资本与内部质量整合之间的关系。	支持
H13c	质量导向正向调节客户关系资本与内部质量整合之间的关系。	不支持
H14a	质量导向正向调节供应商关系资本与客户质量整合之间的关系。	支持
H14b	质量导向正向调节内部关系资本与客户质量整合之间的关系。	不支持
H14c	质量导向正向调节客户关系资本与客户质量整合之间的关系。	支持

3.5.2 讨论

为了深入探讨关系资本、供应链质量整合与运营绩效之间的关系,下面将对子研究 1 的结果做进一步讨论。

3.5.2.1 供应链情境下关系资本的内涵结构及其内部关系

关系资本量表的探索性与验证性因子分析结果表明，供应链情境下关系资本的三维结构划分是合理的。供应链关系资本不仅存在于企业内部，而且也嵌入在上游供应商与下游客户关系之中，长期的社会互动是其形成的基础与前提，信任、尊重、友谊与互惠是其本质特征。供应链关系资本具有多层特性，既存在于个体之间，也镶嵌在部门之间、企业之间，前者是后者形成的基础。供应链情境下关系资本得以形成的基础是企业决策者通过长期互动所建立的人际关系，这种关系经过长时间发展和演化，逐渐形成覆盖企业内部以及上游供应商与下游客户之间不同层级、不同职能部门、不同员工之间信任、尊重、友谊与互惠关系。供应链关系资本包括供应商关系资本、企业内部关系资本以及客户关系资本三个维度。其中，内部关系资本源自企业内部，是指企业内部不同部门之间通过长期互动建立起来的多层次信任、尊重、友谊与互惠关系；而供应商关系资本与客户关系资本则来自企业外部，亦可称作外部关系资本，即指企业与供应商或客户通过长期互动建立起来的多层次信任、尊重、友谊与互惠关系。这种三分法对 Cousins 等（2006）、Lawson 等（2008）、Carey 等（2011）以及 Villena 等（2011）等研究只关注企业与供应商之间关系资本的认识起到了有益补充与拓展，从根本上体现了供应链情境下关系资本的独特性，将有助于推动关系资本在供应链管理领域实证研究的开展。

假设检验结果表明，内部关系资本对供应商关系资本（$\beta = 0.373, p < 0.001$）与客户关系资本（$\beta = 0.459, p < 0.001$）均具有显著的正向影响，也就是说内部关系资本的构建可以促进供应商关系资本与客户关系资本的形成。这一结论进一步推进了谢洪明（2006）与张爱丽（2010）等人的研究。通过内部不同部门、不同员工之间的协调与配合，企业能够更好地与供应商以及客户进行互动，并逐步建立起相互之间的信任与尊重，由此发展形成友好互惠的合作伙伴关系。例如，销售与制造、研发部门之间的紧密协作会更好地满足客户需求，采购与制造、研发部门之间的密切协同会为供应商提供更有针对性的支持；在此情形之下，客户与供应商会更愿意与制造商进行合作，从而促进外部关系资本的形成。由此可见，在企业实践过程中，供应链关系资本的构建应该首先着眼于企业内部，继而拓展到上下游与合作伙伴。值得注意的是，虽然内部关系资本对供应商关系资本与客户关系资本都有积极作用，但内部关系资本对客户关系资本的构建更有效。这可能是因为，在买方市场环境下，买方要比卖方更有话语权，制造商遵循"客户就是上帝"的理念，对客户尤为关注，不

同部门之间的协同首先是为了积极满足客户需求,内部关系资本对构建客户关系资本的促进作用更加突出;而面对供应商,制造商处于"买方"位置,其认为供应商应该会主动依附于他,因此对供应商合作的重视程度与前者相比较低,由此产生的推动效应也较弱。

3.5.2.2 关系资本如何促进供应链质量整合?

供应商关系资本→供应链质量整合。假设检验结果表明,供应商关系资本不仅能直接促进供应商质量整合($\beta=0.434$, $p<0.001$)与客户质量整合($\beta=0.250$, $p<0.001$),而且可以通过促进内部质量整合间接提升供应商质量整合与客户质量整合水平,由此可见,供应商关系资本影响供应商质量整合与客户质量整合的总效应大小分别为 $0.479(0.434+0.235\times0.190)$ 与 0.299 $(0.250+0.235\times0.210)$;但对内部质量整合($\beta=0.235$, $p<0.001$)仅具有直接的正向影响。也就是说,供应商关系资本对供应链质量整合具有积极影响,这一结论丰富与完善了现有研究;例如,Han 等(2011)就发现,关系治理机制对供应链质量管理实践具有促进作用;Horn 等(2014)也指出,供应商关系资本有助于促进供应商整合。与供应商构建友好互惠的合作伙伴关系,可以推动制造商与供应商之间质量实践的协同管理,促进制造商优化与整合内部质量规划与管理流程,帮助制造商提升产品与服务质量以提高客户满意度与忠诚度,客户因此会更愿意与制造商进行合作从而协同质量管理实践。从作用大小来看,供应商关系资本对供应商质量整合与客户质量整合的影响要强于对内部质量整合的影响;其中,供应商关系资本对供应商质量整合的促进作用最大,对内部质量整合的影响最小。究其原因,可从以下两方面解释:首先,因为供应商关系资本与供应商质量整合、客户质量整合属于企业"外部"资源与能力,而内部质量整合属于企业"内部"能力,"外部"资源转化为"外部"能力显然比转化为"内部"能力更加容易且效率更高,因为后者在更大程度上要取决于企业吸收转化能力的强弱。其次,供应商关系资本对客户质量整合存在直接的正向影响则说明,寻求与供应商的合作可以帮助制造商更好地满足客户需求,客户因此就会更加信任与依赖制造商,由此促进双方友好互惠关系的建立。尽管如此,由于供应商与客户在供应链上相距较远,因此,供应商关系资本对客户质量整合的促进作用与对供应商质量整合的促进作用相比明显较弱,但因为同属企业"外部"资源与能力,其又要强于供应商关系资本对内部质量整合的影响。

内部关系资本→供应链质量整合。假设检验结果表明,内部关系资本既对供应商质量整合($\beta=0.159$, $p<0.05$)与内部质量整合($\beta=0.195$, $p<0.05$)具

有直接促进作用，也通过内部质量整合、供应商关系资本以及客户关系资本间接提升供应商质量整合与内部质量整合水平，由此可见，内部关系资本影响供应商质量整合与内部质量整合的总效应大小分别为 0.422 与 0.397；而仅仅通过内部质量整合、供应商关系资本以及客户关系资本对客户质量整合产生间接影响，其大小为 0.229。也就是说，部门之间的友好关系有助于企业内部跨职能协同质量管理工作，部门之间的良好互动可以帮助企业在质量管理方面与供应商以及客户更好地展开合作。内部关系资本对供应链质量整合具有促进作用，从而丰富与拓展了 Horn 等（2014）的研究；但从中也可以发现，其对供应商质量整合、内部质量整合与客户质量整合的影响依次变弱。这可能是由于客户、制造商、供应商三者在供应链上所处的位置不同，在买方市场环境下，三者之间的权力大小依次降低，依赖性方向则正好相反。供应商面对制造商没有太多选择的余地，而客户则拥有更多选择供应商（制造商）的机会，因此，内部关系资本对供应商质量整合的促进作用最强，对内部质量整合的影响次之，对客户质量整合的作用最弱。与此同时，供应链情境下企业从事相关实践的动力来自于供应链下游，这在一定程度上就内部关系资本对客户质量整合没有直接作用给出了一种可能的解释，因为作为强势一方，客户在供应链上具有绝对话语权，在客户质量整合实践实施过程中，制造商处于从属地位，对其直接影响并不突出。

客户关系资本→供应链质量整合。假设检验结果表明，客户关系资本不仅可以直接促进供应商质量整合（$\beta=0.139, p<0.05$）与客户质量整合（$\beta=0.207, p<0.01$），而且会通过促进内部质量整合间接提升供应商质量整合与客户质量整合水平，因此，客户关系资本影响供应商质量整合与客户质量整合的总效应大小为 0.186 与 0.259；但对内部质量整合（$\beta=0.249, p<0.001$）仅有直接的正向影响。也即客户关系资本可以促进供应链质量整合。与客户建立友好互动关系，可以帮助制造商及时获取质量需求以及产品质量情况的反馈，从而促使制造商不仅通过内部协作以优化质量管理流程，而且会积极寻求与供应商在质量管理方面展开合作，由此提供高质量的产品以提升客户满意度，客户因此也会更愿意参与到制造商的质量管理实践中来。这一发现进一步丰富与拓展了 Han 等（2011）的研究。从作用强度来看，客户关系资本对客户质量整合、内部质量整合与供应商质量整合的促进作用依次变弱，如前所述，这与三者在供应链上所处的位置则是相对应的。虽然客户关系资本对供应商质量整合的影响最弱，但基于自身的权力地位，在特定情况下，客户也可能会为制造商直接指定符合其要求的供应商，此时与供应商之间的合作尤为

关键,制造商需要重点关注,避免客户"拉郎配"所带来的负面效应。

综上所述,三种关系资本对三类供应链质量整合均有积极影响,但影响方式与大小存在差异。其中,供应商关系资本对提高供应商质量整合最有效,内部关系资本对促进内部质量整合最有效,供应商关系资本对客户质量整合的促进作用最强、客户关系资本次之。与内部质量整合与客户质量整合相比,关系资本对提高供应商质量整合更为有效。这也说明,虽然关系资本的构建有助于促进供应链质量整合,但现阶段企业供应链质量整合实践的实施更多还是聚焦于供应商层面,从而对供应商质量整合水平的提升效果最为明显。

与此同时,质量导向对关系资本与供应链质量整合之间的关系具有一定的正向调节作用。也就是说,质量导向会增强关系资本对供应链质量整合的作用效应;具体而言,质量导向性越强的企业,供应商关系资本、客户关系资本对供应商质量整合,内部关系资本对内部质量整合以及供应商关系资本、客户关系资本对客户质量整合的促进作用就会越强。因此,在企业日常运营过程中,要想充分发挥关系资本的作用,提高供应链质量整合实践水平,可以通过加强质量教育与培训、组建跨职能质量团队、设置质量奖励制度、建立质量控制程序等措施,以营造质量导向型企业文化氛围。

3.5.2.3　供应链质量整合的内涵结构及其内部关系

探索性以及验证性因子分析结果均表明,本研究中供应链质量整合量表具有良好的信度与效度,由此进一步佐证了 Huo 等(2014b)所提出的供应链质量整合的三维结构,即供应商质量整合、内部质量整合与客户质量整合。Horn 等(2014)分析指出,内部跨职能整合与外部供应商整合之间的正向关系并不显著;而本研究结果表明,内部质量整合对供应商质量整合($\beta=0.190$,$p<0.01$)与客户质量整合($\beta=0.210$,$p<0.05$)具有显著的正向影响,且后者比前者强,这与 Huo 等(2014b)以及现有供应链整合内部关系研究(Handfield, et al. ,2009;Koufteros, et al. ,2010;Zhao, et al. ,2011)的结论是一致的。内部质量整合是供应链质量整合的基础,外部质量整合则属于供应链质量整合的高级阶段。不仅如此,供应商关系资本、内部关系资本与客户关系资本都通过内部质量整合对供应商质量整合与客户质量整合施加间接影响,由此可见,内部质量整合是供应链质量整合的关键。因此,供应链质量整合实践的实施,应该首先从企业内部开始,然后再向供应商与客户循序推进。

3.5.2.4　供应链质量整合如何影响运营绩效?

供应商质量整合→运营绩效。假设检验结果表明,供应商质量整合对成本绩效($\beta=0.184$,$p<0.05$)与服务绩效($\beta=0.236$,$p<0.01$)仅仅具有直接

的正向影响。也就是说，与供应商合作实施质量管理实践对成本绩效与服务都具有促进作用。供应商参与产品设计与质量改进，可以帮助制造商有效解决产品质量问题，减少产品质量瑕疵与缺陷，改进流程以提升效率。因此，供应商质量整合有助于提高产品质量，并减少因产品质量问题所引发的成本浪费，从而降低企业运营成本；这与 Huo 等（2014b）的研究结果是一致的。不仅如此，与供应商密切沟通质量与设计变更问题，使得供应商能够提供符合特定要求的原材料、零部件或半成品，制造商由此可以更好地满足客户灵活多变的需求；质量需求信息共享使得供应商可以通过提前备货等措施及时满足制造商需求，供应商参与产品设计与生产过程的质量控制则有助于减少后期更改，从而缩短交货期，这都可以帮助制造商实现快速、准时与可靠的交付。由此可见，供应商质量整合也可以提升服务绩效，这一点与 Huo 等（2014b）的研究结果存在出入。虽然供应商质量整合对成本绩效与服务绩效均有显著的正向影响，但就作用强度而言，供应商质量整合对服务绩效的提升作用要强于其对成本绩效的影响。由此可见，供应商整合质量管理实践对提升服务绩效更为有效。

内部质量整合→运营绩效。假设检验结果表明，内部质量整合对成本绩效（$\beta = 0.189, p < 0.05$）与服务绩效（$\beta = 0.179, p < 0.05$）不仅具有直接的正向影响，而且通过促进供应商质量整合与客户质量整合对成本绩效与服务绩效具有间接影响，由此可见，内部质量整合影响成本绩效与服务绩效的总效应大小分别为 0.264 与 0.257。也就是说，企业内部不同部门之间协同质量管理工作可以同时提升成本绩效与服务绩效，这与 Huo 等（2014b）的研究结果是一致的。首先，组建质量攻关团队通过促进团队成员之间意见与想法的交流可以为质量问题的有效解决提供思路，定期召开跨部门质量专题会议通过促进质量管理实践经验的分享可以更好地协调质量管理活动，这都使得企业产品质量可以得到有效保证与提升，从而降低产品质量成本。其次，企业内部跨职能协作有助于质量运营相关数据与信息的获取与共享，从而帮助企业改进新产品设计与优化质量控制流程，及时提供满足客户需要的可靠产品，提升客户满意度与忠诚度。从作用强度来看，内部质量整合对提升成本绩效要比服务绩效更加有效，这主要是因为运营成本的降低更多取决于企业内部职能的协调与优化，而服务水平的提升更大程度上则依赖于客户与供应商。

客户质量整合→运营绩效。假设检验结果表明，客户质量整合对成本绩效（$\beta = 0.190, p < 0.05$）与服务绩效（$\beta = 0.160, p < 0.05$）仅具有直接的正向影响。也就是说，与客户协同质量管理实践对成本绩效与服务绩效也具有促

进作用。与客户在质量管理方面展开合作,一方面,制造商可以获取产品质量需求信息,并将其纳入早期的产品规划设计中,以有效避免后期返工所造成的成本浪费,从而为企业带来更好的成本绩效,这一点与 Huo 等(2014b)的研究结果是一致的;另一方面,制造商也能及时预见客户需求的变动,并对产能、库存等预先进行规划与调整,从而有效满足客户灵活多变的需求,努力提升企业生产柔性与客户服务水平,这一点与 Huo 等(2014b)的研究结果存在出入。同时,客户作为产品使用者与最终评价者,其所提供的产品质量情况反馈,可以为企业产品设计的优化与生产过程中质量管理流程的改善提供方向与参考,从而帮助企业提升产品质量水平,这一点与 Huo 等(2014b)的研究结果不一致。虽然客户质量整合对成本绩效与服务绩效都有显著的正向影响,但从作用强度来看,与供应商质量整合正好相反,客户质量整合对成本绩效的提升作用要强于其对服务绩效的影响。由此可见,与客户合作开展质量管理活动对提升成本绩效更为有效。

综上所述,三种供应链质量整合对两类运营绩效均具有显著的正向影响。其中,供应商质量整合与客户质量整合对成本绩效与服务绩效只有直接作用,内部质量整合对成本绩效与服务绩效既有直接作用也有间接作用;由此不难发现,内部质量整合对提升成本绩效与服务绩效也最为有效。在实际运营中,企业应该首先从内部质量整合实践开始实施,逐步拓展到供应商与客户从而提高供应商质量整合与客户质量整合,由此带来运营绩效的提升。相比而言,成本绩效的提升需要更多进行内部质量整合与客户质量整合,服务绩效的提升则需要重点实施内部质量整合与供应商质量整合。

3.5.2.5 如何构建关系资本以提升运营绩效?

中介效应检验表明,初始关系资本对供应链质量整合以及运营绩效具有一定的显著影响,当加入供应链质量整合以后,关系资本对运营绩效的影响变得不显著或影响下降,而此时供应链质量整合对运营绩效仍然具有一定的显著影响。由此说明,供应链质量整合在关系资本与运营绩效之间具有一定的中介作用,供应链情境下关系资本的构建可以促进供应链质量整合实践的实施进而提升运营绩效,但作用路径存在差异。具体而言,供应商质量整合、内部质量整合以及客户质量整合在供应商关系资本与成本绩效之间均起部分中介作用,供应商质量整合与内部质量整合在内部关系资本与成本绩效以及服务绩效之间都具有完全中介作用,供应商质量整合、内部质量整合以及客户质量整合在客户关系资本与服务绩效之间均起完全中介作用。

针对不同的绩效目标,应该选择不同的供应链质量整合实践,有针对性地构建相应的关系资本。就成本绩效而言，供应商关系资本对其既具有直接影响，也通过供应商质量整合、内部质量整合与客户质量整合对其具有间接影响，内部关系资本仅通过供应商质量整合与内部质量整合对其具有间接影响，客户关系资本对其没有影响。因此，供应商关系资本(0.345)提升成本绩效最为有效，内部关系资本(0.066)次之，客户关系资本提升作用不明显。对于服务绩效而言，客户关系资本仅通过供应商质量整合、内部质量整合与客户质量整合对其具有间接影响，内部关系资本也仅通过供应商质量整合与内部质量整合对其具有间接影响，供应商关系资本对其没有影响。由此，客户关系资本(0.111)提升服务绩效最为有效，内部关系资本(0.073)次之，供应商关系资本提升作用不明显。这也进一步说明，就供应链核心企业而言，降低成本需要更多依赖于与上游供应商之间的合作，由此应该更加积极地与供应商构建关系资本；而服务水平的高低更多取决于与下游客户之间的互动，服务绩效的提升则应该更加主动地与客户构建关系资本。

4 关系资本对绿色供应链管理与财务绩效的影响

本章为子研究 2,基于文献回顾与研究假设的提出,运用结构方程建模验证"关系资本→绿色供应链管理→财务绩效"的关系路径与绿色供应链管理的中介效应,并通过层级回归分析检验环境导向的调节作用。

4.1 引言

随着市场环境的快速变化与全社会环境意识的普遍增强,"绿色"产品和服务需求急剧增加,"绿色化"则成为企业塑造环境友好产品、过程、系统、技术与商业行为的惯用方式(Vachon & Klassen,2006a;Vachon & Klassen,2006b)。绿色供应链管理因为能够帮助企业在实现经营目标的同时减轻内部运营与产品或服务对外界环境的负面影响而备受制造企业的青睐(Svensson,2007;Zhu, et al.,2008a;Zhu, et al.,2012a),被认为是企业实现可持续发展的关键成功因素(Rao & Holt,2005;Markley & Davis,2007)。诸多研究表明,通过构建绿色供应链可以让企业发展更加可持续与更具竞争力(Kleindorfer, et al.,2005;Testa & Iraldo,2010;Lai & Wong,2012),绿色管理可以通过组织结构设计与资源配置帮助企业建立并维持可持续竞争优势(Kleindorfer, et al.,2005;Zhu, et al.,2008;Alfred & Adam,2009),其不仅有助于降低企业成本,而且环境友好活动的开展也是企业积极履行社会责任的体现(Carter & Jennings,2002;Porter & Kramer,2006),从而有助于提升企业或品牌的社会声誉,树立良好形象。

在此背景之下,越来越多的企业逐渐认识到,要想实现环境目标与获取竞争优势,必须面向整个供应链开展绿色实践,与上下游供应商及客户更好地开展合作是成功实施与维持绿色供应链管理战略的关键。供应链合作使得各参与主体都可以从中获益,因为不同参与主体之间的紧密关系是难以复制和不可模仿的(Barney,1991)。然而,尽管很多企业已经意识到与供应商、客户保持密切关系对绿色供应链管理持续改进的重要意义,但就如何有效管理这些关系则并不明确,致使从中获益甚少。不仅如此,现阶段大多数企业的绿色管理实践都属于一种传统的被动响应模式,对绿色管理理念的理解与接受程度普遍不高是不争的事实,直接影响了绿色供应链管理的效率与效益。以中国为例,迫于政府、非政府组织、供应链合作伙伴、竞争者、消费者以及客户等多方压力(Zhu, et al.,2005),企业绿色意识明显增强,很多企业都在积极倡导和坚持开展绿色供应链管理活动,但大部分企业可能因为缺乏相关经验以及必备的工具与管理技巧(Zhu & Sarkis,2004),其实践水平并不高(Zhu, et al.,2005),很多还停留在"内部环境管理"阶段(Zhu & Sarkis,2007),这在很大程度上是企业观念与意识的问题。由资源基础观、关系观以及组织能力观可知,作为企业一项关键资源,关系资本有助于企业绿色管理能力的构建。因此,本研究认为企业完全可以采取更加积极有效的措施,通过主动构建供应链关系资本激励供应商与客户都参与到绿色行动中来,从而形成绿色化供应链以实现共赢。由VRIO资源基础分析框架可知,拥有关键资源是企业核心能力构建的基础,但最终能否构建以及水平如何,还要取决于对关键资源的组织。作为一种环保型企业文化,环境导向可以促使企业更加充分地利用关系资本以构建绿色管理能力。由此可见,环境导向强弱不同的企业关系资本对绿色供应链管理的作用效果可能存在差异。与此同时,获取卓越绩效、赢得持续竞争优势是企业开展绿色管理的根本目的,现有研究对一般意义上的财务绩效探讨明显不足,而从本质上来说,财务收益才是企业追求的终极目标;Zhu & Sarkis(2004)就曾指出,未来可以进一步探讨绿色管理对财务绩效的影响,但后续研究并未给予足够的关注。

基于此,本研究将尝试探讨关系资本如何促进绿色供应链管理实践活动的开展进而影响财务绩效,并检验绿色供应链管理的中介作用与环境导向的调节作用,从而完善绿色供应链管理的理论研究框架,并丰富供应链情境下关系资本对财务绩效的作用机制,概念模型如图4.1所示。

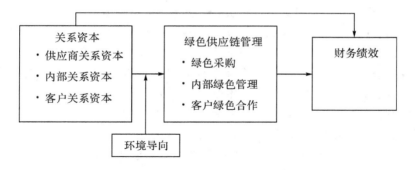

图 4.1 "关系资本→绿色供应链管理→财务绩效"概念模型

4.2 研究假设

4.2.1 关系资本的内部关系

详见 3.2.1。

H1a：内部关系资本对供应商关系资本具有正向影响。
H1b：内部关系资本对客户关系资本具有正向影响。

4.2.2 关系资本对绿色供应链管理的影响

基于资源基础观与关系观理论，作为不完全流动的、难以模仿的、不可替代的以及有价值的稀缺性资源，关系资本有助于企业独特能力的构建。而根据组织能力理论，绿色供应链管理可以视作企业的绿色管理能力，其既包括企业内部环境管理能力，又包括与上下游供应商、客户之间的环境协同管理能力。由此可以认为，供应链关系资本有助于促进绿色供应链管理。不仅如此，社会资本理论也认为，作为一项跨组织活动，供应链管理的开展要求企业与其供应链合作伙伴之间通过长期互动与沟通建立基于信任、尊重、互惠与友好的社会关系（Wu, et al.，2012），以促进资源交换与信息共享以及专用性资产投资与潜在利益整合，从而实现整个供应链的协同（Krause, et al.，2007；Lawson, et al.，2008）。而且，从本质上来说，绿色供应链管理涉及众多环境管理实践，其实施必然要求企业与其供应链伙伴建立合作关系以进行技术知识分享、业务流程重建与物料管理，由此减轻企业运营对环境的影响，从而达到改善环境的目的(Carter & Carter,1998;Bowen, et al.,2001)。与此同时，Lu等(2007)则认为，绿色供应链可以视作由企业之间"多对多"的多重业务关系所构成的复杂社会网络;这种社会复杂性对绿色供应链管理实践具有显著影响，其中以知识分享、风险管理与环保合作最为突出(Wu, et al.,2012)。因此，企业必须与供应链合作伙伴构建社会网络以降低信息的不对称性并增加信任，从而与其建立长期关系并增强双方合作(Pimentel Claro D,2006)。Chen & Hung(2014)研究发现，关系资本在绿色管理中起到了重要作用，其有助于促进环境保护合作中的知识共享，从而推动协同绿色创新。Luo等(2014)基于交易成本理论分析认为，买卖双方之间的关系(资产专用性、需求不确定性、交易频率、竞争环境)对绿色供应链合作具有积极影响。由此可见，关系资本的构建将有助于企业绿色供应链管理实践的实施。

4.2.2.1 供应商关系资本对绿色供应链管理的影响

由资源基础理论、关系观与组织能力观可知，作为企业外部关键性资源，供应商关系资本有助于供应链绿色管理能力的构建。良好的供应商关系也被认为是实施绿色供应链管理的重要激励因素(Hsu, et al.,2014)。首先，与供应商保持密切沟通与互动，不仅可以帮助供应商更好地理解与执行制造商采购物料的环境标准与要求，从而为制造商稳定提供更加环保的物料、产品或零部件，而且也便于制造商定期对供应商以及供应商的供应商进行环境审计以及环境友好实践的评估，从而确保制造商环境目标的实现。由此可见，供应商关系资本将直接推动绿色采购的实施。其次，与供应商建立相互信任与互相尊重的友好互惠关系，还可以从源头为制造商内部全面环境质量管理的开展提供有力保障，制造商因此会主动遵守环境法规和审计程序，并按照ISO14001标准的要求来建立适合自身的环境管理体系，通过获得高层管理者的支持以及各部门之间的跨职能合作实现环境改善。同时，供应商所提供的绿色环保型输入以及相关物料性能与零部件参数的准确信息，不仅可以帮助制造商在产品设计时避免或减少使用有害材料与严重影响环境的制造工序以及减少材料和能源的使用并考虑产品或零部件的循环利用或材料的修复，而且也有利于制造商多余存货或材料的回收以及废旧材料与闲置设备资产的销售。因此，供应商关系资本对内部绿色管理也具有促进作用。再次，良好的供应商关系使得制造商能够及时获取符合环境要求的原材料或零部件，从而满足客户对环保产品的需求，提升客户满意度与忠诚度;在此情形之下，客户也会更加愿意与制造商合作，积极参与到制造商生态设计、清洁生产、绿色包装与产品回收等绿色实践中来,帮助制造商达成环境目标。由此可见,供应商关系资本对客户绿色合作也具有积极影响。

从实证研究来看,大多数学者都对二者之间的正向关系做了肯定性的论述。例如,Carter & Carter(1998)研究指出,加强与上游供应商的协调有助于促进企业环保采购活动(资源节约、重复使用、回收利用)的开展;Bowen 等(2001)研究表明,战略采购与供应有助于发展企业绿色供应管理能力从而实现绿色化产品供应;Mcevily & Marcus(2005)分析认为,与供应商之间的嵌入性关系(信任、信息分享、共同解决问题)可以显著提升企业污染预防能力;Wu 等(2012)研究显示,与主要供应商建立良好关系对绿色采购、生态设计以及客户合作具有积极影响;Mitra & Datta(2014)分析指出,与供应商合作有助于促进环境可持续生产与物流实践的开展。正因为如此,加强与供应商之间的双赢合作日益受到越来越多世界著名跨国公司的青睐,而环境保护方面的合作则是其重要内容之一。例如,作为美国环境保护署认定的实施绿色供应链管理的标兵企业,1998 年 1 月,通用汽车公司邀请 8 个供应商组成了一个供应商环境咨询小组,旨在开拓与供应商之间的合作途径,包括如何把环境因素融入设计、制造等过程,以期降低供应链企业在原材料选择、产品设计以及工艺流程等方面对环境的负面影响(郑迎飞等,2001;朱庆华等,2005)。

综上所述,提出如下假设:

H2a:供应商关系资本对绿色采购具有正向影响。

H2b:供应商关系资本对内部绿色管理具有正向影响。

H2c:供应商关系资本对客户绿色合作具有正向影响。

4.2.2.2 内部关系资本对绿色供应链管理的影响

根据资源基础理论、关系观以及组织能力观,作为企业内部关键性资源,内部关系资本是实施绿色供应链管理的基础,也有助于供应链绿色管理能力的构建。加强不同部门之间多层次的互动交流,有助于全面环境质量管理的理念的倡导与推行,形成自上而下全员参与环境保护的良好氛围,不仅高层管理者主动承诺、中层管理者积极支持绿色管理,各职能部门及其员工也为了改善环境而进行跨职能合作。同时,只有各部门之间建立相互信任与互相尊重的友好互惠关系,通过相互之间的协调配合才能真正将环境因素纳入产品开发的所有阶段,并促进有关产品或多余存货和材料以及废旧物料的回收利用。首先,在新产品研发设计过程中,采购部门可以提供有关原材料或零部件功能特性的详细参数,生产部门则能够对不同生产过程的资源消耗以及环境影响进行全面准确分析,因此,采购与生产共同参与新产品设计就可以通过采购环保型物料与标准化产品或零部件以及设计废物最小化的工艺流程等途径或方式达到节约原材料或能源,减少使用有毒或有害材料以及严重影响环境的制造工序,促进产品或零部件的循环利用以及材料的修复以减少环境污染。其次,在产品回收过程中,由于企业对产品的构成与功能特点最为了解,通过销售、生产与研发等部门之间的相互协作可以对废旧、淘汰或缺陷产品与物料、包装物以及企业内部废料与闲置的设备资产等最大限度地进行再循环或再利用;例如,销售部门首先根据市场需求情况与产品功能特点决定其是否可以再利用,如果可以则进行再销售;对于无法再利用的产品,由生产、研发等相关部门合力进行拆卸或修复,以尽可能对产品及其零部件进行再循环;当循环都不可能时,就作为废弃物进行相应处置。因此,内部关系资本对内部绿色管理具有积极影响。

与此同时,Carter & Carter(1998)早在1998年实证分析环保采购的影响因素时就强调指出,基于价值链的视角,企业环保采购活动(资源节约、重复使用、回收利用)的开展需要加强企业内部协调。作为一项跨组织活动,采购("输入")不仅需要与营销、配送("输出")进行跨职能协调,而且也必须与设计职能相协作,以确保特定材料可以回收或再利用,或达到资源减排的目标。不仅如此,Wu等(2012)在实证检验绿色供应链管理驱动因素与绿色供应链管理实践之间关系时发现,除投资回收以外,社会资本与绿色采购、客户合作与生态设计显著正相关。绿色采购与客户绿色合作都需要企业内部跨职能团队与外部供应链伙伴之间的协同(Wu, et al.,2012),而企业内部不同部门在多层次上所建立的相互信任关系则可以帮助企业与其供应链合作伙伴达成这种协作关系(Krause, et al.,2007;Lawson, et al.,2008),因此,作为企业内部跨部门以及组织之间协调的润滑剂,内部关系资本可以促进绿色采购与客户绿色合作。

基于上述考虑,提出如下假设:

H3a:内部关系资本对绿色采购具有正向影响。

H3b:内部关系资本对内部绿色管理具有正向影响。

H3c:内部关系资本对客户绿色合作具有正向影响。

4.2.2.3 客户关系资本对绿色供应链管理的影响

与供应商关系资本相似,作为企业外部关键性资源,客户关系资本也有助于供应链绿色管理能力的构建。构建良好客户关系对供应链绿色管理具有重要促进作用(Hsu,et al.,2014)。随着全社会环境意识的增强,消费者对环保产品更加青睐。因此,从某种程度上来说,实施绿色供应链管理也是企业满足绿色消费需求的必然选择。

首先,相互信任与互相尊重是与客户进行合作的基础,只有与客户建立起友好互惠的合作伙伴关系,企业才会在提供产品的同时主动向客户提供符合环境质量标准和规范要求的产品设计说明书,并要求与主要客户在生态设计、清洁生产、绿色包装以及产品回收等方面展开充分合作,以促进环境目标的达成。由此,客户关系资本的构建有助于促进企业与客户在绿色管理方面展开合作。其次,通过与客户进行长期的互动接触与沟通,既能为企业及时提供环保产品的市场需求信息,又可以帮助企业深入理解与执行产品市场准入的环境标准。而为了满足客户的绿色需求,企业会积极寻求与上游供应商之间的合作,由此促使企业不仅在选择供应商时考虑环境标准,如其是否通过ISO14001认证等,而且会定期对供应商的内部管理进行环境审计以及二级供应商的环境友好实践进行评估,并主动向供应商提供符合环境要求的采购物料的详细设计说明书,以此确保采购到符合要求的环保型物料。而且,在特定情况下,客户也可能会直接为企业指定符合其要求的绿色供应商,此举必将促进企业与供应商之间的绿色合作。由此可见,客户关系资本的构建也会促进绿色采购的实施。再次,根据ISO14001的适用范围可知,寻求相关方(如客户)对其符合性的确认是企业建立环境管理体系的出发点之一。因此,与客户之间的友好信任关系将会促使企业自觉遵守相关环境法规与审计程序并积极进行ISO14001认证,通过高层管理者承诺、中层管理者支持以及不同部门之间的跨职能合作有效推进全员参与环境管理,以此获得客户对企业以及产品的认同。同时,客户所提供的有关产品使用过程中的用户体验与环境影响的反馈可以作为环境保护设计的重要参考,有助于企业通过节约使用原材料与能源、产品或零部件的循环利用或材料的修复、减少或避免使用有害的材料与严重影响环境的制造工序、设计废物最小化的生产过程以及使用标准化零部件等途径,减轻企业运营以及产品在整个生命周期内对环境的影响。不仅如此,与客户建立合作伙伴关系也有利于对废旧、淘汰或缺陷产品及其包装物及时进行回收,而且可以为那些可以再利用的产品、存货或材料、废旧材料以及闲置的设备资产寻找合适的销售渠道,从而提高资源使用效率,并加快资金回笼。因此,客户关系资本对内部绿色管理具有积极影响。

从实证研究来看,Carter & Carter(1998)分析认为,加强与供应链下游成员(包括零售商)之间的协调有利于企业环保采购活动(资源节约、重复使用、回收利用)的开展；Wu 等(2012)研究也表明，与主要购买商、客户以及零售商或品牌商建立良好关系对绿色采购、生态设计以及客户合作具有显著积极影响。

综上所述，提出如下假设：

H4a:客户关系资本对绿色采购具有正向影响。

H4b:客户关系资本对内部绿色管理具有正向影响。

H4c:客户关系资本对客户绿色合作具有正向影响。

4.2.3 绿色供应链管理的内部关系

众所周知，制造业供应链由一系列不同行为主体所构成，主要包括核心制造商及其供应商、分销商以及客户。作为供应链管理主要原则之一，协调不仅指供应链上不同参与主体之间的协同，而且也包括企业内部实践与外部实践之间的协同(Zhu, et al.,2013)。根据 Zhu & Sarkis(2004)、Zhu 等(2005)以及 Zhu 等(2008a)的研究，绿色供应链管理可以划分为内部绿色管理与外部绿色管理，前者包括内部环境管理、生态设计与投资回收，后者包括绿色采购与客户合作。主动性制造商在努力实施内部绿色管理的同时会积极将其向企业外部延伸，外部绿色管理因此可以看作是企业内部绿色管理在整条供应链上的拓展。而且，外部供应链环境行动的成功实施也离不开内部环境管理的支持与协调，如高层管理者承诺、跨职能合作与生态设计等等(Walton, et al.,1998)。纵观全球，日本等发达国家的企业都是先从实施内部绿色供应链管理实践开始，然后再扩展到外部绿色供应链管理实践的应用(Zhu, et al.,2010)。其中，González 等(2008)通过对西班牙汽车产业的研究发现，对环境的关注会沿着供应链向上游延伸，获得环境管理体系认证，特别是 ISO14001与生态环境管理及稽核制度，会促使企业对供应商提出更高的环境要求；Testa & Iraldo(2010)也指出，通过环境管理体系认证的企业更有可能实施绿色供应链管理实践。

从实证研究来看，内部绿色管理与外部绿色管理之间的正向关系已为不少学者所证实。例如，Rao & Holt(2005)研究发现，绿色生产可以促进绿色输出；Sarkis 等(2010)分析认为，环境培训可以为生态设计、源头削减与环境管理体系等绿色实践的实施奠定基础，内部实践有助于外部环境导向企业实践的实施；Gavronski 等(2011)研究指出，绿色流程管理有助于促进环保供应商发展、环保供应商监测、环保供应商协同等绿色供应管理能力的发展；Chan

等(2012)分析发现,环境定位可以促进绿色采购、客户合作等外部绿色供应链管理活动的开展;Giovanni(2012)研究表明,企业内部环保计划的实施可以促使其他供应链成员企业也开展绿色活动以协同实施绿色供应链管理。Giovanni & Vinzi(2012)研究表明,内部环境管理对外部环境管理具有正面影响;Green Jr 等(2012)研究显示,内部环境管理对绿色采购、客户合作、生态设计以及投资回收都具有促进作用;Shi 等(2012)基于自然资源基础观分析认为,组织内部环保实践(因果模糊性资源)对组织间环保实践(社会复杂性资源)具有直接而积极的影响;Yang 等(2013)研究发现,在集装箱航运业,企业内部绿色实践与外部绿色合作存在显著正相关关系;Zhu 等(2013a)分析指出,实施内部绿色供应链管理有助于提升外部绿色供应链管理实践水平,内部环境管理对绿色采购、投资回收、客户绿色合作以及生态设计都具有积极影响;Jabbour 等(2014)研究发现,企业内部环境管理成熟度对绿色采购、客户合作等外部绿色供应链管理实践的采用具有显著影响。

综上所述,提出如下假设:

H5a:内部绿色管理对绿色采购具有正向影响。

H5b:内部绿色管理对客户绿色合作具有正向影响。

4.2.4 绿色供应链管理对财务绩效的影响

基于自然资源基础观与组织能力理论,作为一种独特的组织动态能力,绿色供应链管理也可以帮助企业获取与维持持续竞争优势。考虑到早期巨额投资,绿色供应链管理在短期内不太可能给企业带来利润与销售业绩的提升(Bowen, et al.,2001);例如,Paulraj & de Jong(2011)就发现,ISO14001 认证声明对企业短期股价效应具有负面影响,其短时间内会造成股东财富的减少。但从长期来看,绿色供应链管理则可以通过有效的环境风险管理与积极的环境持续改善给企业带来卓越绩效(Alvarez Gil, et al.,2001)。绿色供应链管理的成功实施涉及环保战略与企业目标以及产品定位等其他战略问题之间的有效协调,积极的污染防治方案有助于企业降低生产成本、提高产品价值与市场竞争力、提升品牌形象。从实证研究来看,Chien & Shih(2007)研究认为,绿色供应链管理实践对企业财务绩效具有显著的积极影响;Chan 等(2012)分析发现,绿色供应链管理活动与财务绩效显著正相关;Green Jr 等(2012)与 Lee 等(2012)研究指出,绿色供应链管理通过环境绩效、经济绩效、运营绩效以及关系效率正向影响财务绩效;Youn 等(2013)分析发现,环保供应链管理实践有助于减少污染与能源消耗，进而提升品牌形象、促进市场增长；Yusuf 等（2013）研究表明，除内部收益率以外，可持续性对销售额、净利润、市场份额、客户忠诚度与竞争绩效具有显著的积极影响。由此可见，绿色供应链管理的实施有助于提升企业财务绩效。

"降低产品全生命周期内整个供应链对环境的负面影响"是绿色供应链管理的直接目的，"实现企业以及所在供应链的可持续发展"则是绿色供应链管理的终极目标。绿色供应链可以改善企业环境效益已是不争的事实（Green, et al.，1998；Theyel，2000；Zhu & Sarkis，2004；Chien & Shih，2007；Zhu, et al.，2007b；Testa & Iraldo，2010；Green Jr, et al.，2012；Perotti, et al.，2012；Zhu, et al.，2012b；Yang, et al.，2013；Hajmohammad, et al.，2013；Jabbour, et al.，2014）。而从本质上来说，环境的改善意味着后期环境修复、废物处置费用的下降以及污染物排放、环境事件罚款的减少，这无疑都会提升企业经济效益；然而，绿色供应链管理的实施不仅有益于环境的改善与成本的节约，同时也体现出企业提供环境可持续产品和服务以满足不断变化的客户需求的能力，其势必会提升企业产品的市场占有率。不仅如此，绿色供应链管理也可以看作是企业的一种社会责任行为，基于利益相关者理论，在公众环境意识普遍增强的情况下，履行社会责任会为企业带来实质性财务收益（Mcguire, et al.，1988；Brammer & Millington，2008），并有助于实现相关者整体利益的最大化。

4.2.4.1 绿色采购对财务绩效的影响

组织能力观指出，作为企业外部能力，绿色采购可以帮助企业塑造竞争优势；由自然资源基础观亦可知，绿色采购通过保护自然环境也可以帮助企业实现高绩效。根据波特的价值链理论，采购是企业价值链的起始环节，将环保目标融入采购活动，实行环保采购或绿色采购，被认为是企业环保战略成功的关键（Walton, et al.，1998）。在环境保护方面与供应商进行合作有助于制造商与供应商协同环境管理目标与共同解决环境问题，从而提升制造企业环境声誉与市场效益。例如，向供应商提供设计说明书，使得供应商可以更好地理解并提供符合环境标准与规范要求的采购物料或零部件；定期或不定期对供应商（包括二级供应商）的内部管理进行环境审计或评估，不仅可以帮助供应商改进生产流程从而减少废物的产生并降低生产成本，也有助于减少供应商的机会主义行为，避免后期退货以及由此引发的成本浪费，从而有效控制供应链风险（Tachizawa, et al.，2012）；建立 ISO14001 环境管理体系可以帮助供应商减少污染、降低消耗，使其能以低成本为制造商提供符合环境要求的高质量的物料或零部件,以提升制造商产品的市场竞争力。基于"源头控制"的思想,上述种种"绿色输入"为制造企业供应链的绿色化奠定了重要基础,有助于树立企业绿色形象,提高企业品牌知名度;例如,Ehrgott 等(2013)就指出,环保型供应商发展有助于提升购买企业环境声誉。随着公众环境意识的日益提高,"绿色""环保"已经成为企业进军国际市场的重要砝码。

除日常采购以外,绿色采购实际上也代表了企业的环境责任承诺(Carter & Jennings,2002)。虽然早期研究从经济视角对环保措施所带来的收益能否抵消其成本投入表示了质疑(Carter, et al.,2000),最近研究则表明其可以为企业带来更好的绩效(Melnyk, et al.,2003)。例如,减少意外环境排放与降低物料浪费有助于降低成本(Klassen & Mclaughlin,1996;Carter, et al.,2000),采购社会责任可以通过促进组织学习与提升供应商绩效帮助企业降低成本(Carter,2005)。Chen(2005)分析认为,绿色采购的引入是控制与预防污染的有效工具,其最终会帮助企业实现经济绩效的提升;Green Jr 等(2012)也指出,绿色采购有助于提升企业经济绩效。实际上,绿色活动重要性日益提升也意味着可以通过更加谨慎地使用资源或延长产品生命周期帮助企业提高经济效益。根据自然资源基础观,企业管理与供应商绿色交易的能力通过长时间积累得以形成,具有复杂性特征;同时,其也可被看作是深深根植于组织之间的惯例,因此也是难以模仿的(Hart,1995)。由此可见,绿色采购能够帮助企业赢得更高的市场收益。

从实证研究来看,Carter 等(2000)分析发现,在控制企业规模、资本杠杆率、每股收益等因素影响后,环保型采购与企业净利润显著正相关。Rao(2002)研究指出,供应商绿色化通过改善环境与提升企业竞争力提高企业经济绩效(新市场机会、产品价格提升、利润率、销售额、市场份额);Rao & Holt(2005)进一步分析认为,绿色化输入对企业经济绩效(新市场机会、产品价格提升、利润率、销售额、市场份额)具有显著的正向影响。Hwang 等(2010)研究发现,绿色采购的计划与执行对原材料投资回收期与供应链固定资产投资回报率具有显著的积极影响。Chien & Shih(2007)与 Chan 等(2012)分析均认为,绿色采购正向影响企业财务绩效。Yang 等(2013)研究也发现,供应商绿色合作可以帮助企业增加利润。

基于上述考虑,提出以下假设:

H6:绿色采购对财务绩效具有正向影响。

4.2.4.2　内部绿色管理对财务绩效的影响

自然资源基础观指出,在生产运营过程中,企业如果有能力利用或者保护自然资源，也可以实现高绩效；而且，这种能力具有因果模糊性或者社会复杂性特征（Wong，et al.，2012）。组织能力观也认为，作为组织内部能力，内部绿色管理可以帮助企业获取持续竞争优势。由此可见，内部绿色管理对财务绩效具有积极影响。

内部环境管理对财务绩效的影响。高层与中层管理者的支持被认为是实施绿色供应链管理的关键成功因素（Zhu & Sarkis，2004）。众所周知，高层管理者主要责任是通过战略性领导明确企业发展方向（包括定义价值观、愿景与战略意图），从而致力于实现股东财富的最大化。因此，来自高层管理者的承诺从根本上体现了绿色供应链管理战略对股东收益的重要价值。在中层管理者的支持下，企业不同职能部门之间通过相互合作共同开展全面环境质量管理，可以减少企业运营对环境的负面影响，有效降低环境风险、促进绿色发展，切实提高企业收益率。作为实现环境法治的重要途径之一，环境审计可以保证企业生产运营遵守环境法规要求，从而有效减少环境污染，并通过降低环境成本提高财务收益。ISO14000环境管理体系是减少供应链环境影响所普遍采用的措施之一（Wiengarten，et al.，2013），将ISO14001环境管理标准要求融入企业日常运营，有助于企业通过标杆学习实现环境问题处理的标准化，以减轻企业活动对环境所产生的负面效应、减少能源消耗，从而塑造和提升企业声誉，增强其市场竞争力（Link & Naveh，2006；Castka & Prajogo，2013）。同时，ISO14001认证对企业影响显著，拥有正式环境管理体系对企业的影响要远远超过污染治理，通过认证的环境管理体系比没有通过认证的环境管理体系对企业绩效的影响更大，而且，随着时间推移其对企业环保活动的选择和使用也会产生更大的影响（Melnyk，et al.，2003）。

生态设计对财务绩效的影响。作为一种进化的环境战略，积极的环境战略可以在早期达到污染预防的效果（Menguc，et al.，2010），其主张通过设置明确的环境目标预防污染而不是事后通过高昂的终端投资控制污染，目的在于最大限度地减少废水、废气以及废物排放。Hart（1995）早就指出，积极环保战略可以帮助企业赢得竞争优势，而生态设计则代表了一种实施积极环保战略最为有效的工具。从本质上来说，产品在生产、消费以及处置过程中所产生的环境影响很大程度上都与产品设计阶段的决策直接相关，而生态设计则关注于产品供应链的整个流程，因而具有重要意义（Handfield，et al.，2001）。例如，在产品设计过程中，减少使用材料和能源以及提倡产品或零部件的再利用、再循环或材料的修复，可以帮助企业降低成本，提升经济效益；减少使用有害材料或严重影响环境的制造工序以及设计废物最小化的生产过程，显然有助于减轻企业运营对环境所产生的负面影响,从而树立企业绿色形象,增加市场份额。因此,生态设计实际上为企业提供了一种减少产品及其过程环境影响同时降低成本并提高产品畅销度的系统方法(Hu & Hsu,2010)。在全社会倡导绿色环保理念的背景下,生态设计可以帮助企业履行环保责任,提升企业环保形象,从而助推产品销售,增加企业收益。

投资回收对财务绩效的影响。作为一项传统的企业实践,投资回收也可以被视作绿色实践,因为它可以通过其他处置方式减少废物,虽然未必是最具可持续性实践,但它确实可以通过产品或物料的回收延长其使用寿命(Zhu & Sarkis,2004)。投资回收的实施可能采用循环利用、再制造、恢复以及修复等形式,其目的在于在废旧产品或物料最终被处置之前,最大化攫取其中存在的经济价值与生态价值从而减少废物,因此,可以被看作是企业获取竞争优势的一次机会(Thierry,et al.,1995;Stock,et al.,2002;Ye,et al.,2013;Lai,et al.,2013)。投资回收可以帮助企业有效降低原材料以及遵从责任成本,赢得新客户与增加收入,由此提高企业盈利能力(Prahinski & Kocabasoglu,2006)。有些企业甚至发现,再制造产品比原装产品具有更高的利润率(Stock,et al.,2002)。通过重复使用材料、节约使用能源以及减少垃圾等投资回收实践,可以有效改善行业环境影响(Guide,et al.,2000;Ye,et al.,2013)。然而,支持这种说法的实证研究却很少。其中,有研究就发现,当企业投资进行产品翻新时,工厂有毒气体的排放量也会下降;同时,此类积极活动不仅能帮助企业减少浪费与环境污染,似乎也有助于降低运营成本,提高客户忠诚度(Thierry,et al.,1995;Stock,et al.,2002;Ye,et al.,2013;Lai,et al.,2013)。而且,从本质上来说,投资回收通过产品或物料的收集、再处理以及后来重新分配给客户也使得闭环供应链得以实现(Lai,et al.,2013)。从退回产品中回收物料意味着产品处置频率的降低,在给企业带来更高经济收益的同时也实现了环境保护的社会效益(Lai,et al.,2013)。

从实证研究来看,内部绿色管理与财务绩效之间的正向关系也为学者们所证实。Klassen & Mclaughlin(1996)研究指出,企业环境管理水平越高(获取环境绩效奖),其正向收益(股票市场绩效)越显著,环境管理水平越低(发生环境危机),其负向收益(股票市场绩效)越明显。Kassinis & Soteriou(2003)分析发现,采用节能与节水措施以及回收利用有助于提高客户满意度与忠诚度,进而提升市场绩效。Rao & Holt(2005)研究表明,环境友好型废物管理、包装回收以及废旧产品回收等绿色输出实践有助于提升企业经济绩效(新的市场机会、产品价格提升、利润率、销售额、市场份额)。Chien & Shih(2007)

研究指出，绿色制造对财务绩效具有显著的正向影响。Montabon 等（2007）分析认为，积极减少废物、再制造、环境设计以及回收利用与企业销售增长显著正相关，但与资产回报率呈负相关关系；与资产回报率相比，其对销售增长的作用强度更大。Rusinko（2007）研究显示，绿色制造实践与企业竞争力显著正相关；其中，污染预防有助于降低生产成本，产品管理有助于提高产品质量、提升企业形象、吸引新客户以及激发创新思想。Chan 等（2012）研究证实，投资回收正向影响企业财务绩效。Lo，et al.（2012）分析认为，建立 ISO14000 环境管理体系有助于企业改善环境绩效，提升成本效率（销售回报率）与盈利能力（资产回报率）。Ramírez（2012）分析表明，逆向物流成本和回收材料价值与逆向物流活动存在正相关关系，适当的逆向物流活动管理有助于提升企业财务绩效。Wong 等（2012）分析显示，当不考虑供应商环境管理能力时，产品监管、过程监管与财务绩效显著正相关；当供应商环境管理能力较强时，产品监管与过程监管对财务绩效分别具有负向和正向影响；当供应商环境管理能力较低时，产品监管与过程监管对财务绩效的影响都不显著。Agan 等（2013）研究指出，环境管理体系、环境设计以及废物处理对企业长短期收益、市场份额、企业形象以及竞争优势均具有显著正向影响。Burgos-Jiménez 等（2013）分析表明，积极的环境保护战略定位对企业中期财务绩效具有积极影响。Lai 等（2013）研究发现，回收物流实践的实施为中国制造企业带来了实质性财务收益，回收利用、再处理、材料回收、重新使用与回收物流设计都有助于提升财务绩效。Sambasivan 等（2013a）分析表明，环保积极性有助于提升企业财务绩效。Yang 等（2013）研究发现，内部绿色实践可以帮助企业增加利润；Ye 等（2013）分析认为，产品回收有助于提高企业利润。Mitra & Datta（2014）研究证实，环境可持续生产与物流实践可以提升企业经济绩效（增加市场份额、开辟新市场、赢得新客户以及加快组织增长、提升企业形象）。

综上所述，提出如下假设：

H7：内部绿色管理对财务绩效具有正向影响。

4.2.4.3 客户绿色合作对财务绩效的影响

与绿色采购相似，作为一项企业外部能力，客户绿色合作可以塑造企业竞争优势；由自然资源基础观亦可知，与客户合作开展绿色管理可以有效保护自然环境，从而帮助企业实现高绩效。众所周知，客户是产品的最终消费者，对企业产品价值的评判具有最终决定权。随着消费者环境意识的不断增强，对环保产品的需求日益增加,环保与绿色成为产品价值评判的标准,其不仅是产品所蕴含的价值,更体现了企业的社会责任,可以为企业树立良好的环保形象。目前,越来越多的消费者表示他们的消费行为受企业环境声誉的影响,更多的消费者愿意为环境友好的商品支付超额的价值(朱庆华和耿涌,2009b)。因此,拥有良好环境声誉的企业不仅可以吸引更多的投资者和消费者,制定较高的产品价格,而且会增加消费者购买产品以及购买决策的信心,提高客户满意度与忠诚度,从而提高产品市场份额。

随着经济全球化的发展以及市场竞争主体的转变,加强供应链成员之间的合作可以促进环境改善实践的发展与污染的减少(Vachon & Klassen, 2006b)。为了增强在全球市场中的竞争力,越来越多的企业倾向于与供应链合作伙伴共同遵守环境法规(即绿色合作)以减少环境影响,从而共同推动环境保护目标的实现(Yang, et al., 2013)。根据资源基础理论与组织能力观,作为一种外部协作能力,客户参与能够有效整合客户知识、技巧与技术,而且具有不可复制性,有助于提升企业市场绩效(Mishra & Shah, 2009)。与客户在环境问题上保持密切合作,可以帮助企业更好地理解环保标准的要求,从而实现双方环境目标的协同,树立产品绿色形象。与客户合作进行清洁生产、生态设计、绿色包装、产品回收以及减少产品运输过程中的能源消耗,则会使双方共同受益;同时,这种合作也可能帮助企业将业务嵌入客户价值链之中,从而获得更好的市场机会。为客户提供环境友好产品的信息和/或生产方法、使用环境友好型交通运输以及对包装进行环境改善等绿色输出实践有助于提升企业竞争力与经济绩效(新的市场机会、产品价格提升、利润率、销售额、市场份额)(Rao & Holt, 2005);考虑客户需求的环境保护实践有助于提高企业市场地位,打开新的市场领域,并可以使客户感知到产品的高质量(Junquera, et al., 2012)。因此,客户绿色合作不仅可以作为一种减少环境影响的方法,也可以看作是企业竞争优势的新兴来源(Rao & Holt, 2005)。

从实证研究来看,客户绿色合作与财务绩效之间的正向关系也为学者们所证实。例如,Chan 等(2012)研究发现,客户合作正向影响企业财务绩效;Junquera 等(2012)分析表明,考虑客户环境需求、与客户进行紧密环保合作不仅有助于企业赢得绿色竞争优势从而提升竞争地位,而且会对企业创新能力产生积极影响,并有利于企业打开国际市场;Yang 等(2013)研究指出,客户绿色合作可以增加企业利润。

综上所述,提出如下假设:

H8:客户绿色合作对财务绩效具有正向影响。

4.2.5　关系资本对财务绩效的影响

如前所述,资源基础观认为,企业所拥有的独特资源能够帮助企业获取异常利润,从而塑造企业可持续竞争优势(Wernerfelt,1984;Barney,1991;Peteraf,1993)。关系观进一步指出,企业关键性资源可能跨越企业边界而嵌入企业间惯例和程序,异质性企业间联系可能是关系租金和竞争优势的来源(Dyer & Singh,1998)。根据交易成本理论,关系资本则可以减少机会主义行为期望、增加双方信任并降低交易成本,从而提升关系绩效(Dyer & Singh,1998)。不仅如此,作为关系资本的关键要素,参与各方之间通过重复资源交换发展形成的信任(Adler & Kwon,2002),也为抑制机会主义行为提供了一种强有力的控制机制从而减少对正式契约的需要(Matthews & Marzec,2012)。购买商与供应商之间信任关系的建立,可以从根本上消除先前为了控制与防范供应商机会主义行为所产生的巨额成本浪费,由此为购买商带来成本的节约与利润的增长。多重理论视角下的组织研究均表明,信任是组织间关系正面绩效结果的重要预测变量(Koka & Prescott,2002;Ireland & Webb,2007;Panayides & Venus Lun,2009)。

从实证研究来看,关系资本与财务绩效之间的正向关系也为诸多学者所证实。例如,Johnston 等(2004)研究发现,供应商对购买商的信任(仁慈与可靠性)有助于增强双方的合作关系行为(责任共担、共同计划、灵活安排)从而提升购买商的关系绩效感知(盈利能力、净利润、销售增长)及其满意度。Corsten & Felde(2005)分析指出,信任在企业与供应商关系中扮演重要角色,其有助于提升财务绩效。Moran(2005)分析认为,关系亲密性会显著增强执行导向与创新导向的管理任务绩效(即销售业绩)。Thuy & Quang(2005)研究发现,合作伙伴之间的关系性投资对国际合资企业的成功至关重要,关系资本水平越高,合资企业业绩(总体战略目标、预期目标达成、投资回报率)越好。Clercq & Sapienza(2006)分析显示,风险投资公司与投资组合公司之间的关系资本有助于提升风险投资公司对投资组合公司的感知绩效(总体绩效评价及其满意度)。Sambasivan 等(2011)研究表明,供应链合作伙伴之间的关系资本对战略联盟结果(目标达成、价值创造、再评价)具有积极影响。

基于上述考虑,提出以下假设:

H9:供应商关系资本对财务绩效具有正向影响。

H10:内部关系资本对财务绩效具有正向影响。

H11:客户关系资本对财务绩效具有正向影响。

4.2.6 环境导向的调节作用

作为企业环境社会责任,环境导向实际上反映了企业环境保护承诺水平,其提倡企业应该成为尊重与爱护环境并积极响应外部利益相关者环境需求的优秀企业公民(Banerjee,2002)。资源基础观指出,作为一种有价值的无形资源,环境导向会促进企业环境保护战略实践的开展,最终带来绩效的改善(Grant,1991)。从实证研究来看,诸多学者均证实企业导向会影响战略定位。例如,Murray 等(2011)指出,就中国出口企业而言,市场导向性水平越高越倾向于开展定价、新产品开发以及营销沟通等战略活动;Chan(2010)则发现,环境导向是企业环境战略实践的重要决定因素,这在战略层面与营销职能领域同样成立;Chan 等(2012)也证实,环境导向对绿色供应链管理具有正向影响。不仅如此,制度理论也认为,企业需要应对各种重要机构对其所施加的约束(North,1990)。如果企业能够在这些机构所允许的范围内运营,就会增强其稳定性与合法性以及最终生存的可能性(Dimaggio & Powell,1983)。在环境管理领域,这些机构则可以被进一步视作企业显著利益相关者,他们对企业应该如何处理与自然环境之间的关系施加了一系列正式(如法规)与非正式(如规范)的规则(Banerjee,2001)。因此,那些认为响应显著利益相关者环境需求非常有必要的管理者所领导的企业很有可能更倾向于实施亲环境行为(如绿色供应链管理)以应对这些需求(Chan, et al.,2012),这进一步体现了环境导向的导向性作用。

如前所述,由 VRIO 资源基础分析框架可知,有价值、稀缺且难以模仿的资源使得企业具有取得竞争优势的潜力,但持续竞争优势的真正建立还必须进行有效的组织以充分利用这些资源。作为互补性资源,"组织"有利于企业关键资源的充分利用与核心能力的成功构建(Zhou, et al.,2008)。资源基础理论认为,关系资本作为企业关键资源可以促进绿色供应链管理能力的构建,而环境导向的企业文化作为互补性资源进一步为关系资本的利用与绿色供应链管理的实施提供了便利。这就说明,环境导向性越强的企业基于关系资本所构建的绿色供应链管理能力水平更高,环境导向对关系资本与绿色供应链管理之间的关系具有正向影响。例如,Dibrell 等(2011)分析指出,高层管理者对自然环境的态度正向调节市场导向与企业创新之间的关系,也即环境保护态度越积极,市场导向对企业创新的正向影响就越强;Dibrell 等(2011)研究认为，依据企业对环境的重视程度，环境政策嵌入于企业内外部流程之中，其可能拓宽企业解决环境问题的思路与机会意识，并促进企业创新；因此，环境政策与市场导向的协同会创造一个更加创新的组织；Roxas & Coetzer（2012）分析发现，所有者对自然环境所持的管理态度对企业总体环境可持续导向具有显著的积极影响，其可以促进企业做出环境保护承诺并开展环境可持续实践。

综上所述，提出如下假设：

H12a：环境导向正向调节供应商关系资本与绿色采购之间的关系。
H12b：环境导向正向调节内部关系资本与绿色采购之间的关系。
H12c：环境导向正向调节客户关系资本与绿色采购之间的关系。
H13a：环境导向正向调节供应商关系资本与内部绿色管理之间的关系。
H13b：环境导向正向调节内部关系资本与内部绿色管理之间的关系。
H13c：环境导向正向调节客户关系资本与内部绿色管理之间的关系。
H14a：环境导向正向调节供应商关系资本与客户绿色合作之间的关系。
H14b：环境导向正向调节内部关系资本与客户绿色合作之间的关系。
H14c：环境导向正向调节客户关系资本与客户绿色合作之间的关系。

4.2.7 控制变量

一般而言，与小企业相比，大企业不仅自身拥有较多资源，而且容易从外部获取互补性资源，同时拥有较高的受关注程度与曝光率，其绿色供应链管理及其相关实践由此可能更加成熟、水平更高，财务绩效因此也会更好。同时，因为不同行业企业可能聚焦于不同类型的绿色供应链管理实践，由此产生财务绩效的差异。除此之外，经营性质还可能会影响企业对绿色管理理念的认识及其实践水平；通常情况下，有外资参股的企业（如合资企业或者外资企业），受母公司或母国经营环境的影响（如美国、日本、德国等），其环保意识可能更强，绿色供应链管理实践水平更高，财务绩效也更好。

综上所述，本研究将企业规模、行业类型、所有制作为控制变量。

4.3　研究设计

4.3.1　问卷设计

参见 3.3.1。

4.3.2　变量测度

4.3.2.1　关系资本

参见 3.3.2.1。

4.3.2.2　绿色供应链管理

本研究认同朱庆华(2004)对绿色供应链管理所下的定义,也即:绿色供应链管理是环境管理战略、环境保护意识及手段在供应链管理中的融合应用,通过与上下游供应商和客户的合作以及企业内部的协作,降低产品全生命周期内整个供应链对环境的负面影响,实现企业及所在供应链的可持续发展,具体涉及绿色采购、内部环境管理、生态设计、投资回收以及客户绿色合作等五方面的内容。为了简化模型,参考 Zhu & Sarkis(2004)、Zhu 等(2005)以及 Zhu 等(2008a)的研究,本研究将其划分为绿色采购、内部绿色管理(内部环境管理、生态设计、投资回收)与客户绿色合作三个维度。

参考 Zhu & Sarkis(2004)、朱庆华和曲英(2005)、Zhu 等(2008b)、Sarkis 等(2010)以及 Zhu 等(2013)的研究,从供应商环境合作、环境审计以及 ISO14001 认证等层面对绿色采购进行测量,由 7 个题项构成;从高管支持、跨职能合作、全面环境质量管理等层面对内部环境管理进行测量,由 7 个题项构成;从节约材料与能源、减少使用有害材料或严重影响环境的制造工序以及生产过程优化等层面对生态设计进行测量,由 7 个题项构成;从多余存货或材料处置、闲置设备资产利用以及淘汰、废旧与缺陷产品处理等层面对投资回收进行测量,由 5 个题项构成;从与客户在清洁生产、生态设计、绿色包装与产品回收等方面的合作对客户绿色合作进行测量,由 7 个题项构成;内部绿色管理的测量,也即 IGM01、IGM02、IGM03,分别取内部环境管理、生态设计与投资回收各自测量题项的均值;详见表 4.1。该量表由总经理或者供应链经理基于 Likert-7 点评分对公司各项活动的开展情况进行评价,"1→7"依次表示"完全没有→非常广泛"（马文聪,2012）。

表 4.1　绿色供应链管理测量量表

维度	编号	题　项
绿色采购	GP01	向主要供应商提供符合环境要求的采购物料的设计说明书
	GP02	为了实现环境目标与主要供应商合作
	GP03	对主要供应商的内部管理进行环境审计
	GP04	主要供应商的 ISO14001 认证
	GP05	对二级供应商(主要供应商的主要供应商)环境友好实践的评估
	GP06	采购具有生态标签(绿色标志或环境标志)的物料
	GP07	选择主要供应商时考虑环境标准
内部环境管理 IGM01	IEM01	高层管理者对绿色供应链管理做出承诺
	IEM02	中层管理者支持绿色供应链管理
	IEM03	为了改善环境而进行跨职能合作
	IEM04	ISO14001 认证
	IEM05	全面环境质量管理
	IEM06	遵守环境法规和审计程序
	IEM07	建立环境管理体系
生态设计 IGM02	ED01	设计产品时考虑减少使用材料和能源
	ED02	设计产品时考虑产品或零部件的再利用、再循环或材料的修复
	ED03	设计产品时考虑避免或者减少使用有害的材料
	ED04	设计产品时考虑避免或者减少使用严重影响环境的制造工序
	ED05	设计产品时考虑产品的生命周期特点
	ED06	使用标准化零部件以便于重复使用
	ED07	设计废物最小化的生产过程
投资回收 IGM03	IR01	回收(或销售)多余的存货或材料
	IR02	销售废料或已使用过的材料
	IR03	销售闲置的设备资产
	IR04	收集和回收淘汰的产品与物料
	IR05	建立废旧或缺陷产品的回收体系

（最左侧跨行维度：内部绿色管理）

维度	编号	题　　项
	CGC01	向主要客户提供符合环境要求的产品设计说明书
	CGC02	为了实现环境目标与主要客户合作
客户	CGC03	与主要客户合作进行生态设计(绿色设计或环境设计)
绿色	CGC04	与主要客户合作进行清洁生产
合作	CGC05	与主要客户合作进行绿色包装
	CGC06	与主要客户合作以减少产品运输过程中的能源消耗
	CGC07	与主要客户合作进行产品回收

4.3.2.3　财务绩效

财务绩效主要衡量企业在发展能力、盈利能力等方面的表现,参考 Flynn 等(2010)的研究,由 7 个测量题项构成,详见表 4.2。该量表由总经理基于 Likert-7 点评分评价公司相对于主要竞争对手在各方面的表现,"1→7"依次表示"非常差→非常好"。

4.3.2.4　环境导向

环境导向体现了管理者对满足外部利益相关者环境需求必要性的感知 (Chan,et al.,2012)。参考 Banerjee(2002)与 Chan 等(2012)的研究,由 4 个测量题项所构成,详见表 4.2。该量表由总经理基于 Likert-7 点评分来表达对公司在所述各方面表现的同意程度,"1→7"依次表示"非常不同意→非常同意"(马文聪,2012)。

表 4.2　财务绩效与环境导向测量量表

变量	编号	题　　项
	FP01	销售增长
	FP02	销售回报率
	FP03	利润增长
财务绩效	FP04	市场份额增长
	FP05	投资回报率
	FP06	销售回报增长率*
	FP07	投资回报增长率*

续表

变量	编号	题　项
环境导向	EO01	环境的发展会影响公司的业务活动
	EO02	公司的财务收益依赖于环境状况
	EO03	环境保护对公司的生存很重要
	EO04	外部利益相关者期望公司保护环境

注:＊表示在小样本试测阶段经探索性因子分析存疑题项。

4.3.2.5　控制变量

参见 3.3.2.5。

4.3.3　样本与数据收集

参见 3.3.3。

4.4　分析与结果

4.4.1　样本描述

参见 3.4.1。

4.4.2　无应答偏差与共同方法偏差检验

无应答偏差(non-response bias)。从表 4.3 与表 4.4 中可以看出,前后不同阶段与经由不同发放渠道所得样本在绿色供应链管理以及财务绩效等方面并不存在显著差异,由此可见,本研究中并不存在无应答偏差问题(Armstrong & Overton,1977)。具体做法参见 3.4.2。

表 4.3　前后不同阶段回收问卷的均值差异比较

变量		方差齐性 Levene 检验		均值齐性 t 检验				
		F 值	Sig. 显著性	t 值	df	Sig. 双尾显著性	差值95%置信区间 下限	上限
绿色采购	假设方差相等	1.634	0.202	0.502	306	0.616	−0.574	0.968
	假设方差不相等			0.492	207.028	0.623	−0.592	0.985
内部 绿色管理	假设方差相等	0.890	0.346	−0.882	306	0.378	−0.473	0.180
	假设方差不相等			−0.858	202.281	0.392	−0.483	0.190
客户 绿色合作	假设方差相等	0.422	0.517	−1.271	306	0.205	−0.475	0.102
	假设方差不相等			−1.385	275.911	0.167	−0.452	0.079
财务绩效	假设方差相等	0.904	0.343	−0.477	306	0.634	−0.072	0.044
	假设方差不相等			−0.463	201.370	0.644	−0.074	0.046

　　共同方法偏差(common method bias)。由表 4.5 可知,将所有变量的测量题项进行因子分析,从中提取 8 个特征根大于 1 的因子,累积方差解释率为76.164%,其中最大因子的解释率仅为 13.309%,由此说明,本研究中共同方法偏差问题并不严重(Podsakoff & Organ,1986)。

表 4.4　不同发放渠道回收问卷的均值差异比较

变量		方差齐性 Levene 检验		均值齐性 t 检验				
		F 值	Sig. 显著性	t 值	df	Sig. 双尾显著性	差值95%置信区间 下限	上限
绿色采购	假设方差相等	2.062	0.152	−1.507	240	0.133	−0.521	0.069
	假设方差不相等			−1.539	146.931	0.126	−0.516	0.064
内部 绿色管理	假设方差相等	0.254	0.615	−1.776	240	0.077	−0.542	0.028
	假设方差不相等			−1.756	136.042	0.081	−0.546	0.032
客户 绿色合作	假设方差相等	0.217	0.642	−1.563	240	0.119	−0.549	0.063
	假设方差不相等			−1.547	136.299	0.124	−0.553	0.068
财务绩效	假设方差相等	0.261	0.610	−0.448	240	0.655	−0.445	0.280
	假设方差不相等			−0.455	145.192	0.650	−0.440	0.275

4.4.3 探索性因子分析

由 KMO 值(0.933)与 Bartlett's 球形检验(Approximate Chi-Square＝10110.533、$df=780$、$p<0.001$)结果可知,本研究数据非常适合进行因子分析。进而,通过主成分分析与方差最大化旋转基于特征根大于 1 共提取 8 个因子,分别是绿色采购、客户绿色合作、财务绩效、环境导向、内部关系资本、客户关系资本、供应商关系资本与内部绿色管理,结果见表 4.5。从表 4.5 中可以看出,所有题项的因子载荷均大于 0.6,累积解释 76.164％的方差变异,方差解释率较高,且各题项的归属清楚,并不存在较大的交叉负荷。

表 4.5　探索性因子分析结果

题项编号	因子载荷							
	绿色采购	客户绿色合作	财务绩效	环境导向	内部关系资本	客户关系资本	供应商关系资本	内部绿色管理
SRC01	0.129	0.084	0.077	0.233	0.122	0.089	**0.778**	0.065
SRC02	0.140	0.111	0.004	0.090	0.098	0.124	**0.703**	−0.002
SRC03	0.200	0.163	0.121	0.077	0.054	0.046	**0.721**	0.027
SRC04	0.162	0.090	0.031	0.085	0.110	0.131	**0.719**	−0.030
SRC05	0.135	0.154	−0.006	0.079	0.148	0.040	**0.710**	0.044
IRC01	0.115	0.132	0.154	−0.040	**0.801**	0.154	0.111	0.099
IRC02	0.196	0.226	0.091	0.036	**0.781**	0.065	0.150	0.042
IRC03	0.153	0.177	0.124	0.024	**0.779**	0.107	0.163	0.131
IRC04	0.133	0.227	0.175	0.047	**0.754**	0.100	0.159	0.131
IRC05	0.167	0.106	0.110	0.079	**0.668**	0.284	0.042	−0.079
CRC02	0.198	0.234	0.115	0.043	0.164	**0.851**	0.110	0.067
CRC03	0.176	0.205	0.070	0.082	0.163	**0.862**	0.146	0.093
CRC04	0.197	0.244	0.108	0.051	0.204	**0.847**	0.157	0.021
CRC05	0.215	0.246	0.190	0.066	0.174	**0.824**	0.111	0.047
GP01	**0.764**	0.172	0.214	0.068	0.160	0.212	0.185	0.045
GP02	**0.769**	0.146	0.170	0.082	0.188	0.175	0.082	0.006
GP03	**0.807**	0.190	0.167	0.121	0.089	0.133	0.184	0.095

题项编号	因子载荷							
	绿色采购	客户绿色合作	财务绩效	环境导向	内部关系资本	客户关系资本	供应商关系资本	内部绿色管理
GP04	**0.783**	0.143	0.116	0.098	0.203	0.103	0.147	0.083
GP05	**0.833**	0.188	0.157	0.110	0.070	0.063	0.147	0.052
GP06	**0.820**	0.187	0.122	0.114	0.127	0.121	0.186	0.065
GP07	**0.808**	0.153	0.171	0.128	0.088	0.115	0.138	0.075
IGM01	0.083	0.093	0.085	0.025	0.051	0.085	−0.031	**0.850**
IGM02	0.039	0.094	0.067	0.041	0.087	0.035	0.057	**0.849**
IGM03	0.135	0.072	0.030	0.063	0.094	0.035	0.050	**0.859**
CGC01	0.172	**0.772**	0.192	0.047	0.186	0.140	0.174	0.090
CGC02	0.132	**0.751**	0.190	0.108	0.129	0.224	0.088	0.071
CGC03	0.255	**0.782**	0.108	0.075	0.141	0.120	0.044	0.027
CGC04	0.109	**0.834**	0.076	0.062	0.152	0.179	0.101	0.002
CGC05	0.161	**0.815**	0.112	0.073	0.147	0.099	0.124	0.099
CGC06	0.173	**0.798**	0.176	0.069	0.148	0.150	0.127	0.050
CGC07	0.145	**0.789**	0.153	0.077	0.082	0.096	0.157	0.081
FP01	0.214	0.097	**0.801**	0.016	0.179	0.173	0.006	0.051
FP02	0.170	0.189	**0.844**	−0.010	0.070	0.054	0.084	0.031
FP03	0.215	0.211	**0.816**	0.016	0.113	0.074	0.039	0.025
FP04	0.136	0.217	**0.814**	0.042	0.145	−0.007	0.056	0.075
FP05	0.167	0.120	**0.814**	−0.028	0.119	0.159	0.048	0.059
EO01	0.129	0.107	0.005	**0.925**	0.062	0.055	0.129	0.039
EO02	0.178	0.106	0.009	**0.915**	0.008	0.062	0.145	0.039
EO03	0.106	0.103	0.024	**0.924**	0.033	0.028	0.129	0.018
EO04	0.120	0.069	−0.011	**0.917**	0.015	0.062	0.141	0.056
Cronbach's Alpha	0.948	0.940	0.920	0.962	0.882	0.956	0.834	0.840
特征根	13.493	3.716	2.846	2.471	2.192	2.057	2.011	1.679

续表

题项编号	因子载荷							
	绿色采购	客户绿色合作	财务绩效	环境导向	内部关系资本	客户关系资本	供应商关系资本	内部绿色管理
方差解释率（%）	13.309	13.147	9.696	9.058	8.630	8.540	7.933	5.850
累积方差解释率（%）	13.309	26.456	36.152	45.211	53.840	62.380	70.313	76.164

4.4.4 信度与效度检验

从表 4.5 与表 4.6 中可以看出，供应商关系资本、内部关系资本、客户关系资本、绿色采购、内部绿色管理、客户绿色合作、财务绩效与环境导向的 Cronbach's Alpha 系数都高于 0.8(0.834～0.956)，CR 都大于 0.7(0.835～0.962)，由此表明这些变量的测量是可信的(Fornell & Larcker,1981)。

表 4.6 验证性因子分析以及信度与效度分析结果

显变量		潜变量	标准化因子载荷	标准误 S.E.	显著性概率 p	组合信度 CR	平均萃取变异量 AVE
SRC05	←	供应商关系资本	0.673	—	—	0.835	0.505
SRC04	←	供应商关系资本	0.692	0.090	***		
SRC03	←	供应商关系资本	0.698	0.102	***		
SRC02	←	供应商关系资本	0.672	0.094	***		
SRC01	←	供应商关系资本	0.808	0.103	***		
IRC05	←	内部关系资本	0.647	—	—	0.887	0.613
IRC04	←	内部关系资本	0.818	0.093	***		
IRC03	←	内部关系资本	0.819	0.095	***		
IRC02	←	内部关系资本	0.808	0.089	***		
IRC01	←	内部关系资本	0.808	0.094	***		
CRC05	←	客户关系资本	0.905	—	—	0.956	0.844
CRC04	←	客户关系资本	0.938	0.038	***		
CRC03	←	客户关系资本	0.916	0.040	***		

续表

显变量		潜变量	标准化 因子载荷	标准误 S. E.	显著性 概率 p	组合信度 CR	平均萃取变 异量 AVE
CRC02	←	客户关系资本	0.915	0.039	* * *		
GP01	←	绿色采购	0.853	—	—	0.948	0.724
GP02	←	绿色采购	0.807	0.055	* * *		
GP03	←	绿色采购	0.881	0.055	* * *		
GP04	←	绿色采购	0.818	0.056	* * *		
GP05	←	绿色采购	0.867	0.056	* * *		
GP06	←	绿色采购	0.880	0.056	* * *		
GP07	←	绿色采购	0.848	0.053	* * *		
IGM01	←	内部绿色管理	0.780	—	—	0.843	0.641
IGM02	←	内部绿色管理	0.783	0.090	* * *		
IGM03	←	内部绿色管理	0.838	0.087	* * *		
CGC07	←	客户绿色合作	0.810	—	—	0.941	0.695
CGC06	←	客户绿色合作	0.855	0.056	* * *		
CGC05	←	客户绿色合作	0.847	0.062	* * *		
CGC04	←	客户绿色合作	0.847	0.059	* * *		
CGC03	←	客户绿色合作	0.815	0.062	* * *		
CGC02	←	客户绿色合作	0.810	0.059	* * *		
CGC01	←	客户绿色合作	0.849	0.055	* * *		
FP01	←	财务绩效	0.827	—	—	0.921	0.699
FP02	←	财务绩效	0.851	0.062	* * *		
FP03	←	财务绩效	0.860	0.062	* * *		
FP04	←	财务绩效	0.822	0.066	* * *		
FP05	←	财务绩效	0.820	0.064	* * *		
EO01	←	环境导向	0.917	—	—	0.962	0.865
EO02	←	环境导向	0.928	0.037	* * *		
EO03	←	环境导向	0.934	0.037	* * *		
EO04	←	环境导向	0.941	0.036	* * *		

拟合指标：$\chi^2(712) = 893.595$，$\chi^2/df = 1.255$，GFI $= 0.872$，AGFI $= 0.853$，RMSEA $= 0.029$，IFI $= 0.982$，TLI(NNFI) $= 0.980$，CFI $= 0.982$，SRMR $= 0.035$。

注：* * * 表示 $p < 0.001$，即 $T > 3.28$。

从表 4.6 中可以看出，本研究 CFA 模型拟合参数为 $\chi^2(712)＝893.595$、RMSEA＝0.029、NNFI＝0.980、CFI＝0.982、SRMR＝0.035，这些指标均优于 Hu & Bentler(1999) 所建议的标准，由此表明该模型是可以接受的。

由表 4.6 可知，供应商关系资本、内部关系资本、客户关系资本、绿色采购、内部绿色管理、客户绿色合作、财务绩效与环境导向所有测量题项的因子载荷都大于 0.5(0.647～0.941)、T 值都大于 2，且 CR 均大于 0.7，AVE 均大于 0.5(0.505～0.865)，从而表明各量表具有很好的聚合效度(Fornell & Larcker,1981；Narasimhan & Kim,2002；Vickery, et al.，2003；Droge, et al.，2004；Flynn, et al.，2010；Peng & Lai,2012)。由表 4.6 亦可知，各因子 AVE 平方根都明显大于该因子与其他因子之间的相关系数，由此说明各量表具有良好的区分效度(Fornell & Larcker,1981；Peng & Lai,2012)。

4.4.5 控制变量影响分析

本研究控制变量属于比较典型的分类变量，因此，运用单因素方差分析(one-way ANOVA)来检验控制变量对绿色供应链管理与财务绩效的影响，结果见表 4.7、表 4.8 与表 4.9。

由表 4.7 可知，企业规模对绿色采购、内部绿色管理、客户绿色合作与财务绩效的影响均不显著。由此可见，规模大小对企业绿色供应链管理实践水平及其实施效果并无明显影响。

表 4.7　企业规模对绿色供应链管理与财务绩效的影响分析

	F 值	p 值	是否显著
绿色采购	1.746	0.134	否
内部绿色管理	0.323	0.862	否
客户绿色合作	1.489	0.205	否
财务绩效	1.554	0.187	否

由表 4.8 可见，所有制对绿色采购、内部绿色管理、客户绿色合作以及财务绩效的影响都不显著。由此说明，不管是国有企业、集体企业，还是私营企业，抑或是合资企业、外资企业，其在绿色供应链管理实践及其实施效果方面并不存在明显差异。

由表 4.9 可知,行业类型对绿色采购、内部绿色管理、客户绿色合作以及财务绩效的影响均不显著。由此表明,建筑材料、化学制品与石油化工、电子产品与电器;食品、饮料、烟酒与香烟;金属、机械与工程;制药、橡胶与塑料、纺织品与服饰等不同行业的企业,在绿色供应链管理实践及其实施效果方面并没有显著不同。

表 4.8　所有制对绿色供应链管理与财务绩效的影响分析

	F 值	p 值	是否显著
绿色采购	0.496	0.739	否
内部绿色管理	2.265	0.062	否
客户绿色合作	0.298	0.879	否
财务绩效	0.364	0.834	否

表 4.9　行业类型对绿色供应链管理与财务绩效的影响分析

	F 值	p 值	是否显著
绿色采购	0.947	0.478	否
内部绿色管理	1.272	0.258	否
客户绿色合作	1.484	0.162	否
财务绩效	0.644	0.740	否

4.4.6　描述性统计分析

对关系资本(供应商关系资本、内部关系资本与客户关系资本)、绿色供应链管理(绿色采购、内部绿色管理与客户绿色合作)、财务绩效与环境导向进行描述性统计与相关分析,求得均值、标准差与相关系数,详见表 4.10。

表 4.10　子研究 2 描述性统计与相关分析结果

	供应商 关系资本 SRC	内部 关系资本 IRC	客户 关系资本 CRC	绿色 采购 GP	内部 绿色管理 IGM	客户 绿色合作 CGC	财务 绩效 FP	环境 导向 EO
SRC	**0.711**							
IRC	0.371***	**0.783**						
CRC	0.352***	0.467***	**0.919**					
GP	0.442***	0.436***	0.461***	**0.851**				
IGM	0.497***	0.575***	0.543***	0.610***	**0.801**			
CGC	0.374***	0.460***	0.496***	0.471***	0.569***	**0.834**		
FP	0.212***	0.388***	0.341***	0.446***	0.543***	0.425***	**0.836**	
EO	−0.052	−0.124*	−0.129*	−0.150**	−0.080	−0.145*	−0.168**	**0.930**
均值	5.507	5.458	4.959	4.999	5.337	5.091	4.918	5.291
标准差	0.776	1.008	1.091	1.325	0.766	1.189	1.083	1.362

注：(1)双尾检验显著性水平：***表示 $p<0.001$、**表示 $p<0.01$、*表示 $p<0.05$；
　　(2)对角线加粗斜体数字为对应因子的 AVE 平方根。

4.4.7　假设检验

4.4.7.1　结构方程分析

本研究概念模型中有 19 条结构关系路径与 36 个观测指标,样本量(308)难以满足协方差结构方程模型方法(LISREL 或 AMOS)的基本要求,但适用于基于方差的结构方程模型技术(PLS),PLS 能够较好地处理小样本的复杂模型(Hair, et al.,2011;Peng & Lai,2012)。基于上述考虑,本研究使用 SmartPLS2.0.M3 软件,采用偏最小二乘法结构方程模型(PLS-SEM)对理论模型进行验证,并运用 bootstrapping 估计程序($n=5000$)检验所有路径系数的显著性(T 值)(Hair, et al.,2011;Peng & Lai,2012),见图 4.2 与表 4.11。

由图 4.2 可以看出,假设模型对供应商关系资本与客户关系资本的方差解释率为 13.9% 与 21.4%,对绿色采购、内部绿色管理以及客户绿色合作的方差解释率依次为 42.2%、50.4% 与 39.9%,对财务绩效的方差解释率为 35.2%。总体而言,假设模型对各潜变量方差变异做出了比较理想的解释(Hair, et al.,2011)。

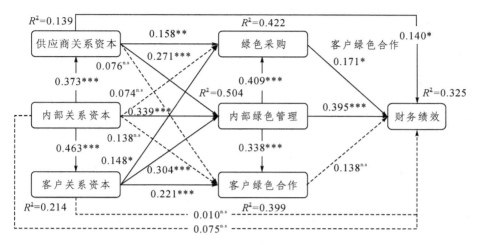

图 4.2 "关系资本→绿色供应链管理→财务绩效"影响模型

注:(1)实线表示路径显著,虚线表示路径不显著;

(2)＊＊＊表示 $p < 0.001$,＊＊表示 $p < 0.01$,＊表示 $p < 0.05$,n.s 表示 $p > 0.05$。

表 4.11 "关系资本→绿色供应链管理→财务绩效"影响模型检验结果

关系路径	标准化路径系数	标准误 S. E.	T 值	显著性
内部关系资本 → 供应商关系资本	0.373	0.060	6.246	＊＊＊
内部关系资本 → 客户关系资本	0.463	0.062	7.427	＊＊＊
供应商关系资本 → 绿色采购	0.158	0.054	2.892	＊＊
供应商关系资本 → 内部绿色管理	0.271	0.053	5.103	＊＊＊
供应商关系资本 → 客户绿色合作	0.076	0.060	1.263	n. s
内部关系资本 → 绿色采购	0.074	0.095	0.783	n. s
内部关系资本 → 内部绿色管理	0.339	0.063	5.422	＊＊＊
内部关系资本 → 客户绿色合作	0.138	0.075	1.847	n. s
客户关系资本 → 绿色采购	0.148	0.058	2.546	＊
客户关系资本 → 内部绿色管理	0.304	0.057	5.325	＊＊＊
客户关系资本 → 客户绿色合作	0.221	0.064	3.456	＊＊＊
内部绿色管理 → 绿色采购	0.409	0.084	4.857	＊＊＊
内部绿色管理 → 客户绿色合作	0.338	0.074	4.580	＊＊＊
绿色采购 → 财务绩效	0.171	0.083	2.062	＊
内部绿色管理 → 财务绩效	0.395	0.099	3.996	＊＊＊

续表

关系路径	标准化路径系数	标准误 S. E.	T 值	显著性
客户绿色合作 → 财务绩效	0.138	0.079	1.751	n. s
供应商关系资本 → 财务绩效	0.140	0.057	2.460	*
内部关系资本 → 财务绩效	0.075	0.103	0.732	n. s
客户关系资本 → 财务绩效	0.010	0.067	0.144	n. s

注：＊＊＊表示 $p<0.001$，＊＊表示 $p<0.01$，＊表示 $p<0.05$，n. s 表示 $p>0.05$。

由图 4.2 与表 4.11 可知，内部关系资本与供应商关系资本（$\beta=0.373$，$p<0.001$）以及客户关系资本（$\beta=0.463$，$p<0.001$）之间的关系路径显著，因此，假设 H1a 与 H1b 获得支持。供应商关系资本与绿色采购（$\beta=0.158$，$p<0.01$）以及内部绿色管理（$\beta=0.271$，$p<0.001$）之间的关系路径显著，与客户绿色合作（$\beta=0.076$，$p>0.05$）之间的关系路径不显著，由此，假设 H2a 与 H2b 获得支持，假设 H2c 未获支持。内部关系资本与内部绿色管理（$\beta=0.339$，$p<0.001$）之间的关系路径显著，与绿色采购（$\beta=0.074$，$p>0.05$）以及客户绿色合作（$\beta=0.138$，$p>0.05$）之间的关系路径不显著，因此，假设 H3b 获得支持，假设 H3a 与 H3c 未获支持。客户关系资本与绿色采购（$\beta=0.148$，$p<0.05$）、内部绿色管理（$\beta=0.304$，$p<0.001$）以及客户绿色合作（$\beta=0.221$，$p<0.001$）之间的关系路径显著，由此，假设 H4a、H4b 与 H4c 获得支持。内部绿色管理与绿色采购（$\beta=0.409$，$p<0.001$）以及客户绿色合作（$\beta=0.338$，$p<0.001$）之间的关系路径显著，因此，假设 H5a 与 H5b 获得支持。绿色采购（$\beta=0.171$，$p<0.05$）以及内部绿色管理（$\beta=0.395$，$p<0.001$）与财务绩效之间的关系路径显著，客户绿色合作（$\beta=0.138$，$p>0.05$）与财务绩效之间的关系路径不显著，由此，假设 H6 与 H7 获得支持，假设 H8 未获支持。供应商关系资本（$\beta=0.140$，$p<0.05$）与财务绩效之间的关系路径显著，内部关系资本（$\beta=0.075$，$p>0.05$）以及客户关系资本（$\beta=0.010$，$p>0.05$）与财务绩效之间的路径系数不显著，因此，假设 H9 获得支持，假设 H10 与 H11 未获支持。

4.4.7.2 调节效应检验

运用层级回归分析以验证环境导向在关系资本与绿色供应链管理之间的调节作用，首先分别将绿色采购、内部绿色管理、客户绿色合作设为因变量，进而依次引入自变量（供应商关系资本、内部关系资本、客户关系资本）和调节变量（环境导向），最后加入自变量与调节变量的乘积项（供应商关系资本×环境导向、内部关系资本×环境导向、客户关系资本×环境导向），结果见表 4.12、表 4.13 与表 4.14。当检验环境导向对关系资本与绿色采购之间关系的调节作用时，将内部绿色管理与客户绿色合作视作自变量以控制其影响（Huo, et al.，2014a）；以此类推。同时，先对自变量与调节变量进行标准化处理，再构造其乘积项，以消除多重共线性的影响。

由表 4.12 可以看出，供应商关系资本、内部关系资本与环境导向之间的交互对绿色采购具有显著的正向影响（Model3：$\beta=0.124$，$p<0.05$；$\beta=0.177$，$p<0.01$），且供应商关系资本与内部关系资本对绿色采购都有显著的正向影响（Model1：$\beta=0.269$，$p<0.001$；$\beta=0.212$，$p<0.001$），由此说明环境导向对供应商关系资本、内部关系资本与绿色采购之间的关系具有正向调节作用，也即环境导向越强，供应商关系资本、内部关系资本与绿色采购之间的正向关系越强，从而支持了假设 H12a 与 H12b；而客户关系资本与环境导向之间的交互对绿色采购的影响不显著（Model3：$\beta=0.054$，$p>0.05$），因此，环境导向对客户关系资本与绿色采购之间的关系不存在调节作用，假设 H12c 未获支持。

表 4.12 环境导向对关系资本与绿色采购关系的调节作用检验

	绿色采购		
	Model1	Model2	Model3
自变量			
供应商关系资本	0.269***	0.270***	0.285***
内部关系资本	0.212***	0.205***	0.156**
客户关系资本	0.267***	0.260***	0.259***
调节变量			
环境导向		−0.077	−0.031
交互项			
供应商关系资本×环境导向			0.124*
内部关系资本×环境导向			0.177**
客户关系资本×环境导向			0.054
R^2	0.334	0.340	0.367
ΔR^2	0.334	0.006	0.027
F	50.876***	39.026***	24.856***
ΔF	50.876***	2.647	4.275**

注：*** 表示 $p<0.001$，** 表示 $p<0.01$，* 表示 $p<0.05$。

从表 4.13 中可以看出,内部关系资本与环境导向之间的交互对内部绿色管理具有显著的正向影响(Model6:$\beta=0.177$,$p<0.01$),且内部关系资本对内部绿色管理具有显著的正向影响(Model4:$\beta=0.341$,$p<0.001$),从而表明环境导向对内部关系资本与内部绿色管理之间的关系具有正向调节作用,也即环境导向越强,内部关系资本与内部绿色管理之间的正向关系越强,由此支持了假设 H13b;但供应商关系资本、客户关系资本与环境导向之间的交互对内部绿色管理的影响均不显著(Model6:$\beta=-0.110$,$p>0.05$;$\beta=-0.010$,$p>0.05$),因此,环境导向对供应商关系资本、客户关系资本与内部绿色管理之间的关系不存在调节作用,假设 H13a 与 H13c 未获支持。

表 4.13 环境导向对关系资本与内部绿色管理关系的调节作用检验

	内部绿色管理		
	Model4	Model5	Model6
自变量			
供应商关系资本	0.270***	0.270***	0.283***
内部关系资本	0.341***	0.342***	0.300***
客户关系资本	0.288***	0.290***	0.285***
调节变量			
环境导向		0.014	0.043
交互项			
供应商关系资本×环境导向			−0.110
内部关系资本×环境导向			0.177**
客户关系资本×环境导向			−0.010
R^2	0.487	0.487	0.506
ΔR^2	0.487	0.000	0.019
F	96.010***	71.824***	43.917***
ΔF	96.010***	0.110	3.929**

注:***表示 $p<0.001$,**表示 $p<0.01$,*表示 $p<0.05$。

从表 4.14 中可以看出,内部关系资本、客户关系资本与环境导向之间的交互对客户绿色合作具有显著的正向影响(Model9:$\beta=0.138$,$p<0.05$;$\beta=0.145$,$p<0.05$),且内部关系资本与客户关系资本对客户绿色合作都具有显著的正向影响(Model7:$\beta=0.247$,$p<0.001$;$\beta=0.321$,$p<0.001$),由此说明

环境导向对内部关系资本、客户关系资本与客户绿色合作之间的关系具有正向调节作用,即环境导向越强,内部关系资本、客户关系资本与客户绿色合作之间的正向关系越强,从而支持了假设 H14b 与 H14c;而供应商关系资本与环境导向之间的交互对客户绿色合作的影响不显著(Model9:$\beta = -0.010$,$p > 0.05$),因此,环境导向对供应商关系资本与客户绿色合作之间的关系不存在调节作用,假设 H14a 未获支持。

表 4.14　环境导向对关系资本与客户绿色合作关系的调节作用检验

	客户绿色合作		
	Model7	Model8	Model9
自变量			
供应商关系资本	0.169**	0.170**	0.167**
内部关系资本	0.247***	0.241***	0.193**
客户关系资本	0.321***	0.315***	0.293***
调节变量			
环境导向		−0.066	−0.084
交互项			
供应商关系资本×环境导向			−0.010
内部关系资本×环境导向			0.138*
客户关系资本×环境导向			0.145*
R^2	0.336	0.340	0.358
调整 R^2	0.330	0.332	0.343
ΔR^2	0.336	0.004	0.017
F	51.329***	39.099***	23.891***
ΔF	51.329***	1.934	2.724*

注:*** 表示 $p < 0.001$,** 表示 $p < 0.01$,* 表示 $p < 0.05$。

4.4.7.3　中介效应检验

根据 Baron & Kenny(1986)所建议的分析步骤,运用偏最小二乘法结构方程模型(PLS-SEM)依次检验关系资本对绿色供应链管理的影响、关系资本对财务绩效的影响以及关系资本与绿色供应链管理对财务绩效的影响,从而验证绿色供应链管理在关系资本与财务绩效之间所起的中介作用。由于关系资本与绿色供应链管理对财务绩效的影响在 4.4.7.1 部分已做检验,为此,接下来重点检验前两步。

第一步:关系资本对绿色供应链管理的影响

由图 4.3 与表 4.15 可知,供应商关系资本对绿色采购($\beta=0.158$, $p<0.01$)与内部绿色管理($\beta=0.271$, $p<0.001$)具有显著的正向影响,对客户绿色合作($\beta=0.076$, $p>0.05$)的影响不显著;内部关系资本对绿色采购($\beta=0.075$, $p>0.05$)与客户绿色合作($\beta=0.139$, $p>0.05$)的影响均不显著,仅对内部绿色管理($\beta=0.339$, $p<0.001$)具有显著的正向影响;客户关系资本对绿色采购($\beta=0.147$, $p<0.05$)、内部绿色管理($\beta=0.304$, $p<0.001$)以及客户绿色合作($\beta=0.221$, $p<0.001$)均具有显著的正向影响。由此可见,Baron & Kenny(1986)所提及的条件 1 部分得到满足。

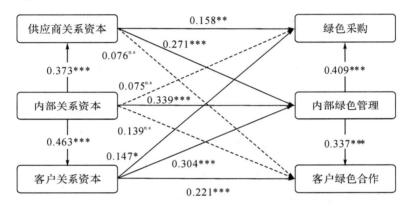

图 4.3 "关系资本→绿色供应链管理"影响模型

注:(1)实线表示路径显著,虚线表示路径不显著;

(2)***表示 $p<0.001$,**表示 $p<0.01$,*表示 $p<0.05$,n.s 表示 $p>0.05$。

表 4.15 "关系资本→绿色供应链管理"影响模型分析结果

关系路径	标准化路径系数	标准误 S.E.	T 值	显著性
内部关系资本 → 供应商关系资本	0.373	0.060	6.213	***
内部关系资本 → 客户关系资本	0.463	0.063	7.309	***
供应商关系资本 → 绿色采购	0.158	0.054	2.918	**
供应商关系资本 → 内部绿色管理	0.271	0.055	4.956	***
供应商关系资本 → 客户绿色合作	0.076	0.060	1.265	n.s

续表

关系路径	标准化 路径系数	标准误 S. E.	T 值	显著性
内部关系资本 → 绿色采购	0.075	0.094	0.791	n. s
内部关系资本 → 内部绿色管理	0.339	0.062	5.493	＊＊＊
内部关系资本 → 客户绿色合作	0.139	0.074	1.864	n. s
客户关系资本 → 绿色采购	0.147	0.058	2.540	＊
客户关系资本 → 内部绿色管理	0.304	0.058	5.214	＊＊＊
客户关系资本 → 客户绿色合作	0.221	0.063	3.499	＊＊＊
内部绿色管理 → 绿色采购	0.409	0.086	4.780	＊＊＊
内部绿色管理 → 客户绿色合作	0.337	0.075	4.523	＊＊＊

注：＊＊＊ 表示 $p<0.001$，＊＊ 表示 $p<0.01$，＊ 表示 $p<0.05$，n. s 表示 $p>0.05$。

第二步：关系资本对财务绩效的影响

由图 4.4 与表 4.16 可知，供应商关系资本（$\beta=0.236$，$p<0.01$）、内部关系资本（$\beta=0.283$，$p<0.001$）以及客户关系资本（$\beta=0.206$，$p<0.01$）对财务绩效均具有显著的正向影响。由此可见，Baron & Kenny(1986)所提及的条件 2 得到满足。

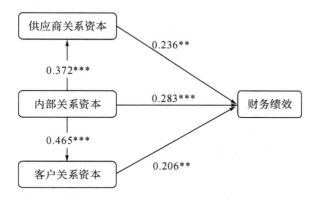

图 4.4 "关系资本→财务绩效"影响模型

注：实线表示路径显著；＊＊＊ 表示 $p<0.001$，＊＊ 表示 $p<0.01$。

表 4.16 "关系资本→财务绩效"影响分析结果

关系路径	标准化路径系数	标准误 S.E.	T 值	显著性
内部关系资本 → 供应商关系资本	0.372	0.059	6.272	＊＊＊
内部关系资本 → 客户关系资本	0.465	0.061	7.608	＊＊＊
供应商关系资本 → 财务绩效	0.236	0.081	2.897	＊＊
内部关系资本 → 财务绩效	0.283	0.088	3.207	＊＊＊
客户关系资本 → 财务绩效	0.206	0.073	2.814	＊＊

注：＊＊＊表示 $p < 0.001$，＊＊表示 $p < 0.01$。

第三步：绿色供应链管理对财务绩效的影响

由图 4.5 与表 4.17 不难看出，绿色采购（$\beta = 0.206, p < 0.01$）与内部绿色管理（$\beta = 0.375, p < 0.001$）对财务绩效具有显著的正向影响，客户绿色合作（$\beta = 0.138, p > 0.05$）对财务绩效的影响不显著。

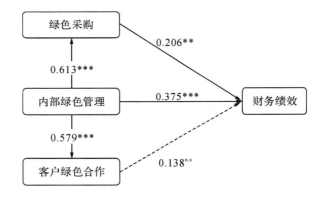

图 4.5 "绿色供应链管理→财务绩效"影响模型

注：(1)实线表示路径显著，虚线表示路径不显著；

(2)＊＊＊表示 $p < 0.001$，＊＊表示 $p < 0.01$，＊表示 $p < 0.05$，n.s表示 $p > 0.05$。

表 4.17 "绿色供应链管理→财务绩效"影响模型分析结果

关系路径	标准化路径系数	标准误 S.E.	T 值	显著性
内部绿色管理 → 绿色采购	0.613	0.052	11.813	＊＊＊
内部绿色管理 → 客户绿色合作	0.579	0.054	10.796	＊＊＊

关系路径	标准化路径系数	标准误 S.E.	T 值	显著性
绿色采购 → 财务绩效	0.206	0.075	2.729	＊＊
内部绿色管理 → 财务绩效	0.375	0.082	4.554	＊＊＊
客户绿色合作 → 财务绩效	0.138	0.081	1.709	n.s

注：＊＊＊表示 $p<0.001$，＊＊表示 $p<0.01$，＊表示 $p<0.05$，n.s 表示 $p>0.05$。

基于上述分析结果的汇总，根据温忠麟等（2004）的建议并结合 Sobel Test 判断绿色供应链管理在关系资本与财务绩效之间的中介效应是否存在及其显著性，结果见表 4.18。从中可以看出，绿色采购在供应商关系资本与财务绩效之间起部分中介作用、在内部关系资本与财务绩效之间不存在中介作用、在客户关系资本与财务绩效之间起完全中介作用，内部绿色管理在供应商关系资本与财务绩效之间具有部分中介作用、在内部关系资本以及客户关系资本与财务绩效之间起完全中介作用，客户绿色合作在供应商关系资本、内部关系资本以及客户关系资本与财务绩效之间均不存在中介作用。由此可见，绿色供应链管理在关系资本与财务绩效的关系中起着一定的中介作用。

4.5　结论与讨论

4.5.1　结果汇总

本章探讨了"关系资本→绿色供应链管理→财务绩效"的影响关系，并检验了环境导向的调节作用与绿色供应链管理的中介作用。结果表明，19 个路径关系假设有 13 个获得支持，9 个调节效应假设有 5 个获得支持，汇总结果见表 4.19；中介效应检验则表明，绿色供应链管理在关系资本与财务绩效之间起着一定的中介作用。

4.5.2　讨论

为了深入探讨关系资本、绿色供应链管理与财务绩效之间的关系，下面将对子研究 2 的结果做进一步讨论。由于关系资本的内涵结构及其内部关系已在子研究 1 中做过讨论，此处不再赘述。

表 4.18 绿色供应链管理的中介效应检验结果

自变量 X	中介变量 M	因变量 Y	X→Y(c)	X→M(a)	$X \times M \to Y$		X→Y(c')	结论	Sobel test z(p)
					M→Y(b)				
供应商关系资本	绿色采购	财务绩效	0.236**	0.158**			0.140*	部分中介效应显著	—
内部关系资本			0.283***	0.075n.s	0.171*		0.075n.s	中介效应不显著	0.74(0.457)
客户关系资本			0.206**	0.147*			0.010n.s	完全中介效应显著	—
供应商关系资本	内部绿色管理		0.236**	0.271***			0.140*	部分中介效应显著	—
内部关系资本			0.283***	0.339***	0.395***		0.075n.s	完全中介效应显著	—
客户关系资本			0.206**	0.304***			0.010n.s	完全中介效应显著	—
供应商关系资本	客户绿色合作		0.236**	0.076n.s			0.140*	中介效应不显著	1.03(0.305)
内部关系资本			0.283***	0.139n.s	0.138n.s		0.075n.s	中介效应不显著	1.28(0.201)
客户关系资本			0.206**	0.221***			0.010n.s	中介效应不显著	1.56(0.118)

注:***表示 $p < 0.001$,**表示 $p < 0.01$,*表示 $p < 0.05$,n.s表示 $p > 0.05$。

表 4.19　子研究 2 结果汇总

编号	研究假设	结论
H1a	内部关系资本对供应商关系资本具有正向影响。	支持
H1b	内部关系资本对客户关系资本具有正向影响。	支持
H2a	供应商关系资本对绿色采购具有正向影响。	支持
H2b	供应商关系资本对内部绿色管理具有正向影响。	支持
H2c	供应商关系资本对客户绿色合作具有正向影响。	不支持
H3a	内部关系资本对绿色采购具有正向影响。	不支持
H3b	内部关系资本对内部绿色管理具有正向影响。	支持
H3c	内部关系资本对客户绿色合作具有正向影响。	不支持
H4a	客户关系资本对绿色采购具有正向影响。	支持
H4b	客户关系资本对内部绿色管理具有正向影响。	支持
H4c	客户关系资本对客户绿色合作具有正向影响。	支持
H5a	内部绿色管理对绿色采购具有正向影响。	支持
H5b	内部绿色管理对客户绿色合作具有正向影响。	支持
H6	绿色采购对财务绩效具有正向影响。	支持
H7	内部绿色管理对财务绩效具有正向影响。	支持
H8	客户绿色合作对财务绩效具有正向影响。	不支持
H9	供应商关系资本对财务绩效具有正向影响。	支持
H10	内部关系资本对财务绩效具有正向影响。	不支持
H11	客户关系资本对财务绩效具有正向影响。	不支持
H12a	环境导向正向调节供应商关系资本与绿色采购之间的关系。	支持
H12b	环境导向正向调节内部关系资本与绿色采购之间的关系。	支持
H12c	环境导向正向调节客户关系资本与绿色采购之间的关系。	不支持
H13a	环境导向正向调节供应商关系资本与内部绿色管理之间的关系。	不支持
H13b	环境导向正向调节内部关系资本与内部绿色管理之间的关系。	支持
H13c	环境导向正向调节客户关系资本与内部绿色管理之间的关系。	不支持
H14a	环境导向正向调节供应商关系资本与客户绿色合作之间的关系。	不支持
H14b	环境导向正向调节内部关系资本与客户绿色合作之间的关系。	支持
H14c	环境导向正向调节客户关系资本与客户绿色合作之间的关系。	支持

4.5.2.1　关系资本如何促进绿色供应链管理？

供应商关系资本对绿色供应链管理的影响。假设检验结果表明,供应商关系资本不仅直接影响绿色采购（$\beta = 0.158$, $p < 0.01$），而且通过内部绿色管理对其具有间接影响，因此，供应商关系资本影响绿色采购的总效应为 0.269（$0.158 + 0.271 \times 0.409$）；对内部绿色管理（$\beta = 0.271$, $p < 0.001$）仅仅具有直接的正向影响；也仅仅通过内部绿色管理间接作用于客户绿色合作，其大小为 0.092（0.271×0.338）。由此可见，供应商关系资本对绿色采购、内部绿色管理以及客户绿色合作具有促进作用，但作用方式各异、强度依次变弱，从而拓展了 Wu 等（2012）与 Hsu 等（2014）的研究。首先，与供应商建立友好互惠关系，不仅可以帮助供应商更好地理解制造商的环境要求从而为其提供环保型物料，同时也便于制造商定期对供应商进行环境审计从而促使供应商积极进行 ISO14001 认证并自觉对供应商的环境友好实践进行评估，这些都有助于制造商环境目标的实现。这一点则进一步证实了 Carter & Carter（1998）的发现。其次，作为供应链"源头"，与供应商建立合作伙伴关系也是企业建立环境管理体系的必然要求，其所提供的绿色环保型输入不仅有助于制造商在产品设计时避免或减少使用有害的材料，而且也有利于多余存货或材料的回收利用。最后，可能是因为供应商与客户在供应链上距离相对较远，而且供应商没有客户"强势"，由此导致供应商关系资本对客户绿色合作的直接影响并不显著，间接作用也比较微弱。

内部关系资本对绿色供应链管理的影响。假设检验结果表明，内部关系资本不仅对内部绿色管理（$\beta = 0.339$, $p < 0.001$）具有显著的正向影响，而且会通过供应商关系资本与客户关系资本间接影响内部绿色管理，因此，内部关系资本影响内部绿色管理的总效应大小为 0.581；但仅通过供应商关系资本、客户关系资本以及内部绿色管理间接影响绿色采购，也仅通过客户关系资本与内部绿色管理间接影响客户绿色合作，因此，内部关系资本影响绿色采购与客户绿色合作的总效应大小分别为 0.266 与 0.217。由此可见，内部关系资本的构建对绿色供应链管理都有促进作用，但对促进内部绿色管理最为明显与有效，对绿色采购与客户绿色合作的促进作用相对较弱，由此证实与拓展了 Carter & Carter（1998）的研究。首先，企业内部不同部门之间相互信任与互相尊重，有助于促进跨职能合作的开展以改善环境，由此形成全员参与环境保护的氛围，从而推动全面环境质量管理的实施；同时，跨部门友好互惠关系的建立，既有助于在产品设计时考虑减少使用材料和能源以及产品或零部件的循环使用，又有利于后期多余存货或材料以及废旧或缺陷产品的回收处理，从而体现在产品全生命周期阶段对环境因素的考虑。其次，绿色采购与客户绿色合作显然离不开供应商与客户的共同参与，仅有内部关系资本对其直接作

用则并不明显,内部关系资本必然需要通过促进供应商关系、客户关系的建立以及内部绿色管理的实施对其施加影响,这与研究结果中的作用路径也是吻合的。与此同时,由于供应商与客户在供应链上相对位置的差异,虽然内部关系资本对绿色采购与客户绿色合作都具有积极影响,但相比之下,内部关系资本对促进绿色采购更为有效。

客户关系资本对绿色供应链管理的影响。假设检验结果表明,客户关系资本对内部绿色管理($\beta = 0.304, p < 0.001$)仅具有直接的正向影响;而对绿色采购($\beta = 0.148, p < 0.05$)与客户绿色合作($\beta = 0.221, p < 0.001$)不仅具有直接影响,而且通过内部绿色管理对其具有间接影响,因此,客户关系资本影响绿色采购与客户绿色合作的总效应大小分别为 0.272 与 0.324。由此可见,客户关系资本的构建对绿色采购、内部绿色管理以及客户绿色合作均具有促进作用,而且作用效果依次增强,这与供应商、制造商以及客户在供应链上的地位是一致的,由此推进了 Wu 等(2012)与 Hsu 等(2014)的研究。首先,信任与尊重是客户绿色合作的基础,当与客户建立起友好互惠的合作伙伴关系之后,企业才敢于向客户提供符合环境要求的产品设计说明书,并将其纳入自身的环境管理实践之中,在生态设计、清洁生产、绿色包装以及产品回收等方面展开合作。因此,客户关系资本显然直接有助于促进客户绿色合作,其作用最为明显。其次,与客户进行互动与交流,可以为企业及时提供有关市场环境标准与产品环境要求的信息,为了满足客户需求,企业既会通过跨职能合作开展全面环境质量管理、设计废物最小化的生产过程以及建立废旧或缺陷产品的回收体系等活动,也会寻求上游供应商的协助,基于基本资质与内部环境管理的审核,通过向其提供具体的环境要求,以从源头上确保采购到环保型物料或产品。这一点证实了 Carter & Carter (1998)的研究发现。然而,值得注意的是,虽然供应商与客户在供应链上相距较远,但由于客户的"强势"地位,客户关系资本对绿色采购的直接影响依旧非常明显,这一点则与供应商关系资本对客户绿色合作的直接影响不显著形成了对比。

综上所述,三种关系资本对三类绿色供应链管理均有积极影响,但影响方式与大小存在差异。其中,客户关系资本对绿色采购的促进作用略微强于供应商关系资本对绿色采购的促进作用,内部关系资本对促进内部绿色管理最为有效,客户关系资本对促进客户绿色合作最为有效。综合考虑不难发现,关系资本对内部绿色管理、绿色采购与客户绿色合作的作用效应依次减弱。也就是说,在绿色供应链管理实施过程中,关系资本的构建对促进内部环境管理、生态设计与投资回收等内部绿色管理实践最为有效,其次也会促使企业积极进行供应商环境合作、供应商认证、供应商环境审计与友好实践评估从而实现采购的绿色化,对客户绿色化合作的促进作用相对较弱。由此可见,对于中国本土企业而言,在关系资本的影响下,绿色供应链管理的实施范围大小与水平高低依次为内部绿色管理、绿色采购以及客户绿色合作。

不仅如此,环境导向对关系资本与绿色供应链管理之间的关系具有一定的正向调节作用。也就是说,环境导向会增强关系资本对绿色供应链管理的作用效应;环境导向性越强的企业,供应商关系资本、内部关系资本对绿色采购、内部关系资本对内部绿色管理以及客户关系资本、内部关系资本对客户绿色合作的促进作用就会越强。由此可见,在企业日常运营过程中,要想充分发挥关系资本的作用以提高绿色供应链管理水平,可以通过加强环境教育与培训、建立与完善环境管理体系、设立环境保护奖惩制度等措施来强化全员环境意识,营造尊重与爱护环境的良好氛围,塑造环境导向型企业文化。

4.5.2.2 绿色供应链管理的内部关系

假设检验结果表明,内部绿色管理对绿色采购($\beta=0.409$, $p<0.001$)与客户绿色合作($\beta=0.338$, $p<0.001$)具有显著的正向影响,也就是说,内部绿色供应链管理对外部绿色供应链管理具有促进作用,这与 Zhu 等(2010)的研究结论正好相反。本研究认为,内部绿色管理是外部绿色管理的基础,外部绿色管理是内部绿色管理向上游供应商与下游客户的自然延伸与拓展,属于绿色供应链管理的高级阶段。不仅如此,如前所述,供应商关系资本、内部关系资本与客户关系资本都通过内部绿色管理间接影响绿色采购与客户绿色合作,由此可见,内部绿色管理是绿色供应链管理的核心。由此可见,在实际运营过程中,与供应链质量整合类似,绿色供应链管理的实施也应该从企业内部着眼,继而向供应商与客户推进,最终实现整个供应链的绿色化。

4.5.2.3 绿色供应链管理如何影响财务绩效?

假设检验结果表明,绿色采购($\beta=0.171$, $p<0.05$)对财务绩效仅有直接的正向影响;内部绿色管理($\beta=0.395$, $p<0.001$)对财务绩效既有直接影响,也通过绿色采购对其具有间接影响,由此可见,内部绿色管理影响财务绩效的总效应大小为 $0.465(0.395+0.409\times0.171)$;客户绿色合作对财务绩效的影响不显著。也就是说,仅有绿色采购与内部绿色管理对财务绩效具有促进作用,且后者明显要强于前者。首先,选择供应商时考虑环境标准,并对其内部管理进行环境审计,同时提供采购物料的具体环境要求,可以保证"输入"的绿色化。其次,企业内部 ISO14001 环境体系的建立以及跨职能合作的开展,有助于营造全面环境质量管理氛围,加之从规划设计阶段开始考虑产品的生命

周期特点以及多余存货或材料与废旧或缺陷产品的回收利用,则可以保证"过程"绿色化;不仅如此,回收或者销售的根本目的是为了再利用或资金回笼,通过回收可以对物料与产品的属性有更加清晰的认识,这可以为后续物料采购提供参考,因此,投资回收的开展也会促进绿色采购的实施从而为企业带来财务收益。综上所述,"绿色输入"经过"绿色过程"必然产生"绿色产品",在全社会环境意识普遍提升的情形下,其显然有助于促进产品销售,提升市场占有率,为企业带来利润增长。由此,绿色采购与内部绿色管理对企业财务绩效都具有积极影响也就不足为奇了。这与现有诸多研究是一致的,例如 Rao & Holt(2005)、Chien & Shih(2007)、Chan 等(2012)以及 Mitra & Datta(2014)等等;但有趣的是,本研究发现客户绿色合作对财务绩效没有影响,具体原因有待进一步探讨。

4.5.2.4 如何构建关系资本以提升财务绩效?

中介效应检验表明,初始关系资本对绿色供应链管理具有一定的显著影响、对财务绩效均具有显著的正向影响;当加入绿色供应链管理以后,关系资本对财务绩效的影响变得不显著或影响下降,而绿色供应链管理对财务绩效仍然具有一定的显著影响。由此说明,绿色供应链管理在关系资本与财务绩效之间起着一定的中介作用,供应链情境下关系资本的构建可以促进绿色供应链管理实践的实施进而提升财务绩效,但作用路径存在差异。具体而言,绿色采购与内部绿色管理在供应商关系资本与财务绩效之间均起部分中介作用,绿色采购在客户关系资本与财务绩效之间以及内部绿色管理在内部关系资本、客户关系资本与财务绩效之间都起完全中介作用。

为了获取更好的财务收益,企业应该侧重于不同的绿色供应链管理实践,从而有针对性地构建对应形式的关系资本。供应商关系资本对财务绩效既有直接影响,也通过绿色采购与内部绿色管理对其具有间接影响;而内部关系资本仅通过内部绿色管理对财务绩效具有间接影响,客户关系资本也仅通过绿色采购与内部绿色管理对其具有间接影响。由此可见,供应商关系资本(0.274)对提升财务绩效最为有效,客户关系资本(0.145)次之,内部关系资本(0.134)最差。从这个层面来说,对企业而言,如果想要增加财务收益,就应该积极与供应商构建关系资本,但考虑到内部关系资本的基础作用,在实施过程中,还是应该从构建内部关系资本开始,因为内部关系资本既可以直接推动内部绿色管理提升财务绩效,也可以促进供应商关系资本与客户关系资本的构建从而推动绿色采购与内部绿色管理以进一步增加财务收益。

5 供应链质量整合对绿色供应链管理的影响

本章为子研究 3,基于文献回顾与研究假设的提出,运用结构方程模型探讨供应链质量整合对绿色供应链管理的影响机理。

5.1 引　言

随着经济全球化的纵深推进与中国对外开放的不断深入,特别是加入 WTO(世界贸易组织)以后,大量境外资本涌入中国,越来越多外资企业的入驻给国内企业带来了前所未有的挑战,其中产品质量的高标准与环境保护的严要求尤为突出。在此背景之下,中国本土企业,尤其是出口导向型以及面向境外客户的企业,愈加积极地致力于开展质量管理与环境管理实践以提升质量并改善环境。但结果并不理想,境内很多跨国企业仍然选择从他们母国或其他在华外资企业采购原材料与零部件,而与中国本土企业之间的交易联系并不紧密(Zhu & Sarkis,2004)。这种现象之所以会发生,Zhu & Sarkis (2004)指出,主要是因为中国企业的产品不能同时满足外国企业对质量与环保的双重要求。而伴随中国"世界制造中心"地位的确立以及由"中国制造"向"中国创造"的转型,上述问题将变得愈加严峻,中国本土企业所面临的产品质量与环保方面的压力将会更加巨大。为此,如何设计行之有效的对策以破解这一难题就成了诸多中国企业所共同面临的挑战,这也是本研究的初衷。

从本质上来说,质量问题与环境问题可以同时得到解决,中国企业完全有可能也有能力提供高质量符合环保要求的产品。自古以来,正如同 ISO9000 与 ISO14001 之间的关系一般,环境问题被认为是质量问题的自然延伸(Lai, et al.,2013),质量低劣的产品必然会带来环境问题;而当产品质量提升以后,环境问题也将会迎刃而解。作为很多环境保护程序的基础,质量管理的相关理念已经与其紧紧融合在了一起,质量管理程序方面的投资对于绿色供应链管理实践早期的成功导入尤为必要,其有助于促进企业对绿色管理理念的接受与后期实践的开展,由此带来环境与经济绩效的改善(Zhu & Sarkis,2004)。不仅如此,考虑到绿色供应链管理实践的跨企业特征,其实施不能仅仅关注企业内部环境管理,必须要面向整个供应链密切开展环境保护协同与合作。正因为如此,越来越多的企业尝试通过跨企业(尤其是上游供应商与下游客户)合作以实现供应链的绿色化,诸如索尼"绿色合作伙伴质量认证制度"[①]、康明斯"践行绿色合作白皮书"[②]、联合利华"可持续行动计划"[③]、华为"绿色伙伴认证计划"[④]以及中国移动"绿色行动计划"[⑤]等等。与此同时,供应链整合也强调通过供应链参与主体之间高水平的合作以更好地满足客户需求同时提升单个企业与整个供应链的竞争力,其核心理念构成了绿色管理的必要前提与关键基础。由此,基于理论分析可知,通过供应链整合实施质量管理实践有助于促进绿色管理活动的开展。但作为一个新概念,供应链质量整合的实证研究刚刚起步,供应链质量整合究竟能否以及如何影响绿色供应链管理尚不清楚。

基于上述考虑,本研究尝试通过实证检验"供应链质量整合→绿色供应链管理"关系路径,以探明供应链质量整合影响绿色供应链管理的内在机制,进一步完善供应链质量整合与绿色供应链管理的研究框架。

---

① 索尼(中国)近年来积极推进"绿色合作伙伴质量认证制度",推动所有索尼在华企业的供应商符合索尼集团先进的绿色伙伴环保标准。自 2002 年开始在中国推行,目前已有 1000 家以上的中国本土企业成为索尼的"绿色合作伙伴",该制度不仅有利于推动这些企业开展国际业务,也带动了本土企业环保标准的提高。(引自:http://www.sony.com.cn/csr/sczr/c/content_82.html)

② 康明斯"践行绿色合作白皮书"包括准则、技术和合作关系三个部分。其认为技术创新和合作是没有界限的,并始终坚信合作的力量,这也帮助他们不断满足产品性能和排放法规的严格要求,并实现更大的能效节约。在应对环境问题调整的过程中,精诚合作反复阐释了 1+1 能够大于 2 的道理,特别是当合作伙伴间有着共同的理念且优势互补。(引自:http://www.chinatruck.org/news/201009/14_4154.html)

③ 联合利华"可持续行动计划"于 2010 年启动,该计划旨在改善健康和生活状况、减少对环境的不利影响以及改善生计,并不断帮助企业实现品牌利润增长、节省成本并促进创新。(引自:http://www.unilever.com.cn/sustainable-living-2014/)

④ 华为绿色伙伴认证计划(HW GP)鼓励供应商实施系统的产品环保管理和生命周期管理,做到绿色设计、绿色生产,从源头上控制各种限制物质的使用,以构建绿色供应链。(引自:http://www.huawei.com/cn/about-huawei/sustainability/win-win-development/sustainable-supply-chain/index.htm)

⑤ 中国移动本着平等互利、面向未来、长期合作、共同发展的原则,通过与主设备供应商以及主流配套供应商签订"绿色行动计划"战略合作备忘录,切实做到"节能减排",积极履行社会责任和环保责任。(引自:http://www.10086.cn/aboutus/news/GroupNews/201208/t20120815_34591.htm)

本研究概念模型如图 5.1 所示。

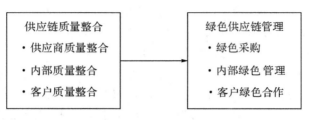

图 5.1 "供应链质量整合→绿色供应链管理"概念模型

5.2 研究假设

5.2.1 供应链质量整合的内部关系

详见 3.2.3。

H1a：内部质量整合对供应商质量整合具有正向影响。
H1b：内部质量整合对客户质量整合具有正向影响。

5.2.2 供应链质量整合对绿色供应链管理的影响

根据组织能力理论，作为组织动态能力，供应链质量整合有助于绿色供应链管理实践的实施。首先，作为一项典型的跨组织活动，绿色供应链管理致力于将环境意识原则嵌入供应链所有环节，其实施必然离不开上下游供应商与客户的共同参与，而供应商、客户合作与企业内部协作也是供应链整合核心思想的体现。供应链整合被认为是绿色供应链实践的基础及其水平高低的重要决定因素（Vachon & Klassen，2006b；Wu，2013），绿色供应链整合对企业绿色产品与过程创新具有显著促进作用（Wu，2013）。例如，Blome 等（2014）研究认为，供应链上下游协同的调配（alignment）具有重要绩效意义，偏离供应链协同最佳结构模式会妨碍企业内部可持续生产的进行，进而损害企业市场绩效与可持续绩效；而且，偏离程度越大，负面影响越严重，企业绩效越差。其次，作为很多环保计划的基础，质量管理的哲学思维与其也已经紧紧融合在一起，拥有质量管理的哲学思维将有助于提高企业绿色供应链管理实践的水平从而为绩效提升创造可能，否则可能意味着绿色供应链管理实践的初始引入与实施需要更大投入与更多努力（Zhu & Sarkis,2004；Wiengarten & Pagell,2012；Pereira-Moliner, et al.,2012；Llach, et al.,2013）。例如，Handfield 等（1997）就发现，关注质量改进的企业在许多绿色供应链管理活动中都处于领先地位；Pereira-Moliner 等（2012）与 Llach 等（2013）研究均认为，质量管理对环境管理具有显著促进作用。企业在实施绿色供应链管理的过程中，应首先强化全员质量意识，努力提升质量管理整体水平，通过质量管理活动的有效开展促进环境管理实践的实施；而且，当质量管理活动水平较高时，环境管理实践所带来的运营优势会更加明显（Wiengarten & Pagell,2012）。

5.2.2.1　供应商质量整合对绿色供应链管理的影响

由组织能力观可知，作为组织外部动态能力，供应商质量整合对供应链绿色管理具有促进作用。供应商质量整合强调通过供应商合作、供应商沟通、供应商参与以及供应商认证等方法与供应商共同管理质量管理实践、流程及其相关关系（Huo, et al.,2014b）。首先，与供应商进行沟通为制造商对供应商内部管理的环境审计（是否通过 ISO14001 认证等）并对其供应商环境友好实践的评估提供了方便，以确保供应商为制造商提供符合环境要求的物料、零部件或半成品；供应商参与新产品开发设计，可以帮助企业优化流程从而减少材料和能源以及有害材料与严重影响环境制造工序的使用，以实现废物最小化；供应商认证则从源头上为企业内部环境管理体系的建立以及全面环境质量管理的推行提供了保障，有助于企业更好地遵守环境法规与审计程序；由于供应商对物料的属性最为了解，与供应商合作也会为制造商多余存货或材料以及废旧或缺陷产品的回收利用提供帮助；同时，供应商合作与参与有助于企业更好地满足客户需求，客户因此会愿意与制造商在生态设计、清洁生产、绿色包装与产品回收等方面展开合作。其次，通过问题原材料的严格管控以及产品研发设计与生产过程中质量冲突的有效解决，有助于减轻产品在整个生命周期内对环境所造成的负面影响，从而实现供应链的绿色化。

众所周知，企业生存发展与供应商息息相关，供应商可持续发展是企业可持续发展的根本前提。环境友好实践的实施需要企业内部运营与外部供应链成员企业活动的共同保证（Zhu & Sarkis,2007），其中必然离不开供应商环保型生产与交付流程的支持（Klassen & Vachon,2003）。也正因为如此，沃尔玛、宝洁、英特尔、华为等大型企业都积极致力于与供应商建立长期合作伙伴关系以实现可持续发展。Geffen & Rothenberg（2000）就曾指出，就汽车企业而言，促使其将供应商融入企业内部运营的根本动力在于，与供应商之间的紧密关系可以帮助其通过材料替代、污染防治以及清洁产品设计等措施减少污染物以及危险废物排放。与此同时，供应商整合也有助于拓宽企业关于现有制造流程的知识从而使其更容易接受新技术与进行环境创新（Rao，2004）。为此，很多制造企业都设置了非常严格的供应商准入门槛，以此从源头上确保投入到生产过程中原材料或零部件的质量水平与环保性，并通过与供应商合作以解决质量和环境问题。通过上述环节有效确保企业提供环境友好型产品或服务，并将源头污染预防的思想贯穿于整个生产过程，通过使用环保技术实现清洁生产，通过重新设计（环境设计）以最小化产品对环境的负面影响，最大限度实现闭环生产以使废物得到处理或再循环，优化生产流程以减少危险废物的产生，实现材料、产品或零部件的再循环或再利用以及材料的节约（Rao，2004）。

从实证研究来看，诸多学者从不同层面也已证实供应商质量整合有助于企业推行绿色供应链管理。例如，Florida（1996）研究指出，与供应网络之间的合作关系越深入越有利于开展更加结构化的活动，如流程重组、环境设计等；Carter & Carter（1998）分析发现，加强与供应商之间的纵向协调，可以有效确保供应商提供高质量水平与质量稳定的环境友好型产品，从而促使企业增加采购，提升环保采购水平；Roy 等（2001）研究显示，良好的员工与供应商关系、参与式管理以及全面质量管理程序会促使企业做出环境保护承诺，并制定相应的环保政策；Rao（2004）研究认为，供应商整合可以促进清洁生产，从而帮助企业实现绿色化生产。Vachon & Klassen（2006b）分析表明，供应商物流整合与技术整合有助于促进环境监测、环保合作等绿色供应链实践的实施；Vachon & Klassen（2007）进一步指出，供应商战略整合会促使企业增加在污染预防方面的资源投入，从而提高供应链绿色管理的水平。Yang 等（2010）研究表明，供应链实践（供应商选择、供应商评价、供应商合作）与持续改进（准时制、全面质量管理）对企业环境管理程序的建立具有积极影响；Hollos 等（2012）分析显示，与可持续发展供应商合作会促进企业绿色实践的开展；Wu（2013）研究指出，绿色供应商整合有助于促进企业绿色产品创新与过程创新。

基于上述考虑，提出如下假设：

H2a：供应商质量整合对绿色采购具有正向影响。

H2b：供应商质量整合对内部绿色管理具有正向影响。

H2c：供应商质量整合对客户绿色合作具有正向影响。

5.2.2.2　内部质量整合对绿色供应链管理的影响

根据组织能力理论,作为组织内部动态能力,内部质量整合有助于绿色供应链管理的实施。内部质量整合提倡企业内部各部门之间通过跨职能合作以及团队建设等措施实现各部门共同管理质量管理实践、流程及其相关关系(Huo,et al.,2014b)。一方面,跨职能合作有利于在企业内部形成全员共担环境责任的良好氛围,从而推动全面环境质量管理的开展与 ISO14001 环境管理体系的建立,促进企业环境目标的达成;问题解决性团队的组建,可以帮助企业优化产品设计与生产制造流程,通过节约使用、重复使用或替代使用等方法减轻环境影响;缺陷或废旧产品的回收利用同样也离不开部门之间的协调配合,例如,采购、设计与生产部门的共同参与可以合理确定产品回收利用的价值与方式;部门协作所带来的信息传递与共享效率的提升,有助于企业更好地与供应商及客户之间进行沟通与合作,由此促进供应商内部管理环境审计、二级供应商环境友好实践评估以及绿色包装、产品回收等绿色实践的开展。另一方面,通过实施内部整合,设计、制造与营销等部门可以通过良好合作有效支持并行工程,从而促进产品与质量管理流程的持续改进(Wong,et al.,2011)。而跨部门协同解决质量问题也将有助于减轻产品因质量缺陷废弃而引发的环境问题,从而实现供应链绿色管理。

现有文献虽未直接探讨内部质量整合对绿色供应链管理的影响,但很多学者从不同侧面对内部质量整合的核心要素与绿色管理之间的正向关系进行了论述。例如,Bernon 等(2013)基于案例分析表明,适当的供应链整合实践,如流程整合、集成报告体系、信息系统整合、跨职能整合以及关系整合,有助于零售产品的回收管理,而这可以使原始设备制造商与其零售商共同获益;Wong(2013)研究分析,作为信息共享的平台,内部环境信息整合有助于促进跨职能合作,并提升企业适应不断变化的组织流程的能力,从而帮助企业对新的环境需求迅速做出响应;Wu(2013)分析指出,内部整合对企业绿色产品创新与过程创新具有显著的促进作用。由此可见,企业内部整合有助于绿色供应链管理活动的开展。不仅如此,也有大量研究表明,企业内部质量管理对绿色管理实践也具有积极影响。例如,Curkovic 等(2000)研究发现,全面质量管理与环境责任型生产之间存在强相关关系;在许多情况下,全面质量管理是环境责任型生产的前提与条件,环境责任型生产系统与全面质量管理体系具有平行结构;King & Lenox(2001)分析指出,实施 ISO9000 质量管理体系的机构更有可能导入 ISO14001 环境管理体系,以 ISO9000 采用与低化学库存为表征的精益生产与浪费及污染减少具有互补性;Gonzalez-Benito(2008)研究认为，实施持续改进方法并拥有灵活、熟练劳动力的成功工厂会在生产流程和外部物流中表现出积极的环保态度；Yang 等（2011）研究显示，导入和推行精益生产系统的工厂更有可能采取积极的环境保护方法，精益生产实践（准时制、质量管理、员工参与）与环境管理实践显著正相关；Wiengarten 等（2013）研究指出，精益/质量实践与环境实践存在协同效应，精益/质量实践对供应链运营绩效的影响通过 ISO14001、污染防治、物料回收、浪费减少等环境实践得以有效增强；Zhu 等（2013）分析发现，面临国内、国际制度压力，成功实施 ISO9000 质量管理体系的企业更加倾向于开展积极的环境保护实践，例如导入 ISO14000 或全面质量环境管理体系；Jabbour 等（2014）分析显示，质量管理有助于提升企业环境管理的成熟度水平，进而影响绿色采购、客户绿色合作等外部绿色供应链管理实践。

综合上述考虑，提出如下假设：

H3a：内部质量整合对绿色采购具有正向影响。

H3b：内部质量整合对内部绿色管理具有正向影响。

H3c：内部质量整合对客户绿色合作具有正向影响。

5.2.2.3 客户质量整合对绿色供应链管理的影响

与供应商质量整合类似，作为组织外部动态能力，客户质量整合有助于促进供应链绿色管理。客户质量整合强调通过客户合作、客户沟通、客户参与、客户认证等做法与客户共同管理质量管理实践、流程及其相关关系（Huo, et al.，2014b）。其一，客户合作显然有利于企业与客户共同开展清洁生产、绿色包装与产品回收等活动（Rao，2002；Vachon & Klassen，2006b；Zhu & Sarkis，2007）；与客户进行沟通有助于企业获取产品环境需求与市场环境标准的准确信息，为此企业会积极通过建立 ISO14001 环境管理体系与实施全面环境质量管理等措施，以取得客户的信任与市场的认可；客户参与可以帮助企业改进与优化产品设计，促使其开始考虑产品的生命周期特点，并通过积极减少有毒材料与严重影响环境制造工序的使用从而改善环境。不仅如此，为了更好地满足客户需求，制造商也会积极寻求供应商的协助，为此制造商会进行内部环境管理及其二级供应商环境友好实践的审计与评价，以选择绿色供应商，确保采购物料符合环境要求。因此，客户整合行动有助于企业环境管理方案的实施，其可以促使企业通过回收利用或者使用危险较小的材料改进产品，或者通过重新设计或优化生产流程以减少污染（Klassen & Vachon，2003；Vachon，2007）。而且，当企业与客户实现无缝整合时，双方的绿色创新能力都会得到增强(Chiou,et al.,2011;Wu,2013)。其二,如同 ISO9000 与 ISO14001 之间的关系一样,通过上述措施协同质量管理流程既有助于质量问题的妥善解决,同时也为环境管理实践的开展奠定了基础,有助于减轻企业运营与产品全生命周期内对环境所造成的负担。

从实证研究来看,客户质量整合对绿色供应链管理的正向影响也从不同层面得到学者们证实。例如,Vachon & Klassen(2006b)分析表明,与客户进行技术整合有助于促进环保合作以及环境监测等绿色供应链管理实践的实施;Vachon & Klassen(2007)进一步指出,与供应商整合正好相反,与客户之间的整合互动会促使企业加大在污染控制技术方面的资源投入,从而采取一种“事后控制”的环境管理措施;究其原因,主要是因为与污染预防技术相比,其环境保护的效果更具可见性,而这正是客户所喜闻乐见的。Wong(2013)研究发现,通过与客户进行有效信息共享与沟通,客户环境信息整合使得企业环境管理能力得以塑造,其不仅可以提升企业创新环境管理产品或实践以解决环境问题的能力,同时也能提高企业的环境适应性从而使其能够更好地响应新的环境需求。Wu(2013)分析认为,客户整合为企业与客户之间的信息分享、共同发展以及环保合作提供了便利,其有助于推动企业绿色产品创新(使用较少或没有污染或毒害的材料、开发环境友好型材料、设计可循环利用或可降解的产品)与绿色过程创新(使用清洁技术、进行废物回收利用、减少原材料使用与资源消耗)。Lai 等(2014)研究显示,客户整合对生产者环境延伸责任实践与市场绩效、财务绩效之间的正向关系分别具有正向和负向影响;也即,客户整合水平越高,生产者环境延伸责任实践所带来的市场绩效越好、财务绩效越差。

基于上述考虑,提出如下假设:

H4a:客户质量整合对绿色采购具有正向影响。

H4b:客户质量整合对内部绿色管理具有正向影响。

H4c:客户质量整合对客户绿色合作具有正向影响。

5.2.3　绿色供应链管理的内部关系

详见 4.2.3。

H5a:内部绿色管理对绿色采购具有正向影响。

H5b:内部绿色管理对客户绿色合作具有正向影响。

5.3 研究设计

5.3.1 问卷设计

参见 3.3.1。

5.3.2 变量测度

5.3.2.1 供应链质量整合
参见 3.3.2.2。
5.3.2.2 绿色供应链管理
参见 4.3.2.2。

5.3.3 样本与数据收集

参见 3.3.3。

5.4 分析与结果

5.4.1 样本描述

参见 3.4.1。

5.4.2 无应答偏差与共同方法偏差检验

无应答偏差（non-response bias）。经由外推法检验结果表明，本研究中并不存在无应答偏差问题（Armstrong & Overton,1977）。详见 3.4.2 与 4.4.2。

共同方法偏差（common method bias）。由表 5.1 可知，将各变量的所有测量题项进行因子分析，从中提取 6 个特征根大于 1 的因子，累积方差解释率为 77.185%，其中最大因子的方差解释率仅为 17.971%，由此说明，本研究中共同方法偏差问题并不严重(Podsakoff & Organ,1986)。

5.4.3　探索性因子分析

首先,由 KMO 值(0.958)与 Bartlett's 球形检验(Approximate Chi-Square=14238.568、df=1035、$p<0.001$)结果可知,本研究数据非常适合进行因子分析。进而,通过主成分分析与方差最大化旋转基于特征根大于 1 的原则共提取 6 个因子,依次为内部质量整合、客户质量整合、供应商质量整合、绿色采购、客户绿色合作与内部绿色管理,详见表 5.1。从中可以看出,各因子所有测量题项的因子载荷都在 0.6 以上,累积解释 77.185% 的方差变异,方差解释率较高,而且各题项归属清楚。

表 5.1　探索性因子分析结果

题项编号	因子载荷					
	内部 质量整合	客户 质量整合	供应商 质量整合	绿色采购	客户 绿色合作	内部 绿色管理
SQI01	0.211	0.187	**0.781**	0.175	0.139	0.026
SQI02	0.194	0.193	**0.788**	0.203	0.182	0.037
SQI03	0.155	0.203	**0.794**	0.109	0.182	0.072
SQI04	0.182	0.190	**0.814**	0.136	0.118	0.028
SQI05	0.180	0.217	**0.791**	0.101	0.161	0.172
SQI06	0.206	0.185	**0.781**	0.101	0.189	0.129
SQI07	0.185	0.236	**0.799**	0.172	0.159	0.050
SQI08	0.231	0.240	**0.777**	0.164	0.149	0.081
SQI10	0.203	0.241	**0.769**	0.201	0.112	0.000
IQI01	**0.868**	0.144	0.205	0.084	0.156	0.055
IQI02	**0.858**	0.149	0.212	0.101	0.104	0.054
IQI03	**0.852**	0.106	0.194	0.136	0.108	0.085
IQI04	**0.858**	0.230	0.130	0.113	0.096	0.040
IQI05	**0.849**	0.162	0.117	0.103	0.168	0.072
IQI06	**0.857**	0.150	0.178	0.093	0.170	0.138
IQI07	**0.849**	0.200	0.152	0.133	0.126	0.109
IQI08	**0.831**	0.161	0.172	0.162	0.098	0.088
IQI09	**0.855**	0.183	0.163	0.061	0.142	0.026

续表

题项编号	因子载荷					
	内部质量整合	客户质量整合	供应商质量整合	绿色采购	客户绿色合作	内部绿色管理
IQI10	0.854	0.150	0.227	0.147	0.106	0.059
CQI01	0.141	**0.787**	0.209	0.102	0.202	0.046
CQI02	0.148	**0.830**	0.128	0.083	0.072	0.017
CQI03	0.162	**0.808**	0.209	0.111	0.121	0.024
CQI04	0.105	**0.810**	0.266	0.135	0.161	0.086
CQI05	0.211	**0.793**	0.172	0.043	0.095	0.041
CQI06	0.151	**0.815**	0.110	0.142	0.167	0.121
CQI07	0.142	**0.826**	0.166	0.076	0.127	0.079
CQI08	0.168	**0.800**	0.229	0.066	0.088	0.125
CQI09	0.181	**0.818**	0.185	0.138	0.058	0.004
CQI10	0.166	**0.814**	0.172	0.145	0.111	0.151
GP01	0.214	0.085	0.205	**0.801**	0.191	0.016
GP02	0.146	0.074	0.154	**0.798**	0.166	−0.004
GP03	0.109	0.178	0.216	**0.821**	0.177	0.071
GP04	0.087	0.157	0.101	**0.811**	0.160	0.089
GP05	0.104	0.125	0.122	**0.844**	0.179	0.045
GP06	0.113	0.084	0.190	**0.838**	0.192	0.064
GP07	0.140	0.147	0.127	**0.828**	0.150	0.051
IGM01	0.194	0.173	0.076	0.066	0.063	**0.812**
IGM02	0.159	0.120	0.120	0.036	0.079	**0.829**
IGM03	0.078	0.118	0.137	0.131	0.062	**0.858**
CGC01	0.241	0.221	0.209	0.186	**0.759**	0.044
CGC02	0.167	0.119	0.173	0.170	**0.773**	0.057
CGC03	0.063	0.112	0.146	0.264	**0.789**	0.042
CGC04	0.130	0.157	0.153	0.119	**0.835**	−0.007
CGC05	0.202	0.127	0.125	0.171	**0.811**	0.085
CGC06	0.184	0.147	0.173	0.198	**0.799**	0.026
CGC07	0.101	0.142	0.197	0.164	**0.784**	0.064

题项编号	因子载荷					
	内部 质量整合	客户 质量整合	供应商 质量整合	绿色采购	客户 绿色合作	内部 绿色管理
Cronbach's Alpha	0.976	0.962	0.959	0.948	0.940	0.840
特征根	18.490	4.654	4.412	3.188	2.792	1.968
方差解释 率(%)	17.971	16.465	14.574	11.856	11.273	5.047
累积方差 解释率(%)	17.971	34.435	49.009	60.865	72.138	77.185

5.4.4　信度与效度检验

从表 5.1 与表 5.2 中可以看出,供应商质量整合、内部质量整合、客户质量整合、绿色采购、内部绿色管理以及客户绿色合作的 Cronbach's Alpha 都高于 0.8(0.840~0.976)、CR 都大于 0.7(0.843~0.976),由此表明这些变量的测量是可信的(Fornell & Larcker,1981)。

由表 5.2 可知,本研究 CFA 模型拟合参数为 $\chi^2(974)=1362.021$、RMSEA$=0.036$、NNFI$=0.971$、CFI$=0.972$、SRMR$=0.035$,这些指标均优于 Hu & Bentler(1999)所建议的标准,这表明该模型是可以接受的。与此同时,供应商质量整合、内部质量整合、客户质量整合、绿色采购、内部绿色管理以及客户绿色合作等所有变量测量题项的因子载荷都大于 0.5(0.786~0.911)、T 值都大于 2,且 CR 均大于 0.7、AVE 均大于 0.5(0.641~0.800),从而表明各量表具有很好的聚合效度(Fornell & Larcker,1981;Narasimhan & Kim,2002;Vickery,et al.,2003;Droge,et al.,2004;Flynn,et al.,2010;Peng & Lai,2012)。

表 5.2 验证性因子分析以及信度与效度分析结果

显变量		潜变量	标准化因子载荷	标准误 S.E.	显著性概率 p	组合信度 CR	平均萃取变异量 AVE
SQI10	←	供应商质量整合	0.839	—			
SQI08	←	供应商质量整合	0.864	0.055	* * *		
SQI07	←	供应商质量整合	0.873	0.054	* * *		
SQI06	←	供应商质量整合	0.840	0.055	* * *		
SQI05	←	供应商质量整合	0.852	0.056	* * *	0.959	0.724
SQI04	←	供应商质量整合	0.852	0.057	* * *		
SQI03	←	供应商质量整合	0.839	0.056	* * *		
SQI02	←	供应商质量整合	0.862	0.055	* * *		
SQI01	←	供应商质量整合	0.837	0.057	* * *		
IQI10	←	内部质量整合	0.906	—	—		
IQI09	←	内部质量整合	0.887	0.039	* * *		
IQI08	←	内部质量整合	0.872	0.039	* * *		
IQI07	←	内部质量整合	0.899	0.038	* * *		
IQI06	←	内部质量整合	0.908	0.039	* * *	0.976	0.800
IQI05	←	内部质量整合	0.879	0.041	* * *		
IQI04	←	内部质量整合	0.895	0.038	* * *		
IQI03	←	内部质量整合	0.887	0.039	* * *		
IQI02	←	内部质量整合	0.897	0.038	* * *		
IQI01	←	内部质量整合	0.911	0.037	* * *		
CQI10	←	客户质量整合	0.866	—	—		
CQI09	←	客户质量整合	0.845	0.048	* * *		
CQI08	←	客户质量整合	0.846	0.050	* * *		
CQI07	←	客户质量整合	0.852	0.048	* * *		
CQI06	←	客户质量整合	0.849	0.049	* * *	0.962	0.717
CQI05	←	客户质量整合	0.819	0.049	* * *		
CQI04	←	客户质量整合	0.875	0.048	* * *		
CQI03	←	客户质量整合	0.852	0.049	* * *		
CQI02	←	客户质量整合	0.829	0.049	* * *		
CQI01	←	客户质量整合	0.835	0.047	* * *		

显变量		潜变量	标准化因子载荷	标准误 S.E.	显著性概率 p	组合信度 CR	平均萃取变异量 AVE
GP01	←	绿色采购	0.851				
GP02	←	绿色采购	0.806	0.056	＊＊＊		
GP03	←	绿色采购	0.882	0.055	＊＊＊		
GP04	←	绿色采购	0.817	0.057	＊＊＊	0.948	0.724
GP05	←	绿色采购	0.869	0.056	＊＊＊		
GP06	←	绿色采购	0.880	0.057	＊＊＊		
GP07	←	绿色采购	0.848	0.054	＊＊＊		
IGM01	←	内部绿色管理	0.789	—	—		
IGM02	←	内部绿色管理	0.786	0.088	＊＊＊	0.843	0.641
IGM03	←	内部绿色管理	0.827	0.084	＊＊＊		
CGC07	←	客户绿色合作	0.811	—	—		
CGC06	←	客户绿色合作	0.854	0.056	＊＊＊		
CGC05	←	客户绿色合作	0.849	0.062	＊＊＊		
CGC04	←	客户绿色合作	0.846	0.059	＊＊＊	0.941	0.695
CGC03	←	客户绿色合作	0.815	0.062	＊＊＊		
CGC02	←	客户绿色合作	0.806	0.059	＊＊＊		
CGC01	←	客户绿色合作	0.851	0.054	＊＊＊		

拟合指标：$\chi^2(974)=1362.021$，$\chi^2/df=1.398$，GFI＝0.842，AGFI＝0.824，RMSEA＝0.036，IFI＝0.972，TLI(NNFI)＝0.971，CFI＝0.972，SRMR＝0.035。

注：＊＊＊表示 $p<0.001$，即 $T>3.28$。

由表 5.2 亦可知，各因子 AVE 平方根都明显大于该因子与其他因子之间的相关系数，由此说明各量表具有良好的区分效度（Fornell & Larcker，1981；Peng & Lai，2012）。

5.4.5 描述性统计分析

对供应链质量整合（供应商质量整合、内部质量整合与客户质量整合）与绿色供应链管理（绿色采购、内部绿色管理与客户绿色合作）进行描述性统计与相关分析，由此得到它们的均值、标准出与相关系数，详见表 5.3。

表 5.3　描述性统计与相关分析结果

	供应商质量整合 SQI	内部质量整合 IQI	客户质量整合 CQI	绿色采购 GP	内部绿色管理 IGM	客户绿色合作 CGC
SQI	**0.851**					
IQI	0.482***	**0.894**				
CQI	0.513***	0.423***	**0.847**			
GP	0.435***	0.349***	0.342***	**0.851**		
IGM	0.494***	0.438***	0.401***	0.610***	**0.801**	
CGC	0.463***	0.398***	0.391***	0.471***	0.569***	**0.834**
均值	5.518	5.332	5.273	4.999	5.337	5.091
标准差	0.911	1.166	0.910	1.325	0.766	1.189

注：(1)双尾检验显著性水平：*** 表示 $p < 0.001$；
　　(2)对角线加粗斜体数字为对应因子的 AVE 平方根。

5.4.6　假设检验

本研究概念模型中有 13 条结构关系路径与 46 个观测指标，样本量(308)无法满足协方差结构方程模型(CB-SEM)的基本要求，但适用于偏最小二乘法结构方程模型(PLS-SEM)(Hair, et al.,2011；Peng & Lai,2012；Huo, et al.,2014b)。为此，本研究借助 SmartPLS2.0.M3 软件，采用 PLS-SEM 验证理论模型，且运用 bootstrapping 估计程序($n = 5000$)检验所有路径系数的显著性(T 值)(Hair, et al.,2011；Peng & Lai,2012)，结果见图 5.2 与表 5.4。

从图 5.2 中可以看出，假设模型对供应商质量整合与客户质量整合的方差解释率为 23.3% 与 18.0%，对绿色采购、内部绿色管理与客户绿色合作的方差解释率分别为 40.2%、32.1% 与 39.4%。由此可见，假设模型对各潜变量方差变异做出了较为理想的解释(Hair, et al.,2011)。

由图 5.2 与表 5.4 可知，内部质量整合与供应商质量整合($\beta = 0.483$，$p < 0.001$)以及客户质量整合($\beta = 0.424$，$p < 0.001$)之间的关系路径显著，因此，假设 H1a 与 H1b 得到支持。供应商质量整合与绿色采购($\beta = 0.140$，$p < 0.05$)、内部环境管理($\beta = 0.314$，$p < 0.001$)以及客户绿色合作($\beta = 0.157$，$p < 0.05$)之间的关系路径都显著，由此，假设 H2a、H2b 与 H2c 获得支持。内部质量整合与内部绿色管理($\beta = 0.236$，$p < 0.01$)之间的关系路径显著，与绿

色采购($\beta=0.036, p>0.05$)以及客户绿色合作($\beta=0.096, p>0.05$)之间的关系路径不显著,因此,假设 H3b 获得支持,假设 H3a 与 H3c 未获支持。客户质量整合与绿色采购($\beta=0.052, p>0.05$)之间的关系路径不显著,与内部绿色管理($\beta=0.144, p<0.05$)以及客户绿色合作($\beta=0.158, p<0.05$)之间的关系路径显著,由此,假设 H4b 与 H4c 获得支持,假设 H4a 未获支持。内部绿色管理与绿色采购($\beta=0.506, p<0.001$)以及客户绿色合作($\beta=0.414, p<0.001$)之间的关系路径显著,因此,假设 H5a 与 H5b 得到支持。

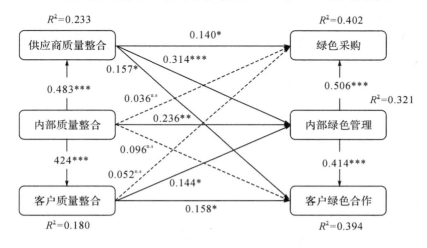

图 5.2 "供应链质量整合→绿色供应链管理"影响模型

注:(1)实线表示路径显著,虚线表示路径不显著;

(2)＊＊＊表示 $p<0.001$,＊＊表示 $p<0.01$,＊表示 $p<0.05$,n.s 表示 $p>0.05$。

表 5.4 "供应链质量整合→绿色供应链管理"影响模型检验结果

关系路径	标准化路径系数	标准误 S. E.	T 值	显著性
内部质量整合 → 供应商质量整合	0.483	0.062	7.818	＊＊＊
内部质量整合 → 客户质量整合	0.424	0.068	6.211	＊＊＊
供应商质量整合 → 绿色采购	0.140	0.069	2.022	＊
供应商质量整合 → 内部绿色管理	0.314	0.073	4.285	＊＊＊
供应商质量整合 → 客户绿色合作	0.157	0.077	2.034	＊
内部质量整合 → 绿色采购	0.036	0.059	0.601	n. s

续表

关系路径	标准化路径系数	标准误 S. E.	T 值	显著性
内部质量整合 → 内部绿色管理	0.236	0.087	2.698	＊＊
内部质量整合 → 客户绿色合作	0.096	0.083	1.160	n. s
客户质量整合 → 绿色采购	0.052	0.072	0.714	n. s
客户质量整合 → 内部绿色管理	0.144	0.062	2.302	＊
客户质量整合 → 客户绿色合作	0.158	0.077	2.040	＊
内部绿色管理 → 绿色采购	0.506	0.065	7.791	＊＊＊
内部绿色管理 → 客户绿色合作	0.414	0.074	5.557	＊＊＊

注：＊＊＊表示 $p<0.001$，＊＊表示 $p<0.01$，＊表示 $p<0.05$，n. s 表示 $p>0.05$。

5.5 结论与讨论

5.5.1 结果汇总

本章运用偏最小二乘法结构方程模型（PLS-SEM）探讨了供应链质量整合对绿色供应链管理的影响机制。结果显示，在所提 13 个路径关系假设中，有 10 个获得支持，汇总结果见表 5.5。

表 5.5 子研究 3 结果汇总

编号	研究假设	结论
H1a	内部质量整合对供应商质量整合具有正向影响。	支持
H1b	内部质量整合对客户质量整合具有正向影响。	支持
H2a	供应商质量整合对绿色采购具有正向影响。	支持
H2b	供应商质量整合对内部绿色管理具有正向影响。	支持
H2c	供应商质量整合对客户绿色合作具有正向影响。	支持
H3a	内部质量整合对绿色采购具有正向影响。	不支持
H3b	内部质量整合对内部绿色管理具有正向影响。	支持
H3c	内部质量整合对客户绿色合作具有正向影响。	不支持
H4a	客户质量整合对绿色采购具有正向影响。	不支持

编号	研究假设	结论
H4b	客户质量整合对内部绿色管理具有正向影响。	支持
H4c	客户质量整合对客户绿色合作具有正向影响。	支持
H5a	内部绿色管理对绿色采购具有正向影响。	支持
H5b	内部绿色管理对客户绿色合作具有正向影响。	支持

5.5.2 讨论

为了深入探讨供应链质量整合对绿色供应链管理的影响机理,下面将对子研究 3 的结果做进一步讨论。由于子研究 1 与子研究 2 已经对供应链质量整合与绿色供应链管理的内部影响关系做过讨论,此处不再重复。

5.5.2.1 供应商质量整合如何影响绿色供应链管理?

假设检验结果表明,供应商质量整合对绿色采购($\beta = 0.140, p < 0.05$)与客户绿色合作($\beta = 0.157, p < 0.05$)既有直接影响,也通过内部绿色管理对其具有间接影响,因此,供应商质量整合影响绿色采购与客户绿色合作的总效应大小分别为 $0.299(0.140 + 0.314 \times 0.506)$ 与 $0.287(0.157 + 0.314 \times 0.414)$;但对内部绿色管理($\beta = 0.314, p < 0.001$)仅仅具有显著的直接影响。由此可见,供应商质量整合对绿色采购、内部绿色管理与客户绿色合作都具有促进作用,但作用方式与大小各异,从而推进了 Rao(2004)、Vachon & Klassen (2006b)、Vachon & Klassen(2007)以及 Wu(2013)等研究。首先,供应商参与质量改进可以为制造商提供有益输入,其既可以帮助制造商优化产品设计与生产制造流程,同时又为后期的回收利用提供了借鉴,从而减少企业运营以及产品全生命周期内对环境的影响;同时,帮助供应商改善流程使得制造商的质量需求可以得到更好地满足,由此提高产品质量,减少产品因为质量缺陷或瑕疵对环境所造成的负面影响,为企业全面环境质量管理的实施以及环境管理体系的建立奠定基础。其次,与供应商密切沟通质量与设计变更问题可以帮助制造商通过环境审核选择合格供应商,从而实现环保物料采购;同时,与供应商在质量管理方面保持合作可以帮助企业更好地满足客户需求,由此客户会更愿意参与到制造商的绿色实践中来。值得注意的是,与绿色采购与客户绿色合作相比,供应商质量整合对促进内部绿色管理最为有效。由此可见,企业内部环境管理、生态设计与投资回收等实践活动的开展应该更多依赖于与上游供应商之间的质量整合实践。

5.5.2.2 内部质量整合如何影响绿色供应链管理?

假设检验结果表明,内部质量整合仅仅通过供应商质量整合、客户质量整合以及内部绿色管理间接影响绿色采购与客户绿色合作,因此,内部质量整合影响绿色采购与客户绿色合作的总效应大小分别为 0.187 与 0.241;而对内部绿色管理($\beta=0.236,p<0.01$)既有直接影响,也通过供应商质量整合与客户质量整合对其产生间接影响,因此,内部质量整合对内部绿色管理作用的总效应大小为 0.449。由此可见,内部质量整合对绿色采购、内部绿色管理以及客户绿色合作都具有促进作用,这一发现丰富了 Yang 等(2011)、Wu(2013)以及 Jabbour 等(2014)的研究。首先,跨职能合作不仅为企业内部全面环境质量管理的开展以及产品研发设计与生产流程的绿色化奠定了基础,而且也是终端产品回收利用的基本前提。其次,作为外部绿色管理实践,绿色采购与客户绿色合作显然离不开内部环境管理、生态设计与投资回收等内部绿色实践的支撑;且作为供应链质量整合的核心,内部质量整合也是外部质量整合的基础;因此,内部质量整合的直接效应并不明显,而是通过促进供应商质量整合与客户质量整合以及内部绿色管理间接作用于绿色采购与客户绿色合作。从作用强度来看,内部质量整合对促进内部绿色管理最为有效,客户绿色合作次之,对绿色采购的促进作用最弱。由此可见,企业内部绿色管理活动的开展应该首先更多聚焦于内部质量整合的实施。

5.5.2.3 客户质量整合如何影响绿色供应链管理?

假设检验结果表明,客户质量整合仅通过内部绿色管理间接作用于绿色采购,其大小为 0.073;对内部绿色管理($\beta=0.144,p<0.05$)也仅有直接的正向影响;而对客户绿色合作($\beta=0.158,p<0.05$)既有直接影响,也通过内部绿色管理对其具有间接影响,因此,客户质量整合影响客户绿色合作的总效应大小为 0.218。由此可见,客户质量整合对绿色采购、内部绿色管理与客户绿色合作均有促进作用,从而拓展了 Vachon & Klassen(2006b)、Vachon & Klassen(2007)以及 Wu(2013)研究。首先,质量改进过程中的客户参与也可以帮助企业有效实施环境设计、清洁生产、绿色包装与产品回收等绿色实践,并协同减少产品在运输过程中的能源消耗与环境影响。其次,在质量管理方面与客户保持密切关系,其所提供的市场需求信息与产品使用情况的反馈,既可以促使企业积极实施全面环境质量管理并建立环境管理体系,又有助于企业优化产品设计以避免或减少使用有害材料或对环境影响严重的制造工序,也为企业多余存货与材料的销售以及废旧与缺陷产品的回收提供了参考。比较有趣的是,客户质量整合对绿色采购的直接作用并不明显,且间接作用也非

常微弱。其中可能的解释是，与客户协同质量管理实践会对企业内部绿色化提出直接要求，促使企业开展内部环境管理、生态设计以及投资回收等实践，而为了满足客户需求，制造商在实施内部绿色管理的同时会寻求供应商的协助，由此促进绿色采购的实施。由此可见，客户质量整合对绿色采购的影响是通过内部绿色管理而发挥作用，这就是本研究所发现的作用路径，但由于客户与供应商在供应链上相距较远，其作用效应因此也较弱。从作用强度来看，客户质量整合对促进客户绿色合作最为有效，内部绿色管理次之，对绿色采购的促进作用最弱。

综上所述，供应链质量整合对绿色供应链管理均具有显著的积极影响，但影响方式与大小存在差异。其中，供应商质量整合对促进绿色采购最有效，内部质量整合对促进内部绿色管理最为有效，供应商质量整合对促进客户绿色合作最为有效、客户质量整合次之。同时，供应链质量整合对内部绿色管理均有直接的正向影响。综合考虑不难发现，供应链质量整合对促进内部绿色管理最为有效，对客户绿色合作的促进效应次之，对绿色采购的促进作用最弱。也就是说，在绿色供应链管理实施过程中，供应链质量整合的实施对推动内部环境管理、生态设计与投资回收等内部绿色管理实践活动开展的效果最为突出，而由产品质量提升所带来的客户满意度提高也为与客户合作开展环境设计、清洁生产以及绿色包装等活动提供了可能，但对供应商绿色合作的作用效果则相对较差。由此可见，对于中国本土企业而言，在供应链质量整合的推动下，绿色供应链管理的实施范围大小与水平高低依次为内部绿色管理、客户绿色合作以及绿色采购。

6 主要结论与未来展望

本章主要阐述本书的主要研究结论、主要创新点与管理启示、本书的局限以及未来研究方向。

6.1 主要结论

本书紧紧围绕"供应链情境下质量改进与环境改善能否以及如何协同实现"这一核心命题,基于供应链三元视角深入探讨了关系资本对供应链质量整合与绿色管理的影响机制。综合三个子研究的结果,得到以下主要结论:

结论一:供应链情境下关系资本是一个多维概念,包含供应商关系资本、企业内部关系资本以及客户关系资本。

本书基于理论分析并结合供应链基本特征,探讨了供应链关系资本的内在维度结构,并通过相关文献研究设计了相应测量量表。通过探索性因子分析提取了供应链关系资本的三因子结构模型,验证性因子分析进一步表明供应链关系资本的三维度结构具有良好的信度和效度,也即在中国情境下,供应链关系资本呈现出一阶三因子的维度结构,包括供应商关系资本、企业内部关系资本与客户关系资本三个子维度。子研究 1 与子研究 2 结果均表明,内部关系资本对供应商关系资本与客户关系资本具有显著的积极影响。

结论二:供应链质量整合的实施受到关系资本的驱动,对运营绩效产生正向影响。

基于 Huo 等(2014b)供应链质量整合测量量表的扩充与完善,本书运用浙江省制造企业样本数据进一步验证了供应链质量整合的三因子结构模型,结果表明,供应链质量整合一阶三因子的维度结构在中国情境下同样适用,且内部质量整合对供应商质量整合与客户质量整合具有显著促进作用。子研究 1 结果表明,关系资本对供应链质量整合具有促进作用。其中,供应商关系资本对供应商质量整合与客户质量整合不仅具有直接的正向影响,而且会通过内部质量整合对其具有间接影响,但对内部质量整合仅具有直接的正向影响;内部关系资本对供应商质量整合与内部质量整合不仅具有直接的正向影响,而且会通过内部质量整合、供应商关系资本以及客户关系资本对其具有间接影响,但仅通过内部质量整合、供应商关系资本以及客户关系资本间接影响客户质量整合;客户关系资本对供应商质量整合与客户质量整合不仅具有直接的正向影响,而且会通过内部质量整合对其具有间接影响,但对内部质量整合仅具有直接的正向影响。总体而言,供应商关系资本对提高供应商质量整合最有效,内部关系资本对促进内部质量整合最有效,供应商关系资本对客户质量整合的促进作用最强,而客户关系资本次之;与内部质量整合与客户质量整合相比,关系资本对提高供应商质量整合更为有效。与此同时,供应链质量整合对运营绩效都具有显著的正向影响。其中,供应商质量整合与客户质量整合对成本绩效与服务绩效只有直接作用,内部质量整合对成本绩效与服务绩效既有直接作用也有间接作用,且内部质量整合对提升成本绩效与服务绩效最为有效。

调节效应检验表明,质量导向对关系资本与供应链质量整合之间的关系具有一定的正向调节作用。也就是说,质量导向越强,供应商关系资本与客户关系资本对供应商质量整合与客户质量整合以及内部关系资本对内部质量整合的促进作用更强。中介效应检验显示,供应链质量整合在关系资本与运营绩效之间具有一定的中介作用,供应链情境下关系资本的构建可以促进供应链质量整合实践的实施进而提升运营绩效,但作用路径存在差异。具体而言,供应商质量整合、内部质量整合以及客户质量整合在供应商关系资本与成本绩效之间均起部分中介作用,供应商质量整合与内部质量整合在内部关系资本与成本绩效以及服务绩效之间都具有完全中介作用,供应商质量整合、内部质量整合与客户质量整合在客户关系资本与服务绩效之间均起完全中介作用。

结论三:关系资本是绿色供应链管理的重要动因,绿色供应链管理对财务绩效具有促进作用。

子研究 2 结构方程模型分析表明,关系资本对绿色供应链管理具有促进作用。其中,供应商关系资本既直接影响绿色采购,又通过内部绿色管理对其具有间接影响,而对内部绿色管理仅具有直接的正向影响,也仅通过内部绿色管理间接作用于客户绿色合作;内部关系资本对内部绿色管理不仅具有直接的正向影响,而且会通过供应商关系资本与客户关系资本间接影响内部绿色管理,但仅通过供应商关系资本、客户关系资本以及内部绿色管理间接影响绿色采购,也仅通过客户关系资本与内部绿色管理间接影响客户绿色合作;客户关系资本对内部绿色管理仅仅具有直接的正向影响,而对绿色采购与客户绿色合作不仅具有直接影响,且通过内部绿色管理对其具有间接影响。总体而言,客户关系资本对绿色采购的促进作用略微强于供应商关系资本对绿色采购的促进作用,内部关系资本对促进内部绿色管理最为有效,客户关系资本对促进客户绿色合作最为有效;同时,关系资本对促进内部绿色管理、绿色采购与客户绿色合作的作用效应依次减弱。与此同时,仅有绿色采购与内部绿色管理对财务绩效具有促进作用,且内部绿色管理的作用效应更强,客户绿色合作对财务绩效没有影响。

　　调节效应检验表明,环境导向对关系资本与绿色供应链管理之间的关系具有一定的正向调节作用。也就是说,环境导向性越强,供应商关系资本与内部关系资本对绿色采购、内部关系资本对内部绿色管理与客户关系资本、内部关系资本对客户绿色合作的促进作用更强。中介效应检验显示,绿色供应链管理在关系资本与财务绩效之间起着一定的中介作用,供应链情境下关系资本的构建可以促进绿色供应链管理实践的实施进而提升财务绩效,但作用路径存在差异。具体而言,绿色采购与内部绿色管理在供应商关系资本与财务绩效之间均起部分中介作用,绿色采购在客户关系资本与财务绩效之间以及内部绿色管理在内部关系资本、客户关系资本与财务绩效之间都起完全中介作用。

结论四:供应链质量整合对绿色供应链管理的实施具有促进作用。

　　子研究 3 分析表明,供应链质量整合对绿色供应链管理具有促进作用。其中,供应商质量整合对绿色采购与客户绿色合作既有直接影响,也通过内部绿色管理对其具有间接影响,但对内部绿色管理仅仅具有直接影响;内部质量整合仅仅通过供应商质量整合、客户质量整合与内部绿色管理间接影响绿色采购与客户绿色合作,而对内部绿色管理既有直接影响,也通过供应商质量整合与客户质量整合对其产生间接影响;客户质量整合仅通过内部绿色管理间接作用于绿色采购,对内部绿色管理也仅有直接影响,而对客户绿色合作既有直接影响,也通过内部绿色管理对其具有间接影响。由此可见,供应链质量整合仅对内部绿色管理均有直接的正向影响。总体而言,供应商质量整合对促进绿色采购最为有效,内部质量整合对促进内部绿色管理最为有效,供应商质量整合对客户绿色合作最为有效、客户质量整合次之;同时,供应链质量整合对促进内部绿色管理最为有效,对客户绿色合作的促进效应次之,而对绿色采购的促进作用最弱。

6.2 主要创新点

创新点一：剖析关系资本的结构维度并构建了相应的测量量表，有助于深入刻画供应链情境下关系资本的本质特征及其内在联系，从而丰富与完善了关系资本理论并推动中国情境下供应链关系资本研究。

随着社会资本理论应用的拓展，关系资本逐渐为运营管理领域的学者所关注（Cousins，et al.，2006；Krause，et al.，2007；Lawson，et al.，2008；Carey，et al.，2011；Villena，et al.，2011），但更多将其视作社会资本的"关系维度"，独立研究相对较少。而且，现有研究仅仅探讨了制造商与供应商之间的关系资本；其中，Cousins等（2006）虽有提及供应链关系资本的概念，但仍然是供应商关系资本的另一种表述，这显然不利于体现供应链情境下关系资本的关键特征。本书基于文献研究与理论分析，结合供应链基本特征，提出供应链情境下关系资本的三因子结构模型，并通过探索性与验证性因子分析表明，供应链关系资本具有一阶三因子的内在维度结构，具体包含供应商关系资本、内部关系资本、客户关系资本三个子维度。关系资本三维结构的提出，不仅体现了供应链的基本特征，也为深入探讨关系资本的内在关系提供了可能，必将对现有研究起到很好补充；子研究1与子研究2的分析结果也表明，作为供应链关系资本构建的基础，内部关系资本对供应商关系资本与客户关系资本具有显著促进作用。由此说明，内部关系资本是供应链关系资本的基础，供应商关系资本与客户关系资本是内部关系资本的延伸。这一认识丰富与完善了关系资本理论，有助于推动中国情境下供应链关系资本研究。

创新点二：实证检验供应链质量整合与绿色供应链管理的关系资本前因及对企业绩效的作用机制，并探讨质量导向与环境导向对关系资本与供应链质量整合以及绿色供应链管理关系的调节作用，这有助于丰富与完善供应链质量整合与绿色供应链管理的理论研究框架，拓展关系资本作用机制的研究。

作为一个新兴概念，供应链质量整合研究刚刚起步，其前置因素与作用效果尚不明确。Huo等（2014b）就指出，除了竞争敌对性与组织全员视角，供应链质量整合必定还存在其他动因，如组织间关系，而且供应链质量整合对质量相关绩效的影响也与理论推导不尽一致，这都需要从理论上做进一步探讨。绿色供应链管理研究虽然已经比较成熟，但随着全社会环境意识普遍的提升，探讨其前因与效果依然具有重要的理论价值。基于利益相关方视角，已有研究大多认为企业实施绿色供应链管理是迫于政府、客户、竞争者、社会以及供应商的压力，为此很多企业是一种被动响应，实施效果并不理想。因此，探讨企业如何才能更加有效地实施绿色供应链管理则尤为必要；同时，作为企业关注的终极目标，现有研究对财务绩效关注明显不足，绿色供应链管理对财务绩效的影响机制还不清晰。基于上述考虑，通过子研究1与子研究2分析发现，关系资本是供应链质量整合与绿色管理实践的重要驱动因素，这一关系同时受到质量导向与环境导向的正向调节，供应链质量整合与绿色供应链管理有助于提升企业绩效，并在关系资本与企业绩效关系中存在一定的中介作用。这一发现有助于完善供应链质量整合与绿色管理的研究框架，并丰富与深化供应链管理领域对关系资本作用机理的理论认识。

创新点三：探讨供应链质量整合对绿色供应链管理的作用机制，有助于丰富供应链整合与质量管理、绿色管理理论之间的集成研究，突出供应链情境下质量与环境协同管理的思想。

供应链情境下开展质量管理与绿色管理实践活动离不开上下游供应商与客户的共同参与，供应链整合为全面质量管理与绿色管理的实施提供了便利；与此同时，如同ISO9001与ISO14001之间的关系一样，质量管理的实施也为绿色管理的开展奠定了基础。基于整合视角将质量管理拓展到供应链情境之下，供应链质量整合聚焦于组织内部功能与外部供应链合作伙伴之间的战略与运营合作，通过共同管理组织内部与组织之间质量相关的关系、交流与流程，从而以低成本获得较高的质量绩效。由此可见，供应链质量整合的实施将有助于促进绿色供应链管理活动的开展。这一点在子研究3中得到证实，不同的绿色供应链管理实践依赖于不同的供应链质量整合形式，不同的供应链质量整合形式对绿色供应链管理实践的作用方式与大小存在差异，供应链质量整合仅对内部绿色管理有直接的正向影响。通过上述实证研究以厘清供应链质量整合影响绿色供应链管理的作用机制，有助于拓展与推进供应链整合与质量管理以及绿色管理理论之间的整合研究，同时丰富与完善供应链质量整合与绿色供应链管理的理论研究框架，并突出供应链质量与环境协同管理的思想。

6.3　管理启示

本书的研究结论，不仅具有重要的理论价值，同时也为企业供应链质量整

合与绿色管理实践提供了指导,主要体现在以下几方面:

启示一:内部实践是供应链实践的关键,既为供应商以及客户实践创造基础和条件,也是影响外部实践的关键媒介。

本书研究显示,内部关系资本对供应商关系资本与客户关系资本、内部质量整合对供应商质量整合与客户质量整合以及内部绿色管理对绿色采购与客户绿色合作都具有显著促进作用。由此可见,内部关系资本、质量整合与绿色管理是外部关系资本、质量整合与绿色管理的基础,是供应链关系资本、质量整合与绿色管理的核心,外部关系资本、质量整合与绿色管理则是内部关系资本、质量整合与绿色管理的必然延伸,属于供应链关系资本、质量整合与绿色管理的高级阶段。在企业实际运营过程中,不管是关系资本的构建,还是供应链质量整合与绿色管理实践的实施,都应该首先着眼于企业内部,然后拓展到供应商以及客户甚至合作伙伴。

启示二:构建关系资本可以促进供应链质量整合与绿色管理的实施从而带来企业绩效的改善,供应链质量整合与绿色管理是关系资本影响企业绩效的重要桥梁。

子研究 1 与子研究 2 分析表明,关系资本对供应链质量整合与绿色管理具有促进作用,供应链质量整合对运营绩效以及供应链绿色管理对财务绩效具有积极影响,但影响方式与大小存在差异。

首先,关系资本的构建有助于促进供应链质量整合,但现阶段供应链质量整合实践的实施可能更多还是聚焦于供应商层面,从而表现为对供应商质量整合水平的提升效果最为明显。不仅如此,企业在构建关系资本促进供应链质量整合的过程中,应该积极营造质量导向型文化氛围,因为其可以增强供应商关系资本与客户关系资本对供应商质量整合与客户质量整合以及内部关系资本对内部质量整合的促进作用。相比而言,成本绩效的提升需要更多进行内部质量整合与客户质量整合,服务绩效的提升则需要重点实施内部质量整合与供应商质量整合。然而,尽管关系资本的构建可以促进供应链质量整合进而提升运营绩效,但针对不同绩效目标,应该选择不同的供应链质量整合实践,有针对性地构建相应形式的关系资本。其中,供应商关系资本对提升成本绩效最为有效,内部关系资本次之,客户关系资本的提升作用不明显;客户关系资本对提升服务绩效最为有效,内部关系资本次之,供应商关系资本的提升作用不明显。由此可见,对供应链核心企业而言,降低成本需要更多依赖于与上游供应商之间的合作,由此应该更加积极地与供应商构建关系资本;而服务水平的高低更多取决于与下游客户之间的互动,要提升服务绩效则应该更加主动地与客户构建关系资本。

其次,在绿色供应链管理实施过程中,关系资本的构建对促进内部环境管理、生态设计与投资回收等内部绿色管理实践最为有效,其次也会促使企业积极进行供应商环境合作、供应商认证、供应商环境审计与友好实践评估从而实现采购的绿色化,对客户绿色化合作的促进作用相对较弱。就中国本土企业而言,在关系资本的促进下,绿色供应链管理的实施范围大小与水平高低表现为内部绿色管理(大、高)、绿色采购(中、中)以及客户绿色合作(小、低)。与此同时,企业在构建关系资本以促进绿色供应链管理的过程中,应该积极营造环境导向型文化氛围,因为其可以增强供应商关系资本与内部关系资本对绿色采购、内部关系资本对内部绿色管理以及客户关系资本与内部关系资本对客户绿色合作的促进作用。然而,虽然关系资本的构建可以促进绿色供应链管理进而提升财务绩效,但为了使财务收益最大化,企业应该侧重于不同的绿色供应链管理实践,有针对性地构建对应形式的关系资本。其中,供应商关系资本对提升财务绩效最为有效,客户关系资本次之,内部关系资本最差。由此可见,如果想增加财务收益,构建供应商关系资本尤为重要。

启示三:实施供应链质量整合有助于促进绿色供应链管理的开展,质量改进与环境改善可以协同实现。

子研究 3 分析显示,供应链质量整合对绿色供应链管理具有积极影响。由此可见,质量改进可以带来环境改善,供应链情境下质量改进与环境改善可以协同实现。这一点具有重要的实践指导价值,其说明中国本土企业完全有可能也有能力同时满足质量与环境的双重高要求,但为了使企业有限资源发挥最佳效果,在实践过程中需要注意"优先次序",应该首先从供应链质量整合入手,进而推动绿色供应链管理的实施,最终同时实现质量改进与环境改善。值得注意的是,供应链质量整合对绿色供应链管理的作用方式与路径存在差异,开展不同类型的绿色供应链管理实践活动,相应需要重点实施不同形式的供应链质量整合实践。在绿色供应链管理实施过程中,供应链质量整合对推动内部绿色管理实践活动开展的效果最为突出,而由产品质量提升所带来的客户满意度提高也为与客户合作开展环境设计、清洁生产以及绿色包装等活动提供了可能,但对供应商绿色合作的作用效果则相对较差。对于中国本土企业而言,在供应链质量整合的推动下,绿色供应链管理实施范围大小与水平高低则表现为内部绿色管理(大、高)、客户绿色合作(中、中)以及绿色采购(小、低)。

6.4　研究局限与未来展望

本书研究虽然取得了一些较为有意义的成果，但受诸多因素所限，仍然存在一些不足与局限，主要有以下几方面：

首先，由于时间与条件所限，本书仅探讨了关系资本对供应链质量整合与绿色供应链管理的影响，未来可以进一步探索认知资本、结构资本、组织结构、战略定位、信息技术以及治理机制等其他前置因素的作用；不仅如此，本书也仅仅分析了供应链质量整合与绿色供应链管理不同维度对企业绩效的影响，未来还可以基于结构化视角进一步探讨不同供应链质量整合以及绿色供应链管理模式对企业绩效的影响，尝试找出供应链质量整合与绿色供应链管理的最佳模式。由此，更为系统、全面地理解供应链质量整合与绿色供应链管理理论。

其次，考虑到数据回收的难度，本书采用横截面数据进行假设检验，未来可以考虑进行纵向数据研究，以深入探讨相关概念之间的影响关系，提高研究结论的说服力。同时，本书主要采用方便抽样，样本企业主要是浙江省制造企业，未来研究可以进一步提高抽样的随机性，将范围拓展到更广泛的地域（全中国或其他国家）并覆盖更多的行业（如服务业），从而提高研究结论的外部效度。另外，基于"供应商→核心企业→客户"的供应链结构，未来还可以考虑通过匹配"供应商—制造商—客户"运用三元数据进行研究，以进一步提升结论的可信性。

再次，从企业运营实际来看，虽然通过构建关系资本可以促进企业开展供应链质量整合与绿色供应链管理活动，但究其实施强度与效果而言，可能会受到组织内外情境因素的影响，考虑到模型的复杂程度，本书仅从战略导向视角考虑了质量导向与环境导向的调节作用，未来可以探讨其他因素对企业实施供应链质量整合与绿色供应链管理的影响，诸如环境特征、组织结构以及供应链特征等等，以进一步完善供应链质量整合与绿色供应链管理的研究框架。

参考文献

[1] Abdulrahman, M. D., Gunasekaran, A. & Subramanian, N. Critical barriers in implementing reverse logistics in the Chinese manufacturing sectors. International Journal of Production Economics, 2014, 147(Part B), 460-471.

[2] Adler, P. S. & Kwon, S. Social capital: The good, the bad, and the ugly. Knowledge and Social Capital: Foundations and Applications, 2000, 89-115.

[3] Adler, P. S. & Kwon, S. Social capital: Prospects for a new concept. Academy of Management Review, 2002, 27(1), 17-40.

[4] Agan, Y., Acar, M. F. & Borodin, A. Drivers of environmental processes and their impact on performance: A study of Turkish SMEs. Journal of Cleaner Production, 2013, 51, 23-33.

[5] Ahi, P. & Searcy, C. A comparative literature analysis of definitions for green and sustainable supply chain management. Journal of Cleaner Production, 2013, 52, 329-341.

[6] Alfalla-Luque, R., Marin-Garcia, J. A. & Medina-Lopez, C. An analysis of the direct and mediated effects of employee commitment and supply chain integration on organisational performance. International Journal of Production Economics, 2015, 162, 242-257.

[7] Alfred, A. M. & Adam, R. F. Green management matters regardless. Academy of Management Perspectives, 2009, 23(3), 17-26.

[8] Alvarez Gil, M. J., Burgos Jiménez, J. & Céspedes Lorente, J. J. An analysis of environmental management, organizational context and performance of Spanish hotels. Omega, 2001, 29 (6), 457-471.

［9］ Amit, R. & Schoemaker, P. J. Strategic assets and organizational rent. Strategic Management Journal, 1993, 14(1), 33-46.

［10］ Anderson, E. & Jap, S. D. The dark side of close relationships. MIT Sloan Management, 2005, 46(3), 75-82.

［11］ Anderson, J. C., Rungtusanatham, M., Schroeder, R. G. & Devaraj, S. A path analytic model of a theory of quality management underlying the deming management method: Preliminary empirical findings. Decision Sciences, 1995, 26(5), 637-658.

［12］ Andrew, H. G., Arvind, M. & Segars, H. A. Knowledge management: An organizational capabilities perspective. Journal of Management Information Systems, 2001, 18(1), 185-214.

［13］ Armistead, C. & Mapes, J. The impact of supply chain integration on operating performance. Logistics Information Management, 1993, 6(4), 9-14.

［14］ Armstrong, J. S. & Overton, T. S. Estimating nonresponse bias in mail surveys. Journal of Marketing Research (JMR), 1977, 14(3), 396-402.

［15］ Autry, C. W. & Griffis, S. E. Supply chain capital: The impact of structural and relational linkages on firm execution and innovation. Journal of Business Logistics, 2008, 29(1), 157-173.

［16］ Autry, C. W., Whipple, J. M., Cantor, D. E., Morrow, P. C., Mcelroy, J. C. & Montabon, F. The role of individual and organizational factors in promoting firm environmental practices. International Journal of Physical Distribution & Logistics Management, 2013, 43(5/6), 407-427.

［17］ Azevedo, S. G., Carvalho, H. & Cruz Machado, V. The influence of green practices on supply chain performance: A case study approach. Transportation Research Part E: Logistics and Transportation Review, 2011, 47(6), 850-871.

［18］ Baird, K., Hu, K. J. & Reeve, R. The relationships between organizational culture, total quality management practices and operational performance. International Journal of Operations & Production Management, 2011, 31(7), 789-814.

[19] Baker, W. E. & Sinkula, J. M. Environmental marketing strategy and firm performance: Effects on new product performance and market share. Journal of the Academy of Marketing Science, 2005, 33(4), 461-475.

[20] Banerjee, S. B. Managerial perceptions of corporate environmentalism: Interpretations from industry and strategic implications for organizations. Journal of Management Studies, 2001, 38(4), 489-513.

[21] Banerjee, S. B. Corporate environmentalism: The construct and its measurement. Journal of Business Research, 2002, 55(3), 177-191.

[22] Barney, J. Firm resources and sustained competitive advantage. Journal of Management, 1991, 17(1), 99-120.

[23] Baron, R. M. & Kenny, D. A. The moderator-mediator variable distinction in social psychological research: Conceptual, strategic, and statistical considerations. Journal of Personality and Social Psychology, 1986, 51(6), 1173-1182.

[24] Barratt, M. & Oke, A. Antecedents of supply chain visibility in retail supply chains: A resource-based theory perspective. Journal of Operations Management, 2007, 25(6), 1217-1233.

[25] Bell, G., Oppenheimer, R. & Bastien, A. Trust deterioration in an international buyer-supplier relationship. Journal of Business Ethics, 2002, 36(1-2), 65-78.

[26] Bernon, M., Upperton, J., Bastl, M. & Cullen, J. An exploration of supply chain integration in the retail product returns process. International Journal of Physical Distribution & Logistics Management, 2013, 43(7), 586-608.

[27] Bharadwaj, A. S. A Resource-Based perspective on information technology capability and firm performance: An empirical investigation. MIS Quarterly, 2000, 24(1), 169-196.

[28] Blatt, R. Tough love: How communal schemas and contracting practices build relational capital in entrepreneurial teams. Academy of Management Review, 2009, 34(3), 533-551.

[29] Blome, C. , Paulraj, A. & Schuetz, K. Supply chain collaboration and sustainability: A profile deviation analysis. International Journal of Operations & Production Management, 2014, 34(5), 639-663.

[30] Bolino, M. C. , Turnley, W. H. & Bloodgood, J. M. Citizenship behavior and the creation of social capital in organizations. Academy of Management Review, 2002, 27(4), 505-522.

[31] Bowen, F. E. , Cousins, P. D. , Lamming, R. C. & Farukt, A. C. The role of supply management capabilities in green supply. Production and Operations Management, 2001, 10(2), 174-189.

[32] Brammer, S. & Millington, A. Does it pay to be different An analysis of the relationship between corporate social and financial performance. Strategic Management Journal, 2008, 29(12), 1325-1343.

[33] Braunscheidel, M. J. & Suresh, N. C. The organizational antecedents of a firm's supply chain agility for risk mitigation and response. Journal of Operations Management, 2009, 27 (2), 119-140.

[34] Burgos-Jiménez, J. D. , Vázquez-Brust, D. , Plaza-úbeda, J. A. & Dijkshoorn, J. Environmental protection and financial performance: An empirical analysis in Wales. International Journal of Operations & Production Management, 2013, 33(8), 981-1018.

[35] Bustinza, O. F. , Molina, L. M. & Gutierrez-Gutierrez, L. J. Outsourcing as seen from the perspective of knowledge management. Journal of Supply Chain Management, 2010, 46(3), 23-39.

[36] Cai, S. , Jun, M. & Yang, Z. Implementing supply chain information integration in China: The role of institutional forces and trust. Journal of Operations Management, 2010, 28(3), 257-268.

[37] Cao, M. & Zhang, Q. Supply chain collaboration: Impact on collaborative advantage and firm performance. Journal of Operations Management, 2011, 29(3), 163-180.

[38] Cao, Q. & Schniederjans, M. J. Empirical study of the relationship between operations strategy and information systems strategic

orientation in an e-commerce environment. International Journal of Production Research，2004，42(15)，2915-2939.

[39] Carey，S. ，Lawson，B. & Krause，D. R. Social capital configuration，legal bonds and performance in buyer-supplier relationships. Journal of Operations Management，2011，29(4)，277-288.

[40] Carr，A. S. & Kaynak，H. Communication methods，information sharing，supplier development and performance. International Journal of Operations & Production Management，2007，27(4)，346-370.

[41] Carter，C. R. Purchasing social responsibility and firm performance：The key mediating roles of organizational learning and supplier performance. International Journal of Physical Distribution & Logistics Management，2005，35(3)，177-194.

[42] Carter，C. R. & Carter，J. R. Interorganizational determinants of environmental purchasing：Initial evidence from the consumer products industries. Decision Sciences，1998，29(3)，659-684.

[43] Carter，C. R. & Dresner，M. Purchasing's role in environmental management：Cross-functional development of grounded theory. Journal of Supply Chain Management，2001，37(3)，12-27.

[44] Carter，C. R. & Jennings，M. M. Social responsibility and supply chain relationships. Transportation Research Part E：Logistics and Transportation Review，2002，38(1)，37-52.

[45] Carter，C. R. ，Kale，R. & Grimm，C. M. Environmental purchasing and firm performance：An empirical investigation. Transportation Research Part E：Logistics and Transportation Review，2000，36(3)，219-228.

[46] Castka，P. & Balzarova，M. A. The impact of ISO 9000 and ISO 14000 on standardisation of social responsibility-an inside perspective. International Journal of Production Economics，2008，113(1)，74-87.

[47] Castka，P. & Prajogo，D. The effect of pressure from secondary stakeholders on the internalization of ISO 14001. Journal of Cleaner Production，2013，47，245-252.

[48] Chan, R. Y. Corporate environmentalism pursuit by foreign firms competing in China. Journal of World Business, 2010, 45(1), 80-92.

[49] Chan, R. Y., He, H., Chan, H. K. & Wang, W. Y. Environmental orientation and corporate performance: The mediation mechanism of green supply chain management and moderating effect of competitive intensity. Industrial Marketing Management, 2012, 41(4), 621-630.

[50] Chang, K. & Gotcher, D. F. Safeguarding investments and creation of transaction value in asymmetric international subcontracting relationships: The role of relationship learning and relational capital. Journal of World Business, 2007, 42(4), 477-488.

[51] Cheah, E. T., Chan, W. L. & Chieng, C. L. L. The corporate social responsibility of pharmaceutical product recall: An empirical examination of U. S. And U. K. Markets. Journal of Business Ethics, 2007, 76(4), 427-449.

[52] Chen, C. Design for the environment: A quality-based model for green product development. Management Science, 2001, 47(2), 250-263.

[53] Chen, C. Incorporating green purchasing into the frame of ISO 14000. Journal of Cleaner Production, 2005, 13(9), 927-933.

[54] Chen, D. Q., Preston, D. S. & Xia, W. Enhancing hospital supply chain performance: A relational view and empirical test. Journal of Operations Management, 2013, 31(6), 391-408.

[55] Chen, H., Daugherty, P. J. & Landry, T. D. Supply chain process integration: A theoretical framework. Journal of Business Logistics, 2009, 30(2), 27-46.

[56] Chen, P. & Hung, S. Collaborative green innovation in emerging countries: A social capital perspective. International Journal of Operations & Production Management, 2014, 34(3), 347-363.

[57] Cheung, M., Myers, M. B. & Mentzer, J. T. Does relationship learning lead to relationship value A cross-national supply chain investigation. Journal of Operations Management, 2010, 28(6),

472-487.

[58] Chien, M. K. & Shih, L. An empirical study of the implementation of green supply chain management practices in the electrical and electronic industry and their relation to organizational performances. International Journal of Environment Science and Technology, 2007, 4(3), 383-394.

[59] Chiou, T., Chan, H. K., Lettice, F. & Chung, S. H. The influence of greening the suppliers and green innovation on environmental performance and competitive advantage in Taiwan. Transportation Research Part E: Logistics and Transportation Review, 2011, 47(6), 822-836.

[60] Choi, B., Kim, J., Leem, B., Lee, C. & Hong, H. Empirical analysis of the relationship between Six Sigma management activities and corporate competitiveness: Focusing on Samsung Group in Korea. International Journal of Operations & Production Management, 2012, 32(5), 528-550.

[61] Clercq, D. D. & Sapienza, H. J. Effects of relational capital and commitment on venture capitalists' perception of portfolio company performance. Journal of Business Venturing, 2006, 21(3), 326-347.

[62] Coates, T. T. & Mcdermott, C. M. An exploratory analysis of new competencies: A resource based view perspective. Journal of Operations Management, 2002, 20(5), 435-450.

[63] Collins, J. D. & Hitt, M. A. Leveraging tacit knowledge in alliances: The importance of using relational capabilities to build and leverage relational capital. Journal of Engineering and Technology Management, 2006, 23(3), 147-167.

[64] Conner, K. R. A historical comparison of resource-based theory and five schools of thought within industrial organization economics: Do we have a new theory of the firm Journal of Management, 1991, 17(1), 121-154.

[65] Corsten, D. & Felde, J. Exploring the performance effects of key-supplier collaboration: An empirical investigation into Swiss

buyer-supplier relationships. International Journal of Physical Distribution & Logistics Management, 2005, 35(6), 445-461.

[66] Cousins, P. D. & Menguc, B. The implications of socialization and integration in supply chain management. Journal of Operations Management, 2006, 24(5), 604-620.

[67] Cousins, P. D. , Handfield, R. B. , Lawson, B. & Petersen, K. J. Creating supply chain relational capital: The impact of formal and informal socialization processes. Journal of Operations Management, 2006, 24(6), 851-863.

[68] Curkovic, S. , Melnyk, S. A. , Handfield, R. B. & Calantone, R. Investigating the linkage between total quality management and environmentally responsible manufacturing. Engineering Management, IEEE Transactions On, 2000, 47(4), 444-464.

[69] Dai, J. , Montabon, F. L. & Cantor, D. E. Linking rival and stakeholder pressure to green supply management: Mediating role of top management support. Transportation Research Part E: Logistics and Transportation Review, 2014, 71, 173-187.

[70] Das, A. , Narasimhan, R. & Talluri, S. Supplier integration-Finding an optimal configuration. Journal of Operations Management, 2006, 24(5), 563-582.

[71] Das, T. K. & Teng, B. A resource-based theory of strategic alliances. Journal of Management, 2000, 26(1), 31-61.

[72] Daugherty, P. J. , Chen, H. , Mattioda, D. D. & Grawe, S. J. Marketing/logistics relationships: Influence on capabilities and performance. Journal of Business Logistics, 2009, 30(1), 1-18.

[73] Davidson, W. N. & Worrell, D. L. Research notes and communications: The effect of product recall announcements on shareholder wealth. Strategic Management Journal, 1992, 13 (6), 467-473.

[74] Davis, J. M. , Mora-Monge, C. , Quesada, G. & Gonzalez, M. Cross-cultural influences on e-value creation in supply chains. Supply Chain Management: An International Journal, 2014, 19 (2), 187-199.

[75] Delmas, M. Stakeholders and competitive advantage: The case of ISO 14001. Production and Operations Management, 2001, 10 (3), 343-358.

[76] Devaraj, S., Krajewski, L. & Wei, J. C. Impact of eBusiness technologies on operational performance: The role of production information integration in the supply chain. Journal of Operations Management, 2007, 25(6), 1199-1216.

[77] Dibrell, C., Craig, J. B. & Hansen, E. N. How managerial attitudes toward the natural environment affect market orientation and innovation. Journal of Business Research, 2011, 64 (4), 401-407.

[78] Dibrell, C., Craig, J. & Hansen, E. Natural environment, market orientation, and firm innovativeness: An organizational life cycle perspective. Journal of Small Business Management, 2011, 49 (3), 467-489.

[79] Dimaggio, P. J. & Powell, W. W. The iron cage revisited: Institutional isomorphism and collective rationality in organizational fields. American Sociological Review, 1983, 48(2), 147-160.

[80] Droge, C., Jayaram, J. & Vickery, S. K. The effects of internal versus external integration practices on time-based performance and overall firm performance. Journal of Operations Management, 2004, 22(6), 557-573.

[81] Droge, C., Vickery, S. K. & Jacobs, M. A. Does supply chain integration mediate the relationships between product/process strategy and service performance An empirical study. International Journal of Production Economics, 2012, 137(2), 250-262.

[82] Drumwright, M. E. Socially responsible organizational buying: Environmental concern as a noneconomic buying criterion. The Journal of Marketing, 1994, 1-19.

[83] Dyer, J. H. & Chu, W. The role of trustworthiness in reducing transaction costs and improving performance: Empirical evidence from the united states, japan, and korea. Organization Science, 2003, 14(1), 57-68.

[84] Dyer, J. H. & Singh, H. The relational view: Cooperative strategy and sources of interorganizational competitive advantage. Academy of Management Review, 1998, 23(4), 660-679.

[85] Ebrahimi, M. & Sadeghi, M. Quality management and performance: An annotated review. International Journal of Production Research, 2013, 51(18), 5625-5643.

[86] Ehrgott, M., Reimann, F., Kaufmann, L. & Carter, C. R. Environmental development of emerging economy suppliers: Antecedents and outcomes. Journal of Business Logistics, 2013, 34 (2), 131-147.

[87] Eltayeb, T. K., Zailani, S. & Ramayah, T. Green supply chain initiatives among certified companies in Malaysia and environmental sustainability: Investigating the outcomes. Resources, Conservation and Recycling, 2011, 55(5), 495-506.

[88] Ferguson, M. E. & Toktay, L. B. The effect of competition on recovery strategies. Production and Operations Management, 2006, 15(3), 351-368.

[89] Florida, R. Lean and green: The move to environmentally conscious manufacturing. California Management Review, 1996, 39 (1), 80-105.

[90] Flynn, B. B. & Flynn, E. J. Synergies between supply chain management and quality management: Emerging implications. International Journal of Production Research, 2005, 43 (16), 3421-3436.

[91] Flynn, B. B., Huo, B. & Zhao, X. The impact of supply chain integration on performance: A contingency and configuration approach. Journal of Operations Management, 2010, 28(1), 58-71.

[92] Flynn, B. B., Schroeder, R. G. & Sakakibara, S. The impact of quality management practices on performance and competitive advantage. Decision Sciences, 1995, 26(5), 659-691.

[93] Forker, L. B., Mendez, D. & Hershauer, J. C. Total quality management in the supply chain: What is its impact on performance International Journal of Production Research, 1997, 35(6),

1681-1701.

[94] Fornell, C. & Larcker, D. F. Evaluating structural equation models with unobservable variables and measurement error. Journal of Marketing Research (JMR), 1981, 18(1), 39-50.

[95] Foster Jr., S. T. Towards an understanding of supply chain quality management. Journal of Operations Management, 2008, 26 (4), 461-467.

[96] Foster Jr., S. T. & Ogden, J. On differences in how operations and supply chain managers approach quality management. International Journal of Production Research, 2008, 46(24), 6945-6961.

[97] Frohlich, M. T. Techniques for improving response rates in OM survey research. Journal of Operations Management, 2002, 20 (1), 53-62.

[98] Frohlich, M. T. & Westbrook, R. Arcs of integration: An international study of supply chain strategies. Journal of Operations Management, 2001, 19(2), 185-200.

[99] Fynes, B. & Voss, C. The moderating effect of buyer-supplier relationships on quality practices and performance. International Journal of Operations & Production Management, 2002, 22(6), 589-613.

[100] Fynes, B., de Búrca, S. & Mangan, J. The effect of relationship characteristics on relationship quality and performance. International Journal of Production Economics, 2008, 111(1), 56-69.

[101] García, N., Sanzo, M. J. & Trespalacios, J. A. New product internal performance and market performance: Evidence from Spanish firms regarding the role of trust, interfunctional integration, and innovation type. Technovation, 2008, 28(11), 713-725.

[102] Gavronski, I., Klassen, R. D., Vachon, S. & Nascimento, L. F. M. D. A resource-based view of green supply management. Transportation Research Part E: Logistics and Transportation Review, 2011, 47(6), 872-885.

[103] Geffen, C. A. & Rothenberg, S. Suppliers and environmental innovation. International Journal of Operations & Production Management, 2000, 20(2), 166-186.

[104] Geng, Y. , Zhang, P. , Côté, R. P. & Fujita, T. Assessment of the national Eco-Industrial park standard for promoting industrial symbiosis in china. Journal of Industrial Ecology, 2009, 13(1), 15-26.

[105] Germain, R. & Lyer, K. N. S. The interaction of internal and downstream integration and its association with performance. Journal of Business Logistics, 2006, 27(2), 29-52.

[106] Gimenez, C. & Ventura, E. Logistics-production, logistics-marketing and external integration: Their impact on performance. International Journal of Operations & Production Management, 2005, 25(1), 20-38.

[107] Giovanni, P. D. Do internal and external environmental management contribute to the triple bottom line. International Journal of Operations & Production Management, 2012, 32(3), 265-290.

[108] Giovanni, P. D. & Vinzi, V. E. Covariance versus component-based estimations of performance in green supply chain management. International Journal of Production Economics, 2012, 135(2), 907-916.

[109] González Torre, P. , Alvarez, M. , Sarkis, J. & Adenso Díaz, B. Barriers to the implementation of environmentally oriented reverse logistics: Evidence from the automotive industry sector. British Journal of Management, 2010, 21(4), 889-904.

[110] González, P. , Sarkis, J. & Adenso Díaz, B. Environmental management system certification and its influence on corporate practices. International Journal of Operations & Production Management, 2008, 28(11), 1021-1041.

[111] Gonzalez-Benito, J. The effect of manufacturing pro-activity on environmental management: An exploratory analysis. International Journal of Production Research, 2008, 46(24), 7017-7038.

[112] González-Benito, J. & González-Benito, Ó. Environmental pro-

activity and business performance: An empirical analysis. Omega, 2005, 33(1), 1-15.

[113] Granovetter, M. Economic action and social structure: The problem of embeddedness. American Journal of Sociology, 1985, 91(3), 481-510.

[114] Granovetter, M. Economic institutions as social constructions: A framework for analysis. Acta Sociologica, 1992, 35(1), 3-11.

[115] Grant, R. M. The resource-based theory of competitive advantage: Implications for strategy formulation. California Management Review, University of California, 1991.

[116] Grant, R. M., Shani, R. & Krishnan, R. TQM's challenge to management theory and practice. Sloan Management Review, 1994, 35, 25.

[117] Green Jr, K. W., Zelbst, P. J., Meacham, J. & Bhadauria, V. S. Green supply chain management practices: Impact on performance. Supply Chain Management: An International Journal, 2012, 17(3), 290-305.

[118] Green, K., Morton, B. & New, S. Green purchasing and supply policies: Do they improve companies' environmental performance. Supply Chain Management, 1998, 3(2), 89-95.

[119] Guide, J. V. D. R., Vaidyanathan, J., Srivastava, R. & Benton, W. C. Supply-chain management for recoverable manufactunng systems. Interfaces, 2000, 30(3), 125-142.

[120] Gulati, R. & Sytch, M. Dependence asymmetry and joint dependence in interorganizational relationships: Effects of embeddedness on a manufacturer's performance in procurement relationships. Administrative Science Quarterly, 2007, 52 (1), 32-69.

[121] Gummesson, E. Marketing-orientation revisited: The crucial role of the part-time marketer. European Journal of Marketing, 1991, 25(2), 60-75.

[122] Hair, J. F., Ringle, C. M. & Sarstedt, M. PLS-SEM: Indeed a silver bullet. The Journal of Marketing Theory and Practice,

2011, 19(2), 139-152.

[123] Hajmohammad, S., Vachon, S., Klassen, R. D. & Gavronski, I. Reprint of Lean management and supply management: Their role in green practices and performance. Journal of Cleaner Production, 2013, 56, 86-93.

[124] Han, J., Trienekens, J. H. & Onno Omta, S. W. F. Relationship and quality management in the Chinese pork supply chain. International Journal of Production Economics, 2011, 134(2), 312-321.

[125] Handfield, R. B., Melnyk, S. A., Calantone, R. J. & Curkovic, S. Integrating environmental concerns into the design process: The gap between theory and practice. Engineering Management, 2001, 48(2), 189-208.

[126] Handfield, R. B., Walton, S. V., Seegers, L. K. & Melnyk, S. A. "Green" value chain practices in the furniture industry. Journal of Operations Management, 1997, 15(4), 293-315.

[127] Handfield, R., Petersen, K., Cousins, P. & Lawson, B. An organizational entrepreneurship model of supply management integration and performance outcomes. International Journal of Operations & Production Management, 2009, 29(2), 100-126.

[128] Handley, S. M. The perilous effects of capability loss on outsourcing management and performance. Journal of Operations Management, 2012, 30(1), 152-165.

[129] Handley, S. M. & Benton Jr, W. C. Unlocking the business outsourcing process model. Journal of Operations Management, 2009, 27(5), 344-361.

[130] Hanna, M. D., Newman, W. R. & Johnson, P. Linking operational and environmental improvement through employee involvement. International Journal of Operations & Production Management, 2000, 20(2), 148-165.

[131] Hart, S. L. A natural-resource-based view of the firm. Academy of Management Review, 1995, 20(4), 986-1014.

[132] Hazen, B. T., Cegielski, C. & Hanna, J. B. Diffusion of green

supply chain management: Examining perceived quality of green reverse logistics. The International Journal of Logistics Management, 2011, 22(3), 373-389.

[133] Heese, H. S. , Cattani, K. , Ferrer, G. , Gilland, W. & Roth, A. V. Competitive advantage through take-back of used products. European Journal of Operational Research, 2005, 164(1), 143-157.

[134] Heide, J. & Miner, A. The shadow of the future: Effects of anticipated interaction and frequency of contact on buyer-seller cooperation. The Academy of Management Journal, 1992, 35(2), 265-291.

[135] Hervani, A. A. , Helms, M. M. & Sarkis, J. Performance measurement for green supply chain management. Benchmarking: An International Journal, 2005, 12(4), 330-353.

[136] Hillebrand, B. & Biemans, W. G. The relationship between internal and external cooperation: Literature review and propositions. Journal of Business Research, 2003, 56(9), 735-743.

[137] Hollos, D. , Blome, C. & Foerstl, K. Does sustainable supplier co-operation affect performance Examining implications for the triple bottom line. International Journal of Production Research, 2012, 50(11), 2968-2986.

[138] Holmberg, S. A systems perspective on supply chain measurements. International Journal of Physical Distribution & Logistics Management, 2000, 30(10), 847-868.

[139] Holt, D. & Ghobadian, A. An empirical study of green supply chain management practices amongst UK manufacturers. Journal of Manufacturing Technology Management, 2009, 20 (7), 933-956.

[140] Hormiga, E. , Batista-Canino, R. M. & S A Nchez-Medina, A. I. N. The impact of relational capital on the success of new business Start-Ups. Journal of Small Business Management, 2011, 49(4), 617-638.

[141] Horn, P. , Scheffler, P. & Schiele, H. Internal integration as a

pre-condition for external integration in global sourcing: A social capital perspective. International Journal of Production Economics, 2014, 153, 54-65.

[142] Hsieh, M. , Tsai, K. & Wang, J. The moderating effects of market orientation and launch proficiency on the product advantage-performance relationship. Industrial Marketing Management, 2008, 37(5), 580-592.

[143] Hsu, C. & Hu, A. H. Green supply chain management in the electronic industry. International Journal of Environmental Science & Technology, 2008, 5(2), 205-216.

[144] Hsu, C. , Tan, K. C. & Laosirihongthong, T. Antecedents of SCM practices in ASEAN automotive industry: Corporate entrepreneurship, social capital, and resource-based perspectives. The International Journal of Logistics Management, 2014, 25(2), 334-357.

[145] Hsu, C. , Tan, K. C. , Zailani, S. H. M. & Jayaraman, V. Supply chain drivers that foster the development of green initiatives in an emerging economy. International Journal of Operations & Production Management, 2013, 33(6), 656-688.

[146] Hu, A. H. & Hsu, C. Critical factors for implementing green supply chain management practice: An empirical study of electrical and electronics industries in Taiwan. Management Research Review, 2010, 33(6), 586-608.

[147] Hu, L. T. & Bentler, P. M. Cutoff criteria for fit indexes in covariance structure analysis: Conventional criteria versus new alternatives. Structural Equation Modeling: A Multidisciplinary Journal, 1999, 6(1), 1-55.

[148] Huh, S. , Yook, K. & Kim, I. Relationship between organizational capabilities and performance of target costing: An empirical study of japanese companies. Journal of International Business Research, 2008, 7(1), 91-107.

[149] Hult, G. T. M. , Ketchen, D. J. & Slater, S. F. Information processing, knowledge development, and strategic supply chain

performance. Academy of Management Journal，2004，47（2），241-253.

[150] Huo，B. The impact of supply chain integration on company performance：An organizational capability perspective. Supply Chain Management：An International Journal，2012，17（6），596-610.

[151] Huo，B.，Han，Z.，Zhao，X.，Zhou，H.，Wood，C. H. & Zhai，X. The impact of institutional pressures on supplier integration and financial performance：Evidence from China. International Journal of Production Economics，2013，146（1），82-94.

[152] Huo，B.，Qi，Y.，Wang，Z. & Zhao，X. The impact of supply chain integration on firm performance. Supply Chain Management，2014a，19（4），369-384.

[153] Huo，B.，Selen，W.，Yeung，J. H. Y. & Zhao，X. Understanding drivers of performance in the 3PL industry in Hong Kong. International Journal of Operations & Production Management，2008，28（8），772-800.

[154] Huo，B.，Zhao，X. & Lai，F. Supply chain quality integration：Antecedents and consequences. IEEE Transactions On Engineering Management，2014b，61（1），38-51.

[155] Hwang，Y.，Wen，Y. & Chen，M. A study on the relationship between the PDSA cycle of green purchasing and the performance of the SCOR model. Total Quality Management，2010，21（12），1261-1278.

[156] Inkpen，A. C. & Tsang，E. W. K. Social capital，networks，and knowledge transfer. Academy of Management Review，2005，30（1），146-165.

[157] Ireland，R. D. & Webb，J. W. A multi-theoretic perspective on trust and power in strategic supply chains. Journal of Operations Management，2007，25（2），482-497.

[158] Jabbour，A. B. L. D.，Jabbour，C. J. C.，Latan，H.，Teixeira，A. A. & de Oliveira，J. H. C. Quality management, environmental management maturity，green supply chain practices and green performance of Brazilian companies with ISO 14001

certification: Direct and indirect effects. Transportation Research Part E: Logistics and Transportation Review, 2014, 67, 39-51.

[159] Jap, S. D. Perspectives on joint competitive advantages in buyer-supplier relationships. International Journal of Research in Marketing, 2001, 18(1), 19-35.

[160] Johnston, D. A., Mccutcheon, D. M., Stuart, F. I. & Kerwood, H. Effects of supplier trust on performance of cooperative supplier relationships. Journal of Operations Management, 2004, 22(1), 23-38.

[161] Junquera, B., Del Brío, J. Á. & Fernández, E. Clients' involvement in environmental issues and organizational performance in businesses: An empirical analysis. Journal of Cleaner Production, 2012, 37, 288-298.

[162] Kale, P., Singh, H. & Perlmutter, H. Learning and protection of proprietary assets in strategic alliances: Building relational capital. Strategic Management Journal, 2000, 21(3), 217-237.

[163] Kannan, V. R. & Tan, K. C. Just in time, total quality management, and supply chain management: Understanding their linkages and impact on business performance. Omega, 2005, 33 (2), 153-162.

[164] Kassinis, G. I. & Soteriou, A. C. Greening the service profit chain: The impact of environmental management practices. Production and Operations Management, 2003, 12(3), 386-403.

[165] Kaynak, H. The relationship between total quality management practices and their effects on firm performance. Journal of Operations Management, 2003, 21(4), 405-435.

[166] Kaynak, H. & Hartley, J. L. A replication and extension of quality management into the supply chain. Journal of Operations Management, 2008, 26(4), 468-489.

[167] Ketchen Jr, D. J. & Hult, G. T. M. Bridging organization theory and supply chain management: The case of best value supply chains. Journal of Operations Management, 2007, 25 (2), 573-580.

[168] Kim，J. H. ，Youn，S. & Roh，J. J. Green supply chain man-agement orientation and firm performance：Evidence from South Korea. International Journal of Services and Operations Management，2011，8(3)，283-304.

[169] Kim，S. W. The effect of supply chain integration on the align-ment between corporate competitive capability and supply chain operational capability. International Journal of Operations & Production Management，2006，26(10)，1084-1107.

[170] King，A. A. & Lenox，M. J. Lean and green An empirical ex-amination of the relationship between lean production and envi-ronmental performance. Production and Operations Manage-ment，2001，10(3)，244-256.

[171] Klassen，R. D. & Mclaughlin，C. P. The impact of environ-mental management on firm performance. Management Science，1996，42(8)，1199-1214.

[172] Klassen，R. D. & Vachon，S. Collaboration and evaluation in the supply chain：The impact on plant-level environmental in-vestment. Production and Operations Management，2003，12 (3)，336-352.

[173] Kleindorfer，P. R. ，Singhal，K. & Van Wassenhove，L. N. Sustainable operations management. Production and Operations Management，2005，14(4)，482-492.

[174] Knudsen，D. Aligning corporate strategy，procurement strategy and e-procurement tools. International Journal of Physical Distri-bution & Logistics Management，2003，33(8)，720-734.

[175] Koka，B. R. & Prescott，J. E. Strategic alliances as social cap-ital：A multidimensional view. Strategic Management Journal，2002，23(9)，795-816.

[176] Koufteros，X. A. ，Edwin Cheng，T. C. & Lai，K. "Black-box" and "gray-box" supplier integration in product development：An-tecedents，consequences and the moderating role of firm size. Journal of Operations Management，2007，25(4)，847-870.

[177] Koufteros，X. A. ，Rawski，G. E. & Rupak，R. Organizational

integration for product development: The effects on glitches, on-time execution of engineering change orders, and market success. Decision Sciences, 2010, 41(1), 49-80.

[178] Koufteros, X., Vickery, S. K. & Dröge, C. The effects of strategic supplier selection on buyer competitive performance in matched domains: Does supplier integration mediate the relationships. Journal of Supply Chain Management, 2012, 48 (2), 93-115.

[179] Koufteros, X., Vonderembse, M. & Jayaram, J. Internal and external integration for product development: The contingency effects of uncertainty, equivocality, and platform strategy. Decision Sciences, 2005, 36(1), 97-133.

[180] Krause, D. R., Handfield, R. B. & Tyler, B. B. The relationships between supplier development, commitment, social capital accumulation and performance improvement. Journal of Operations Management, 2007, 25(2), 528-545.

[181] Kuei, C., Madu, C. N. & Lin, C. Implementing supply chain quality management. Total Quality Management & Business Excellence, 2008, 19(11), 1127-1141.

[182] Kull, T. J. & Narasimhan, R. Quality management and cooperative values: Investigation of multilevel influences on workgroup performance. Decision Sciences, 2010, 41(1), 81-113.

[183] Kull, T. J., Narasimhan, R. & Schroeder, R. Sustaining the benefits of a quality initiative through cooperative values: A longitudinal study. Decision Sciences, 2012, 43(4), 553-588.

[184] Kumar, S. & Budin, E. M. Prevention and management of product recalls in the processed food industry: A case study based on an exporter's perspective. Technovation, 2006, 26(5-6), 739-750.

[185] Kusunoki, K., Nonaka, I. & Nagata, A. Organizational capabilities in product development of Japanese firms: A conceptual framework and empirical findings. Organization Science, 1998, 9(6), 699-718.

[186] Lai, K. & Wong, C. W. Y. Green logistics management and performance: Some empirical evidence from Chinese manufacturing exporters. Omega, 2012, 40(3), 267-282.

[187] Lai, K., Cheng, T. C. E. & Yeung, A. C. L. Relationship stability and supplier commitment to quality. International Journal of Production Economics, 2005, 96(3), 397-410.

[188] Lai, K., Wong, C. W. Y. & Venus Lun, Y. H. The role of customer integration in extended producer responsibility: A study of Chinese export manufacturers. International Journal of Production Economics, 2014, 147(Part B), 284-293.

[189] Lai, K., Wu, S. J. & Wong, C. W. Y. Did reverse logistics practices hit the triple bottom line of Chinese manufacturers International Journal of Production Economics, 2013, 146(1), 106-117.

[190] Lau, A. K. W., Yam, R. C. M. & Tang, E. P. Y. Supply chain integration and product modularity: An empirical study of product performance for selected Hong Kong manufacturing industries. International Journal of Operations & Production Management, 2010a, 30(1), 20-56.

[191] Lau, A. K., Yam, R. C., Tang, E. P. & Sun, H. Y. Factors influencing the relationship between product modularity and supply chain integration. International Journal of Operations & Production Management, 2010b, 30(9), 951-977.

[192] Lawson, B., Cousins, P. D., Handfield, R. B. & Petersen, K. J. Strategic purchasing, supply management practices and buyer performance improvement: An empirical study of UK manufacturing organisations. International Journal of Production Research, 2009, 47(10), 2649-2667.

[193] Lawson, B., Tyler, B. & Cousins, P. Antecedents and consequences of social capital on buyer performance improvement. Journal of Operations Management, 2008, 26(3), 446-460.

[194] Lechner, C., Frankenberger, K. & Floyd, S. W. Task contingencies in the curvilinear relationships between intergroup net-

works and initiative performance. Academy of Management Journal, 2010, 53(4), 865-889.

[195] Lee, S. M. , Kim, S. T. & Choi, D. Green supply chain management and organizational performance. Industrial Management & Data Systems, 2012, 112(8), 1148-1180.

[196] Lee, S. Y. & Klassen, R. D. Drivers and enablers that foster environmental management capabilities in small-and medium-sized suppliers in supply chains. Production and Operations Management, 2008, 17(6), 573-586.

[197] Lee, S. Drivers for the participation of small and medium-sized suppliers in green supply chain initiatives. Supply Chain Management, 2008, 13(3), 185-198.

[198] Leuschner, R. , Rogers, D. S. & Charvet, F. F. A Meta-Analysis of supply chain integration and firm performance. Journal of Supply Chain Management, 2013, 49(2), 34-57.

[199] Li, G. , Yang, H. , Sun, L. & Sohal, A. S. The impact of IT implementation on supply chain integration and performance. International Journal of Production Economics, 2009, 120(1), 125-138.

[200] Li, W. , Humphreys, P. K. , Yeung, A. C. L. & Edwin Cheng, T. C. The impact of specific supplier development efforts on buyer competitive advantage: An empirical model. International Journal of Production Economics, 2007, 106 (1), 230-247.

[201] Li, Y. Environmental innovation practices and performance: Moderating effect of resource commitment. Journal of Cleaner Production, 2014, 66, 450-458.

[202] Li, Y. , Zhao, Y. , Tan, J. & Liu, Y. Moderating effects of entrepreneurial orientation on market orientation-performance linkage: Evidence from Chinese small firms. Journal of Small Business Management, 2008, 46(1), 113-133.

[203] Liao, J. & Welsch, H. Roles of social capital in venture creation: Key dimensions and research implications. Journal of Small

Business Management，2005，43（4），345-362.

[204] Lin，C.，Chow，W. S.，Madu，C. N.，Kuei，C. & Pei Yu，P. A structural equation model of supply chain quality management and organizational performance. International Journal of Production Economics，2005，96（3），355-365.

[205] Link，S. & Naveh，E. Standardization and discretion：Does the environmental standard ISO 14001 lead to performance benefits? Engineering Management，2006，53（4），508-519.

[206] Liu，C. E.，Ghauri，P. N. & Sinkovics，R. R. Understanding the impact of relational capital and organizational learning on alliance outcomes. Journal of World Business，2010，45（3），237-249.

[207] Llach，J.，Perramon，J.，Alonso-Almeida，M. D. M. & Bagur-Femenías，L. Joint impact of quality and environmental practices on firm performance in small service businesses：An empirical study of restaurants. Journal of Cleaner Production，2013，44，96-104.

[208] Lo，C. K.，Yeung，A. C. & Cheng，T. The impact of environmental management systems on financial performance in fashion and textiles industries. International Journal of Production Economics，2012，135（2），561-567.

[209] Lo，S. M. Effects of supply chain position on the motivation and practices of firms going green. International Journal of Operations & Production Management，2014，34（1），93-114.

[210] Lo，V. H. Y. & Yeung，A. Managing quality effectively in supply chain：A preliminary study. Supply Chain Management：2006，11（3），208-215.

[211] Lo，V.，Yeung，A. & Yeung，A. How supply quality management improves an organization's quality performance：A study of Chinese manufacturing firms. International Journal of Production Research，2007，45（10），2219-2243.

[212] Lockstroem，M.，Schadel，J.，Harrison，N.，Moser，R. & Malhotra，M. K. Antecedents to supplier integration in the au-

tomotive industry: A multiple-case study of foreign subsidiaries in China. Journal of Operations Management, 2010, 28(3), 240-256.

[213] Lockström, M. & Lei, L. Antecedents to supplier integration in China: A partial least squares analysis. International Journal of Production Economics, 2013, 141(1), 295-306.

[214] Lorenzoni, G. & Lipparini, A. The leveraging of interfirm relationships as a distinctive organizational capability: A longitudinal study. Strategic Management Journal, 1999, 20(4), 317-338.

[215] Lu, L. Y., Wu, C. H. & Kuo, T. Environmental principles applicable to green supplier evaluation by using multi-objective decision analysis. International Journal of Production Research, 2007, 45(18-19), 4317-4331.

[216] Luk, C., Yau, O. H. M., Sin, L. Y. M., Tse, A. C. B., Chow, R. P. M. & Lee, J. S. Y. The effects of social capital and organizational innovativeness in different institutional contexts. Journal of International Business Studies, 2008, 39(4), 589-612.

[217] Luo, J., Chong, A. Y., Ngai, E. W. T. & Liu, M. J. Green Supply Chain Collaboration implementation in China: The mediating role of guanxi. Transportation Research Part E: Logistics and Transportation Review, 2014, 71(0), 98-110.

[218] Luo, Y. A strategic analysis of product recalls: The role of moral degradation and organizational control. Management and Organization Review, 2008, 4(2), 183-196.

[219] Malhotra, D. & Murnighan, J. K. The effects of contracts on interpersonal trust. Administrative Science Quarterly, 2002, 47(3), 534-559.

[220] Malhotra, M. An assessment of survey research in POM: From constructs to theory. Journal of Operations Management, 1998, 16(4), 407-425.

[221] Maloni, M. J. & Benton, W. C. Supply chain partnerships: Opportunities for operations research. European Journal of Oper-

ational Research，1997，101(3)，419-429.

[222] Markley，M. J. & Davis，L. Exploring future competitive advantage through sustainable supply chains. International Journal of Physical Distribution & Logistics Management，2007，37(9)，763-774.

[223] Mathiyazhagan，K. ，Govindan，K. & Noorul Haq，A. Pressure analysis for green supply chain management implementation in Indian industries using analytic hierarchy process. International Journal of Production Research，2014，52(1)，188-202.

[224] Matthews，R. L. & Marzec，P. E. Social capital，a theory for operations management：A systematic review of the evidence. International Journal of Production Research，2012，50(24)，7081-7099.

[225] Mcevily，B. & Marcus，A. Embedded ties and the acquisition of competitive capabilities. Strategic Management Journal，2005，26(11)，1033-1055.

[226] Mcguire，J. B. ，Sundgren，A. & Schneeweis，T. Corporate social responsibility and firm financial performance. Academy of Management Journal，1988，31(4)，854-872.

[227] Mehra，S. ，Hoffman，J. M. & Sirias，D. TQM as a management strategy for the next millennia. International Journal of Operations & Production Management，2001，21(5/6)，855-876.

[228] Mehra，S. ，Joyal，A. D. & Rhee，M. On adopting quality orientation as an operations philosophy to improve business performance in banking services. International Journal of Quality & Reliability Management，2011，28(9)，951-968.

[229] Mellat-Parast，M. Supply chain quality management：An interorganizational learning perspective. International Journal of Quality & Reliability Management，2013，30(5)，511-529.

[230] Mellat-Parast，M. & Digman，L. A. Learning：The interface of quality management and strategic alliances. International Journal of Production Economics，2008，114(2)，820-829.

[231] Mello，J. E. & Stank，T. P. Linking firm culture and orienta-

tion to supply chain success. International Journal of Physical Distribution & Logistics Management, 2005, 35(7/8), 542-554.

[232] Melnyk, S. A., Sroufe, R. P. & Calantone, R. Assessing the impact of environmental management systems on corporate and environmental performance. Journal of Operations Management, 2003, 21(3), 329-351.

[233] Menguc, B., Auh, S. & Ozanne, L. The interactive effect of internal and external factors on a proactive environmental strategy and its influence on a firm's performance. Journal of Business Ethics, 2010, 94(2), 279-298.

[234] Min, H. & Galle, W. P. Green purchasing practices of US firms. International Journal of Operations & Production Management, 2001, 21(9), 1222-1238.

[235] Mishra, A. A. & Shah, R. In union lies strength: Collaborative competence in new product development and its performance effects. Journal of Operations Management, 2009, 27 (4), 324-338.

[236] Mitra, S. & Datta, P. P. Adoption of green supply chain management practices and their impact on performance: An exploratory study of Indian manufacturing firms. International Journal of Production Research, 2014, 52(7), 2085-2107.

[237] Mohr-Jackson, I. Conceptualizing total quality orientation. European Journal of Marking, 1998, 32(1/2), 13-22.

[238] Montabon, F., Sroufe, R. & Narasimhan, R. An examination of corporate reporting, environmental management practices and firm performance. Journal of Operations Management, 2007, 25 (5), 998-1014.

[239] Moran, P. Structural vs. Relational embeddedness: Social capital and managerial performance. Strategic Management Journal, 2005, 26(12), 1129-1151.

[240] Murray, J. Y., Gao, G. Y. & Kotabe, M. Market orientation and performance of export ventures: The process through marketing capabilities and competitive advantages. Journal of the A-

cademy of Marketing Science，2011，39(2)，252-269.

[241] Nahapiet，J. & Ghoshal，S. Social capital，intellectual capital，and the organizational advantage. Academy of Management Review，1998，23(2)，242-266.

[242] Nair，A. Meta-analysis of the relationship between quality management practices and firm performance-implications for quality management theory development. Journal of Operations Management，2006，24(6)，948-975.

[243] Narasimhan，R. & Kim，S. W. Effect of supply chain integration on the relationship between diversification and performance：Evidence from Japanese and Korean firms. Journal of Operations Management，2002，20(3)，303-323.

[244] Narasimhan，R. & Schoenherr，T. The effects of integrated supply management practices and environmental management practices on relative competitive quality advantage. International Journal of Production Research，2012，50(4)，1185-1201.

[245] Narasimhan，R. ，Swink，M. & Viswanathan，S. On decisions for integration implementation：An examination of complementarities between product-process technology integration and supply chain integration. Decision Sciences，2010，41(2)，355-372.

[246] Newbert，S. L. Empirical research on the resource-based view of the firm：An assessment and suggestions for future research. Strategic Management Journal，2007，28(2)，121-146.

[247] Ni，J. Z. ，Flynn，B. B. & Jacobs，F. R. Impact of product recall announcements on retailers' financial value. International Journal of Production Economics，2014，153，309-322.

[248] North，D. C. Institutions，institutional change and economic performance. Cambridge university press，1990.

[249] Ojala，M. & Hallikas，J. Investment decision-making in supplier networks：Management of risk. International Journal of Production Economics，2006，104(1)，201-213.

[250] O'Leary-Kelly，S. W. & Vokurka，R. J. The empirical assessment of construct validity. Journal of Operations Management，

1998，16(4)，387-405.

[251] Osborn，R. N. & Hagedoorn，J. The institutionalization and evolutionary dynamics of interorganizational alliances and networks. Academy of Management Journal，1997，40 (2)，261-278.

[252] Pagell，M. Understanding the factors that enable and inhibit the integration of operations，purchasing and logistics. Journal of Operations Management，2004，22(5)，459-487.

[253] Panayides，P. M. & Venus Lun，Y. H. The impact of trust on innovativeness and supply chain performance. International Journal of Production Economics，2009，122(1)，35-46.

[254] Parker，D. B. ，Zsidisin，G. A. & Ragatz，G. L. Timing and extent of supplier integration in new product development: A contingency approach. Journal of Supply Chain Management，2008，44(1)，71-83.

[255] Parmigiani，A. ，Klassen，R. D. & Russo，M. V. Efficiency meets accountability: Performance implications of supply chain configuration，control，and capabilities. Journal of Operations Management，2011，29(3)，212-223.

[256] Paulraj，A. & de Jong，P. The effect of ISO 14001 certification announcements on stock performance. International Journal of Operations & Production Management，2011，31(7)，765-788.

[257] Paulraj，A. ，Chen，I. J. & Flynn，J. Levels of strategic purchasing: Impact on supply integration and performance. Journal of Purchasing and Supply Management，2006，12(3)，107-122.

[258] Paulraj，A. ，Lado，A. A. & Chen，I. J. Inter-organizational communication as a relational competency: Antecedents and performance outcomes in collaborative buyer-supplier relationships. Journal of Operations Management，2008，26(1)，45-64.

[259] Peng，D. X. & Lai，F. Using partial least squares in operations management research: A practical guideline and summary of past research. Journal of Operations Management，2012，30(6)，467-480.

[260] Peng，D. X. ，Schroeder，R. G. & Shah，R. Linking routines to

operations capabilities: A new perspective. Journal of Operations Management, 2008, 26(6), 730-748.

[261] Pereira-Moliner, J., Claver-Cortés, E., Molina-Azorín, J. F. & José Tarí, J. Quality management, environmental management and firm performance: Direct and mediating effects in the hotel industry. Journal of Cleaner Production, 2012, 37, 82-92.

[262] Perotti, S., Zorzini, M., Cagno, E. & Micheli, G. J. Green supply chain practices and company performance: The case of 3PLs in Italy. International Journal of Physical Distribution & Logistics Management, 2012, 42(7), 640-672.

[263] Perrone, V., Zaheer, A. & Mcevily, B. Free to be trusted Organizational constraints on trust in boundary spanners. Organization Science, 2003, 14(4), 422-439.

[264] Peteraf, M. A. The cornerstones of competitive advantage: A resource-based view. Strategic Management Journal, 1993, 14 (3), 179-191.

[265] Petersen, K. J., Handfield, R. B. & Ragatz, G. L. Supplier integration into new product development: Coordinating product, process and supply chain design. Journal of Operations Management, 2005, 23(3-4), 371-388.

[266] Petersen, K. J., Handfield, R. B., Lawson, B. & Cousins, P. D. Buyer dependency and relational capital formation: The mediating effects of socialization processes and supplier integration. Journal of Supply Chain Management, 2008, 44(4), 53-65.

[267] Pil, F. K. & Rothenberg, S. Environmental performance as a driver of superior quality. Production and Operations Management, 2003, 12(3), 404-415.

[268] Pimentel Claro D, Borin de O C P, Hagelear G. Coordinating collaborative joint efforts with suppliers: The effects of trust, transaction specific investment and information network in the Dutch flower industry. Supply Chain Management :An International Journal, 2006: 11(3), 216-224.

[269] Podsakoff, P. M. & Organ, D. W. Self-Reports in organiza-

tional research: Problems and prospects. Journal of Management, 1986, 12(4), 531-544.

[270] Porter, M. E. & Kramer, M. R. The link between competitive advantage and corporate social responsibility. Harvard Business Review, 2006, 84(12), 78-92.

[271] Porter, M. E. & Van der Linde, C. Green and competitive: Ending the stalemate. Harvard Business Review, 1995, 73(5), 120-134.

[272] Power, D. Supply chain management integration and implementation: A literature review. Supply Chain Management: An International Journal, 2005, 10(4), 252-263.

[273] Prahinski, C. & Kocabasoglu, C. Empirical research opportunities in reverse supply chains. Omega, 2006, 34(6), 519-532.

[274] Prajogo, D. & Olhager, J. Supply chain integration and performance: The effects of long-term relationships, information technology and sharing, and logistics integration. International Journal of Production Economics, 2012, 135(1), 514-522.

[275] Presley, A., Meade, L. & Sarkis, J. A strategic sustainability justification methodology for organizational decisions: A reverse logistics illustration. International Journal of Production Research, 2007, 45(18-19), 4595-4620.

[276] Primo, M. A. M. & Amundson, S. D. An exploratory study of the effects of supplier relationships on new product development outcomes. Journal of Operations Management, 2002, 20(1), 33-52.

[277] Ragatz, G. L., Robert, B. H. & Kenneth, J. P. Benefits associated with supplier integration into new product development under conditions of technology uncertainty. Journal of Business Research, 2002, 55(5), 389-400.

[278] Raju, P. S. & Lonial, S. C. The impact of quality context and market orientation on organizational performance in a service environment. Journal of Service Research, 2001, 4(2), 140-154.

[279] Ramírez, A. M. Product return and logistics knowledge: Influ-

ence on performance of the firm. Transportation Research Part E: Logistics and Transportation Review, 2012, 48 (6), 1137-1151.

[280] Ramus, C. A. & Steger, U. The roles of supervisory support behaviors and environmental policy in employee "ecoinitiatives" at leading-edge european companies. Academy of Management Journal, 2000, 43(4), 605-626.

[281] Rao, P. Greening the supply chain: A new initiative in South East Asia. International Journal of Operations & Production Management, 2002, 22(6), 632-655.

[282] Rao, P. Greening production: A South-East Asian experience. International Journal of Operations & Production Management, 2004, 24(3), 289-320.

[283] Rao, P. & Holt, D. Do green supply chains lead to competitiveness and economic performance. International Journal of Operations & Production Management, 2005, 25(9), 898-916.

[284] Ring, P. S. & Van de Ven, A. H. Structuring cooperative relationships between organizations. Strategic Management Journal, 1992, 13(7), 483-498.

[285] Robinson, C. J. & Malhotra, M. K. Defining the concept of supply chain quality management and its relevance to academic and industrial practice. International Journal of Production Economics, 2005, 96(3), 315-337.

[286] Romano, P. & Vinelli, A. Quality management in a supply chain perspective strategic and operative choices in a textile-apparel network. International Journal of Operations & Production Management, 2001, 21(4), 446-460.

[287] Rosenzweig, E. D., Roth, A. V. & Dean Jr., J. W. The influence of an integration strategy on competitive capabilities and business performance: An exploratory study of consumer products manufacturers. Journal of Operations Management, 2003, 21(4), 437-456.

[288] Roth, A. V., Tsay, A. A., Pullman, M. E. & Gray, J. V.

Unraveling the food supply chain: Strategic insights from china and the 2007 recalls. Journal of Supply Chain Management, 2008, 44(1), 22-39.

[289] Roxas, B., Coetzer, A. Institutional environment, managerial attitudes and environmental sustainability orientation of small firms. Journal of Business Ethics, 2012, 111(4), 461-476.

[290] Roy, M., Boiral, O. & Lagacé, D. Environmental commitment and manufacturing excellence: A comparative study within Canadian industry. Business Strategy and the Environment, 2001, 10 (5), 257-268.

[291] Rungtusanatham, M., Salvador, F., Forza, C. & Choi, T. Y. Supply-chain linkages and operational performance: A resource-based-view perspective. International Journal of Operations & Production Management, 2003, 23(9), 1084-1099.

[292] Rusinko, C. A. Green manufacturing: An evaluation of environmentally sustainable manufacturing practices and their impact on competitive outcomes. Engineering Management, IEEE Transactions On, 2007, 54(3), 445-454.

[293] Saeed, K. A., Malhotra, M. K. & Grover, V. Interorganizational system characteristics and supply chain integration: An empirical assessment. Decision Sciences, 2011, 42(1), 7-42.

[294] Salvador, F., Forza, C., Rungtusanatham, M. & Choi, T. Y. Supply chain interactions and time-related performances: An operations management perspective. International Journal of Operations & Production Management, 2001, 21(4), 461-475.

[295] Sambasivan, M., Bah, S. M. & Jo-Ann, H. Making the case for operating "Green": Impact of environmental proactivity on multiple performance outcomes of Malaysian firms. Journal of Cleaner Production, 2013a, 42, 69-82.

[296] Sambasivan, M., Siew-Phaik, L., Abidin Mohamed, Z. & Choy Leong, Y. Factors influencing strategic alliance outcomes in a manufacturing supply chain: Role of alliance motives, interdependence, asset specificity and relational capital. International

Journal of Production Economics，2013b，141(1)，339-351.

[297] Sambasivan，M. ，Siew-Phaik，L. ，Mohamed，Z. A. & Leong，Y. C. Impact of interdependence between supply chain partners on strategic alliance outcomes: Role of relational capital as a mediating construct. Management Decision，2011，49(4)，548-569.

[298] Sánchez-Rodríguez，C. & Martínez-Lorente，Á. R. Quality management practices in the purchasing function: An empirical study. International Journal of Operations & Production Management，2004，24(7)，666-687.

[299] Sanders，N. R. An empirical study of the impact of e-business technologies on organizational collaboration and performance. Journal of Operations Management，2007，25(6)，1332-1347.

[300] Sanders，N. R. Pattern of information technology use: The impact on buyer-suppler coordination and performance. Journal of Operations Management，2008，26(3)，349-367.

[301] Sanders，N. R. & Premus，R. Modeling the relationship between firm IT capability，collaboration，and performance. Journal of Business Logistics，2005，26(1)，1-23.

[302] Sarkis，J. Evaluating environmentally conscious business practices. European Journal of Operational Research，1998，107(1)，159-174.

[303] Sarkis，J. A strategic decision framework for green supply chain management. Journal of Cleaner Production，2003，11 (4)，397-409.

[304] Sarkis，J. ，Gonzalez-Torre，P. & Adenso-Diaz，B. Stakeholder pressure and the adoption of environmental practices: The mediating effect of training. Journal of Operations Management，2010，28(2)，163-176.

[305] Sarkis，J. ，Zhu，Q. & Lai，K. An organizational theoretic review of green supply chain management literature. International Journal of Production Economics，2011，130(1)，1-15.

[306] Schoenherr，T. & Swink，M. Revisiting the arcs of integration: Cross-validations and extensions. Journal of Operations Manage-

ment，2012，30(1-2)，99-115.

[307] Schoenherr，T. & Talluri，S. Environmental sustainability initiatives：A comparative analysis of plant efficiencies in Europe and the US. Engineering Management，2013，60(2)，353-365.

[308] Schreyögg，G. & Kliesch-Eberl，M. How dynamic can organizational capabilities be Towards a dual-process model of capability dynamization. Strategic Management Journal，2007，28（9），913-933.

[309] Schroeder，R. G. ，Bates，K. A. & Junttila，M. A. A resource-based view of manufacturing strategy and the relationship to manufacturing performance. Strategic Management Journal，2002，23(2)，105-117.

[310] Seggie，S. H. ，Kim，D. & Cavusgil，S. T. Do supply chain IT alignment and supply chain interfirm system integration impact upon brand equity and firm performance. Journal of Business Research，2006，59(8)，887-895.

[311] Shang，K. ，Lu，C. & Li，S. A taxonomy of green supply chain management capability among electronics-related manufacturing firms in Taiwan. Journal of Environmental Management，2010，91(5)，1218-1226.

[312] Sharma，S. & Vredenburg，H. Proactive corporate environmental strategy and the development of competitively valuable organizational capabilities. Strategic Management Journal，1998，19(8)，729-753.

[313] Sheu，J. ，Chou，Y. & Hu，C. An integrated logistics operational model for green-supply chain management. Transportation Research Part E：Logistics and Transportation Review，2005，41(4)，287-313.

[314] Shi，V. G. ，Koh，S. L. ，Baldwin，J. & Cucchiella，F. Natural resource based green supply chain management. Supply Chain Management，2012，17(1)，54-67.

[315] Shub，A. N. & Stonebraker，P. W. The human impact on supply chains：Evaluating the importance of "soft" areas on integra-

tion and performance. Supply Chain Management，2009，14(1)，31-40.

[316] Sila，I.，Ebrahimpour，M. & Birkholz，C. Quality in supply chains：An empirical analysis. Supply Chain Management，2006，11(6)，491-502.

[317] Sittimalakorn，W. & Hart，S. Market orientation versus quality orientation：Sources of superior business performance. Journal of Strategic Marketing，2004，12(4)，243-253.

[318] Slater，S. F.，Olson，E. M. & Hult，G. T. M. The moderating influence of strategic orientation on the strategy formation capability-performance relationship. Strategic Management Journal，2006，27(12)，1221-1231.

[319] Smart，P.，Bessant，J. & Gupta，A. Towards technological rules for designing innovation networks：A dynamic capabilities view. International Journal of Operations & Production Management，2007，27(10)，1069-1092.

[320] Smith，K. G.，Carroll，S. J. & Ashford，S. J. Intra-and inter-organizational cooperation：Toward a research agenda. Academy of Management Journal，1995，38(1)，7-23.

[321] Snir，E. M. Liability as a catalyst for product stewardship. Production and Operations Management，2001，10(2)，190-206.

[322] Souiden，N. & Pons，F. Product recall crisis management：The impact on manufacturer's image, consumer loyalty and purchase intention. Journal of Product & Brand Management，2009，18(2)，106-114.

[323] Srivastava，S. K. Green supply-chain management：A state-of-the-art literature review. International Journal of Management Reviews，2007，9(1)，53-80.

[324] Srivastava，S. K. Network design for reverse logistics. Omega，2008，36(4)，535-548.

[325] Sroufe，R. Effects of environmental management systems on environmental management practices and operations. Production and Operations Management，2003，12(3)，416-431.

[326] Sroufe, R. & Curkovic, S. An examination of ISO 9000: 2000 and supply chain quality assurance. Journal of Operations Management, 2008, 26(4), 503-520.

[327] Stank, T. P., Keller, S. B. & Closs, D. J. Performance benefits of supply chain logistical integration. Transportation Journal, 2001, 32-46.

[328] Stank, T. P., Keller, S. B. & Daugherty, P. J. Supply chain collaboration and logistical service performance. Journal of Business Logistics, 2001, 22(1), 29-48.

[329] Stock, J., Speh, T. & Shear, H. Many happy (product) returns. Harvard Business Review, 2002, 80(7), 16-17.

[330] Stonebraker, P. W. & Liao, J. Environmental turbulence, strategic orientation: Modeling supply chain integration. International Journal of Operations & Production Management, 2004, 24 (10), 1037-1054.

[331] Stonebraker, P. W. & Liao, J. Supply chain integration: Exploring product and environmental contingencies. Supply Chain Management, 2006, 11(1), 34-43.

[332] Sun, H. & Ni, W. The impact of upstream supply and downstream demand integration on quality management and quality performance. International Journal of Quality & Reliability Management, 2012, 29(8), 872-890.

[333] Svensson, G. Aspects of sustainable supply chain management (SSCM) conceptual framework and empirical example. Supply Chain Management, 2007, 12(4), 262-266.

[334] Swink, M., Narasimhan, R. & Wang, C. Managing beyond the factory walls: Effects of four types of strategic integration on manufacturing plant performance. Journal of Operations Management, 2007, 25(1), 148-164.

[335] Tachizawa, E. M., Thomsen, C. G. & Montes-Sancho, M. J. Green supply management strategies in Spanish firms. Engineering Management, 2012, 59(4), 741-752.

[336] Tate, W. L., Ellram, L. M. & Kirchoff, J. F. Corporate so-

cial responsibility reports: A thematic analysis related to supply chain management. Journal of Supply Chain Management, 2010, 46(1), 19-44.

[337] Taylor, A. An operations perspective on strategic alliance success factors: An exploratory study of alliance managers in the software industry. International Journal of Operations & Production Management, 2005, 25(5), 469-490.

[338] Teece, D. J., Pisano, G. & Shuen, A. Dynamic capabilities and strategic management. Strategic Management Journal, 1997, 18(7), 509-533.

[339] Terziovski, M. & Hermel, P. The role of quality management practice in the performance of integrated supply chains: A multiple cross-case analysis. The Quality Management Journal, 2011, 18(2), 10-25.

[340] Testa, F. & Iraldo, F. Shadows and lights of GSCM (Green Supply Chain Management): Determinants and effects of these practices based on a multi-national study. Journal of Cleaner Production, 2010, 18(10-11), 953-962.

[341] Theyel, G. Management practices for environmental innovation and performance. International Journal of Operations & Production Management, 2000, 20(2), 249-266.

[342] Thierry, M., Salomon, M., Van Nunen, J. & Van Wassenhove, L. Strategic issues in product recovery management. California Management Review, 1995, 37(2), 114.

[343] Thun, J. H. & Müller, A. An empirical analysis of green supply chain management in the German automotive industry. Business Strategy and the Environment, 2010, 19(2), 119-132.

[344] Thuy, L. X. & Quang, T. Relational capital and performance of international joint ventures in vietnam. Asia Pacific Business Review, 2005, 11(3), 389-410.

[345] Tsai, W. & Ghoshal, S. Social capital and value creation: The role of intrafirm networks. Academy of Management Journal, 1998, 41(4), 464-476.

[346] Uzzi, B. Social structure and competition in interfirm networks: The paradox of embeddedness. Administrative Science Quarterly, 1997, 42(1), 35-67.

[347] Vachon, S. Green supply chain practices and the selection of environmental technologies. International Journal of Production Research, 2007, 45(18-19), 4357-4379.

[348] Vachon, S. & Klassen, R. D. Green project partnership in the supply chain: The case of the package printing industry. Journal of Cleaner Production, 2006a, 14(6-7), 661-671.

[349] Vachon, S. & Klassen, R. D. Extending green practices across the supply chain: The impact of upstream and downstream integration. International Journal of Operations & Production Management, 2006b, 26(7), 795-821.

[350] Vachon, S. & Klassen, R. D. Supply chain management and environmental technologies: The role of integration. International Journal of Production Research, 2007, 45(2), 401-423.

[351] Vachon, S. & Klassen, R. D. Environmental management and manufacturing performance: The role of collaboration in the supply chain. International Journal of Production Economics, 2008, 111(2), 299-315.

[352] Vachon, S., Halley, A. & Beaulieu, M. Aligning competitive priorities in the supply chain: The role of interactions with suppliers. International Journal of Operations & Production Management, 2009, 29(4), 322-340.

[353] Verona, G. A resource-based view of product development. Academy of Management Review, 1999, 24(1), 132-142.

[354] Vickery, S. K., Jayaram, J., Droge, C. & Calantone, R. The effects of an integrative supply chain strategy on customer service and financial performance: An analysis of direct versus indirect relationships. Journal of Operations Management, 2003, 21(5), 523-539.

[355] Vijayasarathy, L. R. Supply integration: An investigation of its multi-dimensionality and relational antecedents. International

Journal of Production Economics，2010，124(2)，489-505.

[356] Villena，V. H.，Gomez Mejia，L. R. & Revilla，E. The decision of the supply chain executive to support or impede supply chain integration：A multidisciplinary behavioral agency perspective. Decision Sciences，2009，40(4)，635-665.

[357] Villena，V. H.，Revilla，E. & Choi，T. Y. The dark side of buyer-supplier relationships：A social capital perspective. Journal of Operations Management，2011，29(6)，561-576.

[358] Wade，M. & Hulland，J. Review：The resource-based view and information systems research：Review，extension，and suggestions for future research. MIS Quarterly，2004，28(1)，107-142.

[359] Wales，W. J.，Parida，V. & Patel，P. C. Too much of a good thing Absorptive capacity，firm performance，and the moderating role of entrepreneurial orientation. Strategic Management Journal，2013，34(5)，622-633.

[360] Walker，H.，Di Sisto，L. & Mcbain，D. Drivers and barriers to environmental supply chain management practices：Lessons from the public and private sectors. Journal of Purchasing and Supply Management，2008，14(1)，69-85.

[361] Walton，S. V.，Handfield，R. B. & Melnyk，S. A. The green supply chain：Integrating suppliers into environmental management processes. Journal of Supply Chain Management，1998，34(2)，2-11.

[362] Wang，E. T. & Wei，H. The importance of market orientation，learning orientation，and quality orientation capabilities in TQM：An example from Taiwanese software industry. Total Quality Management & Business Excellence，2005，16(10)，1161-1177.

[363] Ward，P. & Zhou，H. Impact of information technology integration and lean/just-in-time practices on lead-time performance. Decision Sciences，2006，37(2)，177-203.

[364] Wee，H.，Lee，M.，Yu，J. C. & Edward Wang，C. Optimal replenishment policy for a deteriorating green product：Life cycle costing analysis. International Journal of Production Economics，

2011，133（2），603-611.

[365] Wernerfelt，B. A resource-based view of the firm. Strategic Management Journal，1984，5（2），171-180.

[366] Wiengarten，F. & Pagell，M. The importance of quality management for the success of environmental management initiatives. International Journal of Production Economics，2012，140（1），407-415.

[367] Wiengarten，F.，Fynes，B. & Onofrei，G. Exploring synergetic effects between investments in environmental and quality/lean practices in supply chains. Supply Chain Management，2013，18（2），148-160.

[368] Wiengarten，F.，Pagell，M. & Fynes，B. ISO 14000 certification and investments in environmental supply chain management practices：Identifying differences in motivation and adoption levels between Western European and North American companies. Journal of Cleaner Production，2013，56，18-28.

[369] Wisner，J. D. & Tan，K. C. Supply Chain Management and its Impact on Purchasing. Journal of Supply Chain Management，2000，36（4），33-42.

[370] Wong，C. W. Y. Leveraging environmental information integration to enable environmental management capability and performance. Journal of Supply Chain Management，2013，49（2），114-136.

[371] Wong，C. W.，Lai，K.，Shang，K.，Lu，C. & Leung，T. Green operations and the moderating role of environmental management capability of suppliers on manufacturing firm performance. International Journal of Production Economics，2012，140（1），283-294.

[372] Wong，C. Y. & Boon-Itt，S. The influence of institutional norms and environmental uncertainty on supply chain integration in the Thai automotive industry. International Journal of Production Economics，2008，115（2），400-410.

[373] Wong，C. Y.，Boon-Itt，S. & Wong，C. W. Y. The contingen-

cy effects of environmental uncertainty on the relationship be-
tween supply chain integration and operational performance.
Journal of Operations Management，2011，29(6)，604-615.

[374] Wu，G. The influence of green supply chain integration and envi-
ronmental uncertainty on green innovation in Taiwan's IT indus-
try. Supply Chain Management，2013，18(5)，539-552.

[375] Wu，G.，Ding，J. & Chen，P. The effects of GSCM drivers and
institutional pressures on GSCM practices in Taiwan's textile
and apparel industry. International Journal of Production Eco-
nomics，2012，135(2)，618-636.

[376] Wu，I.，Chuang，C. & Hsu，C. Information sharing and collab-
orative behaviors in enabling supply chain performance：A social
exchange perspective. International Journal of Production Eco-
nomics，2014，148，122-132.

[377] Wu，S. J.，Melnyk，S. A. & Calantone，R. J. Assessing the
core resources in the environmental management system from the
resource perspective and the contingency perspective. Engineer-
ing Management，55(2)，304-315.

[378] Wu，W. Dimensions of social capital and firm competitiveness
improvement：The mediating role of information sharing. Journal
of Management Studies，2008，45(1)，122-146.

[379] Wu，Z. & Pagell，M. Balancing priorities：Decision-making in
sustainable supply chain management. Journal of Operations
Management，2011，29(6)，577-590.

[380] Yang，C.，Lin，S.，Chan，Y. & Sheu，C. Mediated effect of
environmental management on manufacturing competitiveness：
An empirical study. International Journal of Production Econom-
ics，2010，123(1)，210-220.

[381] Yang，C.，Lu，C.，Haider，J. J. & Marlow，P. B. The effect
of green supply chain management on green performance and firm
competitiveness in the context of container shipping in Taiwan.
Transportation Research Part E：Logistics and Transportation
Review，2013，55，55-73.

[382] Yang, J. The determinants of supply chain alliance performance: An empirical study. International Journal of Production Research, 2009, 47(4), 1055-1069.

[383] Yang, J., Rui, M., Rauniar, R., Ikem, F. M. & Xie, H. Unravelling the link between knowledge management and supply chain integration: An empirical study. International Journal of Logistics Research and Applications, 2013, 16(2), 132-143.

[384] Yang, J., Wang, J., Wong, C. & Lai, K. Relational stability and alliance performance in supply chain. Omega, 2008, 36(4), 600-608.

[385] Yang, M. G. M., Hong, P. & Modi, S. B. Impact of lean manufacturing and environmental management on business performance: An empirical study of manufacturing firms. International Journal of Production Economics, 2011, 129(2), 251-261.

[386] Ye, F., Zhao, X., Prahinski, C. & Li, Y. The impact of institutional pressures, top managers' posture and reverse logistics on performance-Evidence from China. International Journal of Production Economics, 2013, 143(1), 132-143.

[387] Yeung, A. C. L. Strategic supply management, quality initiatives, and organizational performance. Journal of Operations Management, 2008, 26(4), 490-502.

[388] Yeung, J. H. Y., Selen, W., Zhang, M. & Huo, B. The effects of trust and coercive power on supplier integration. International Journal of Production Economics, 2009, 120(1), 66-78.

[389] Youn, S., Yang, M. G. M., Hong, P. & Park, K. Strategic supply chain partnership, environmental supply chain management practices, and performance outcomes: An empirical study of Korean firms. Journal of Cleaner Production, 2013, 56, 121-130.

[390] Yu, C. J., Liao, T. & Lin, Z. Formal governance mechanisms, relational governance mechanisms, and transaction-specific investments in supplier-manufacturer relationships. Industrial Marketing Management, 2006, 35(2), 128-139.

[391] Yu, W. , Chavez, R. , Feng, M. & Wiengarten, F. Integrated green supply chain management and operational performance. Supply Chain Management, 2014, 19(5/6), 683-696.

[392] Yuan, M. , Zhang, X. , Chen, Z. , Vogel, D. R. & Chu, X. Antecedents of coordination effectiveness of software developer dyads from interacting teams: An empirical investigation. Engineering Management, 2009, 56(3), 494-507.

[393] Yusuf, Y. Y. , Gunasekaran, A. , Musa, A. , El-Berishy, N. M. , Abubakar, T. & Ambursa, H. M. The UK oil and gas supply chains: An empirical analysis of adoption of sustainable measures and performance outcomes. International Journal of Production Economics, 2013, 146(2), 501-514.

[394] Zaheer, A. , Mcevily, B. & Perrone, V. Does trust matter. Exploring the effects of interorganizational and interpersonal trust on performance. Organization Science, 1998, 9(2), 141-159.

[395] Zailani, S. H. M. , Eltayeb, T. K. , Hsu, C. & Tan, K. C. The impact of external institutional drivers and internal strategy on environmental performance. International Journal of Operations & Production Management, 2012, 32(6), 721-745.

[396] Zehir, C. , Acar, A. Z. & Tanriverdi, H. Identifying organizational capabilities as predictors of growth and business performance. The Business Review, 2006, 5(2), 109-116.

[397] Zhang, C. , Henke Jr, J. W. & Griffith, D. A. Do buyer cooperative actions matter under relational stress Evidence from Japanese and US assemblers in the US automotive industry. Journal of Operations Management, 2009, 27(6), 479-494.

[398] Zhang, M. & Huo, B. The impact of dependence and trust on supply chain integration. International Journal of Physical Distribution & Logistics Management, 2013, 43(7), 544-563.

[399] Zhao, L. , Huo, B. , Sun, L. & Zhao, X. The impact of supply chain risk on supply chain integration and company performance: A global investigation. Supply Chain Management, 2013, 18(2), 115-131.

[400] Zhao, X., Flynn, B. B. & Roth, A. V. Decision sciences research in china: Current status, opportunities, and propositions for research in supply chain management, logistics, and quality management. Decision Sciences, 2007, 38(1), 39-80.

[401] Zhao, X., Huo, B., Flynn, B. B. & Yeung, J. H. Y. The impact of power and relationship commitment on the integration between manufacturers and customers in a supply chain. Journal of Operations Management, 2008, 26(3), 368-388.

[402] Zhao, X., Huo, B., Selen, W. & Yeung, J. H. Y. The impact of internal integration and relationship commitment on external integration. Journal of Operations Management, 2011, 29(1), 17-32.

[403] Zhao, X., Li, Y. & Flynn, B. B. The financial impact of product recall announcements in China. International Journal of Production Economics, 2013, 142(1), 115-123.

[404] Zhou, K. Z., Li, J. J., Zhou, N. & Su, C. Market orientation, job satisfaction, product quality, and firm performance: Evidence from China. 2008: 29, 985-1000.

[405] Zhou, K. Z., Zhang, Q., Sheng, S., Xie, E. & Bao, Y. Are relational ties always good for knowledge acquisition Buyer-supplier exchanges in China. Journal of Operations Management, 2014, 32(3), 88-98.

[406] Zhu, Q. & Geng, Y. Drivers and barriers of extended supply chain practices for energy saving and emission reduction among Chinese manufacturers. Journal of Cleaner Production, 2013, 40, 6-12.

[407] Zhu, Q. & Sarkis, J. Relationships between operational practices and performance among early adopters of green supply chain management practices in Chinese manufacturing enterprises. Journal of Operations Management, 2004, 22(3), 265-289.

[408] Zhu, Q. & Sarkis, J. An inter-sectoral comparison of green supply chain management in China: Drivers and practices. Journal of Cleaner Production, 2006, 14(5), 472-486.

［409］ Zhu，Q. & Sarkis，J. The moderating effects of institutional pressures on emergent green supply chain practices and performance. International Journal of Production Research，2007，45(18-19)，4333-4355.

［410］ Zhu，Q.，Cordeiro，J. & Sarkis，J. Institutional pressures，dynamic capabilities and environmental management systems：Investigating the ISO 9000-Environmental management system implementation linkage. Journal of Environmental Management，2013，114，232-242.

［411］ Zhu，Q.，Geng，Y. & Lai，K. Circular economy practices among Chinese manufacturers varying in environmental-oriented supply chain cooperation and the performance implications. Journal of Environmental Management，2010，91(6)，1324-1331.

［412］ Zhu，Q.，Geng，Y.，Fujita，T. & Hashimoto，S. Green supply chain management in leading manufacturers：Case studies in Japanese large companies. Management Research Review，2010，33(4)，380-392.

［413］ Zhu，Q.，Geng，Y.，Sarkis，J. & Lai，K. Evaluating green supply chain management among Chinese manufacturers from the ecological modernization perspective. Transportation Research Part E：Logistics and Transportation Review，2011，47(6)，808-821.

［414］ Zhu，Q.，Lowe，E. A.，Wei，Y. & Barnes，D. Industrial symbiosis in china：A case study of the guitang group. Journal of Industrial Ecology，2007，11(1)，31-42.

［415］ Zhu，Q.，Sarkis，J. & Geng，Y. Green supply chain management in China：Pressures，practices and performance. International Journal of Operations & Production Management，2005，25(5)，449-468.

［416］ Zhu，Q.，Sarkis，J. & Lai，K. Green supply chain management：Pressures，practices and performance within the Chinese automobile industry. Journal of Cleaner Production，2007a，15(11)，1041-1052.

[417] Zhu, Q., Sarkis, J. & Lai, K. Initiatives and outcomes of green supply chain management implementation by Chinese manufacturers. Journal of Environmental Management, 2007b, 85(1), 179-189.

[418] Zhu, Q., Sarkis, J. & Lai, K. Green supply chain management implications for "closing the loop". Transportation Research Part E: Logistics and Transportation Review, 2008a, 44(1), 1-18.

[419] Zhu, Q., Sarkis, J. & Lai, K. Confirmation of a measurement model for green supply chain management practices implementation. International Journal of Production Economics, 2008b, 111 (2), 261-273.

[420] Zhu, Q., Sarkis, J. & Lai, K. Examining the effects of green supply chain management practices and their mediations on performance improvements. International Journal of Production Research, 2012a, 50(5), 1377-1394.

[421] Zhu, Q., Sarkis, J. & Lai, K. Green supply chain management innovation diffusion and its relationship to organizational improvement: An ecological modernization perspective. Journal of Engineering and Technology Management, 2012b, 29 (1), 168-185.

[422] Zhu, Q., Sarkis, J. & Lai, K. Institutional-based antecedents and performance outcomes of internal and external green supply chain management practices. Journal of Purchasing and Supply Management, 2013, 19(2), 106-117.

[423] Zhu, Q., Sarkis, J., Cordeiro, J. J. & Lai, K. Firm-level correlates of emergent green supply chain management practices in the Chinese context. Omega, 2008, 36(4), 577-591.

[424] Zsidisin, G. A. & Siferd, S. P. Environmental purchasing: A framework for theory development. European Journal of Purchasing & Supply Management, 2001, 7(1), 61-73.

[425] 曹科岩,龙君伟,杨玉浩.组织信任,知识分享与组织绩效关系的实证研究.科研管理,2008,29(5),93-101.

[426] 曹智,霍宝锋,赵先德.供应链整合模式与绩效:全球视角.科学学

与科学技术管理,2012,33(7),44-52.

[427] 曾文杰,马士华.制造行业供应链合作关系对协同及运作绩效影响的实证研究.管理学报,2010,7(8),1221-1227.

[428] 曾文杰,马士华.信任和权力对供应链协同影响的实证研究.武汉理工大学学报:信息与管理工程版,2011,33(2),314-319.

[429] 陈灿.当前国外关系契约研究浅析.外国经济与管理,2004,26(12),10-14.

[430] 陈建华,马士华.供应链整合管理的实现机制与技术解决方案.工业工程与管理,2006,11(1),23-31.

[431] 陈建勋,潘昌才,吴隆增.外部社会资本对企业核心能力的影响——知识整合的调节作用.科学学研究,2009,27(2),244-249.

[432] 陈建勋,朱蓉,吴隆增.内部社会资本对技术创新的影响——知识创造的中介作用.科学学与科学技术管理,2008,29(5),90-93.

[433] 戴万亮,张慧颖,金彦龙.内部社会资本对产品创新的影响——知识螺旋的中介效应.科学学研究,2012,30(8),1263-1271.

[434] 戴勇,朱桂龙.以吸收能力为调节变量的社会资本与创新绩效研究——基于广东企业的实证分析.软科学,2011,25(1),80-84.

[435] 邓龙安,徐玖平.供应链整合下的企业网络创新绩效管理研究.科学学与科学技术管理,2008,29(2),86-90.

[436] 高伟,王克岭.质量文化在供应链管理中的融合作用.经济问题探索,2003,(7),58-59.

[437] 霍宝锋,韩昭君,赵先德.权力与关系承诺对供应商整合的影响.管理科学学报,2013,16(4),33-50.

[438] 简兆权,刘荣,招丽珠.网络关系,信任与知识共享对技术创新绩效的影响研究.研究与发展管理,2010,22(2),64-71.

[439] 刘衡,李垣,李西垚,肖婷.关系资本,组织间沟通和创新绩效的关系研究.科学学研究,2010,28(12),1912-1919.

[440] 刘莉.供应链整合与企业竞争优势关系研究.中国流通经济,2008,(2),30-33.

[441] 陆杉.供应链关系资本及其对供应链协同影响的实证研究.软科学,2012,26(9),39-43.

[442] 马文聪.供应链整合对企业绩效影响的实证研究.博士学位论文,华南理工大学,2012.

[443] 马祖军.绿色供应链管理的集成特性和体系结构.南开管理评论,2002,5(6),47-50.

[444] 潘文安.基于整合能力的供应链伙伴关系与企业竞争优势研究.科研管理,2007,27(6),47-53.

[445] 潘文安,张红.供应链伙伴间的信任,承诺对合作绩效的影响.心理科学,2007,29(6),1502-1506.

[446] 汪应洛,王能民,孙林岩.绿色供应链管理的基本原理.中国工程科学,2004,5(11),82-87.

[447] 温忠麟,张雷,侯杰泰,刘红云.中介效应检验程序及其应用.心理学报,2004,36(5),614-620.

[448] 吴红翠,张慧颖.供应链间社会资本与创新绩效关系的实证研究——技术动态能力、市场动态能力中介效应.科技与经济,2013,26(3),26-30.

[449] 吴明隆.问卷统计分析实务——SPSS 的操作与应用.重庆大学出版社,2013.

[450] 谢洪明.社会资本对组织创新的影响:中国珠三角地区企业的实证研究及其启示.科学学研究,2006,24(1),150-158.

[451] 谢洪明,王成,吴业春.内部社会资本对知识能量与组织创新的影响.管理学报,2007,4(1),100-107.

[452] 薛卫,雷家骕,易难.关系资本、组织学习与研发联盟绩效关系的实证研究.中国工业经济,2010,(4),89-99.

[453] 叶飞,徐学军.供应链伙伴关系间信任与关系承诺对信息共享与运营绩效的影响.系统工程理论与实践,2009,29(8),36-49.

[454] 叶飞,薛运普.供应链伙伴间信息共享对运营绩效的间接作用机理研究——以关系资本为中间变量.中国管理科学,2011,19(6),112-125.

[455] 叶飞,张婕.绿色供应链管理驱动因素,绿色设计与绩效关系.科学学研究,2010,28(8),1230-1238.

[456] 郁玉兵,熊伟,代吉林.供应链质量管理与绩效关系研究述评及展望.软科学,2014,28(8),141-144.

[457] 张爱丽.内外部社会资本对知识创造作用的实证研究.科学学研究,2010,28(4),591-596.

[458] 张慧颖,徐可.供应链社会资本、企业知识管理与产品创新——基

于中国大陆十三个省市四个行业的实证研究.现代财经,2013,(5),88-101.

[459] 张慧颖,徐可,于淏川.社会资本和供应链整合对产品创新的影响研究:基于中国实证调查的中介效应模型.华东经济管理,2013,27(7),164-170.

[460] 张妍,魏江.战略导向国内外研究述评与未来展望.中国科技论坛,2014,30(11),139-143.

[461] 赵丽,孙林岩,李刚,杨洪焦.中国制造企业供应链整合与企业绩效的关系研究.管理工程学报,2011,25(3),1-9.

[462] 郑迎飞,周欣华,赵旭.国外企业绿色供应链管理及其对我国的启示.外国经济与管理,2001,23(12),30-34.

[463] 朱庆华.绿色供应链管理.北京:化学工业出版社,2004.

[464] 朱庆华,耿涌.绿色供应链管理动力转换模型实证研究.管理评论,2009a,21(11),113-120.

[465] 朱庆华,耿涌.基于统计分析的中国制造业绿色供应链管理动力研究.管理学报,2009b,6(8),1029-1034.

[466] 朱庆华,曲英.中国制造企业绿色供应链管理实践统计分析.管理科学,2005,18(2),2-7.

[467] 朱庆华,曲英,武春友.企业绿色供应链管理实证研究.数理统计与管理,2005,24(6),67-72,88.

附录 1 供应链整合与绩效关系代表性研究

附表 1.1 供应链整合与绩效关系代表性研究

文献	供应链整合类型	绩效测量	样本	主要发现
Armistead & Mapes (1993)	供应链整合	制造绩效	英国 38 家制造企业	供应链整合水平与制造绩效改进正相关。
Frohlich & Westbrook (2001)	● 供应商整合 ● 客户整合	● 市场绩效 ● 生产率绩效 ● 非生产率绩效	美国 322 家制造企业	供应商以及客户"整合弧"的宽度与绩效正相关;当宽度最宽时,绩效改进最明显。
Stank, et al. (2001)	● 客户整合 ● 内部整合 ● 供应商整合 ● 技术与规划整合 ● 测量整合 ● 关系整合	总物流绩效	北美 304 家制造企业	客户整合与内部整合对总物流绩效具有积极影响,供应商整合、技术与规划整合、测量整合以及关系整合对总物流绩效的影响不显著。
Narasimhan & Kim (2002)	● 内部整合 ● 供应商整合 ● 客户整合	财务绩效	——	供应链整合正向调节国际市场/产品多样化战略与财务绩效之间的曲线关系,协调运用供应链整合与多样化战略对财务绩效具有显著影响。
Ragatz, et al. (2002)	供应商整合	● 运营绩效	美国 83 家制造企业	在技术不确定环境下,更有可能实施供应商整合以降低成本、提高质量、缩短周期。

续表

文献	供应链整合类型	绩效测量	样本	主要发现
Rosenzweig, et al.（2003）	供应链整合	● 竞争能力 ● 财务绩效	北美、欧洲、亚太、拉美 238 家制造企业	供应链整合强度既直接正向影响资产回报率和新产品收益率，又通过提升竞争能力提高客户满意度、销售增长、资产回报率以及新产品收益率。
Vickery, et al.（2003）	供应链整合	● 客户服务 ● 财务绩效	北美 57 家制造企业	供应链整合通过提升客户服务水平正向影响财务绩效。
Droge, et al.（2004）	● 外部战略设计整合 ● 内部设计—流程整合	● 时间绩效 ● 企业绩效	美国制造企业 57 个战略业务单元	内部设计—流程整合与外部战略设计整合既直接提升企业绩效，又通过时间绩效与企业绩效正向相关；内部设计—流程整合与外部战略设计整合实践对企业绩效的影响具有协同效应。
Koufteros, et al.（2005）	● 内部整合（并行工程） ● 客户整合 ● 供应商产品整合 ● 供应商过程整合	● 产品创新 ● 质量绩效 ● 盈利能力	美国 244 家制造企业	内部整合通过促进外部整合推动产品创新并提高产品质量，质量绩效与盈利能力正相关。
Gimenez & Ventura（2005）	● 内部整合（物流—生产整合、物流—营销整合） ● 外部整合	物流绩效	西班牙 64 家制造企业	内部整合与外部整合以及内部整合之间存在正向关系，物流—生产整合与外部整合正向影响物流绩效。

续表

文献	供应链整合类型	绩效测量	样本	主要发现
Petersen, et al. (2005)	供应商整合(详细供应商评价、技术评估、业务评估)	● 项目团队效能 ● 企业财务绩效 ● 设计绩效	美国 134 家制造企业	供应商整合(详细供应商评价与技术评估)通过提高新产品开发项目团队效能正向影响企业财务绩效与设计绩效。
Cousins & Menguc (2006)	供应商整合	● 供应商运营绩效 ● 供应商交流绩效 ● 供应商契约绩效	英国 142 家制造企业与服务企业	供应商整合通过提升供应商交流绩效正向影响供应商契约绩效,但对供应商运营绩效的影响并不显著。
Das, et al. (2006)	● 外部供应商整合实践 ● 内部供应商整合实践	制造绩效	美国 322 家制造企业	存在供应商整合最佳实践组合,偏离会导致绩效的恶化。
Germain & Lyer (2006)	● 内部整合 ● 下游整合	● 物流绩效 ● 财务绩效	美国制造企业 152 个战略业务单元	内部整合与下游整合对物流绩效具有积极影响,内部整合正向调节下游整合与物流绩效之间的关系。
Devaraj, et al. (2007)	● 供应商整合 ● 客户整合	运营绩效	美国 122 家制造企业	供应商整合对运营绩效具有积极影响,客户整合对运营绩效的影响不显著。
Koufteros, et al. (2007)	● "黑箱"供应商整合 ● "灰箱"供应商整合	● 产品创新 ● 外部质量	美国 157 家制造企业	"灰箱"供应商整合通过促进产品创新提升外部质量,"黑箱"供应商整合对产品创新的影响可以忽略。

文献	供应链整合类型	绩效测量	样本	主要发现
Swink, et al. (2007)	● 企业战略整合 ● 产品—流程技术整合 ● 战略客户整合 ● 战略供应商整合	● 制造竞争能力 ● 企业绩效	美国 224 家制造工厂	企业战略整合正向影响过程柔性绩效、客户满意度与市场绩效,产品—流程技术整合正向影响质量与新产品柔性绩效、负向影响市场绩效,战略客户整合正向影响客户满意度、负向影响市场绩效,战略供应商整合正向影响市场绩效、负向影响质量绩效。
Braunscheidel & Suresh (2009)	● 内部整合 ● 外部整合(供应商、客户)	企业供应链敏捷性	美国 218 家制造企业	内部整合与外部整合会提升企业供应链敏捷性,内部整合同时有助于促进外部整合。
Handfield, et al. (2009)	● 跨企业整合 ● 供应商整合	● 采购企业绩效 ● 购买商财务绩效	英国 151 家制造企业	跨企业整合与供应商整合通过提升采购企业绩效正向影响购买商财务绩效。
Flynn, et al. (2010)	● 供应商整合 ● 内部整合 ● 客户整合	● 运营绩效 ● 财务绩效	中国 617 家制造企业	供应链整合与运营绩效和财务绩效均正向相关;与供应商整合相比,内部整合与客户整合对绩效改进的作用更大。
Koufteros, et al. (2010)	● 内部整合 ● 客户整合 ● 供应商产品整合 ● 供应商流程整合	● 小故障 ● 工程变更订单准时执行 ● 市场成功	美国 191 家制造企业	内部整合与客户整合、供应商整合(产品、流程)正相关;客户整合会促进市场成功,供应商产品整合与流程整合则有助于减少小故障并保证工程变更订单的准时执行。

续表

文献	供应链整合类型	绩效测量	样本	主要发现
Koufteros, et al. (2010)	● 内部整合 ● 客户整合 ● 供应商产品整合 ● 供应商流程整合	● 小故障 ● 工程变更订单准时执行 ● 市场成功	美国 191 家制造企业	内部整合与客户整合、供应商整合（产品、流程）正相关；客户整合会促进市场成功，供应商产品整合与流程整合则有助于减少小故障并保证工程变更订单的准时执行。
Lau, et al. (2010a)	● 信息分享 ● 产品共同开发 ● 组织协调	● 产品模块化 ● 产品绩效	中国香港 251 家塑料、电子与玩具制造企业	信息分享对产品模块化与产品绩效的影响均不显著；产品共同开发既直接提升产品绩效，又通过产品模块化对产品绩效具有积极影响；组织协调仅通过产品模块化正向影响产品绩效。
Narasimhan, et al. (2010)	● 产品—流程技术整合 ● 客户整合 ● 供应商整合	制造能力	美国 224 家制造工厂	产品—流程技术整合与供应商整合、客户整合具有协同效应；产品—流程技术整合与供应商整合对质量、交付以及过程柔性的正向影响具有互补性，产品—流程技术整合与客户整合对成本、质量以及新产品柔性的正向影响具有互补性。
Wong, et al. (2011)	● 供应商整合 ● 内部整合 ● 客户整合	● 质量绩效 ● 交付绩效 ● 柔性绩效 ● 成本绩效	中国台湾 151 家汽车制造企业	供应商整合、内部整合、客户整合与运营绩效显著正相关，环境不确定性正向调节供应商整合和客户整合与交付和柔性绩效以及内部整合与成本和质量绩效之间的关系。

续表

文献	供应链整合类型	绩效测量	样本	主要发现
赵丽等 （2011）	● 供应商整合 ● 内部整合 ● 客户整合	● 供应商运作绩效 ● 客户服务绩效 ● 财务绩效	中国广东、山东、陕西、河南等地 139 家制造企业	供应商整合对供应商运作绩效、内部整合与客户整合对客户服务绩效以及供应商运作绩效与客户服务绩效对财务绩效均有显著的正向影响。供应链整合通过供应商运作绩效与客户服务绩效提升企业财务绩效，其中，供应商运作绩效为部分中介变量，客户服务绩效为完全中介变量。
Narasimhan & Schoenherr（2012）	整合供应管理实践	相对竞争性质量优势	8 个国家 434 家制造工厂	整合供应管理实践有助于企业利用供应商的专业知识、能力与高质量输入提高实际的相对竞争性质量优势，以及借助供应商的无形声誉提高感知的相对竞争性质量优势。
Schoenherr & Swink（2012）	● 供应商整合 ● 客户整合 ● 内部整合	● 质量绩效 ● 交付绩效 ● 柔性绩效 ● 成本绩效	39 个国家 403 家制造企业	内部整合会强化外部整合对交付与柔性绩效的正向影响，而对质量和成本绩效则不成立。
马文聪 （2012）	● 供应商整合 ● 内部整合 ● 客户整合	● 运营绩效	2004 年（中国 617 家）与 2009 年（中美 1026 家）制造企业	内部整合对客户整合、供应商整合和运营绩效均有显著的正向影响；客户整合对运营绩效有显著的正向影响；供应商整合对运营绩效影响不显著。

续表

文献	供应链整合类型	绩效测量	样本	主要发现
Davis, et al.（2014）	● 上游整合 ● 内部整合 ● 下游整合	● 成本 ● 效率 ● 速度 ● 质量	美国 146 家企业 新加坡 67 家企业	供应链整合对企业绩效具有直接的正向影响。
Huo, et al.（2014a）	● 内部整合 ● 过程整合 ● 产品整合	● 运营绩效 ● 财务绩效	中国 604 家制造企业	内部整合与运营绩效与财务绩效均正相关，而过程整合仅与运营绩效正相关,产品整合也仅与财务绩效正相关。

资料来源：作者结合 Flynn 等（2010）与 Schoenherr & Swink（2012）整理。

附录 2 绿色供应链管理与绩效关系代表性研究

附表 2.1 绿色供应链管理与绩效关系代表性研究

文献	绿色供应链管理类型	绩效测量	样本	主要发现
Zhu & Sarkis (2004)	● 内部环境管理 ● 外部绿色供应链管理 ● 生态设计 ● 投资回收	● 环境绩效 ● 经济绩效	中国 186 家制造企业	内部环境管理、外部绿色供应链管理、生态设计、投资回收有助于提升企业环境绩效与正向经济绩效、降低负向经济绩效,其中仅有投资回收对负向经济绩效的影响不显著。
Rao & Holt (2005)	● 绿色输入 ● 绿色生产 ● 绿色输出	● 竞争力 ● 经济绩效	东南亚五国 52 家 ISO14001 认证制造企业	绿色输入、绿色生产与绿色输出有助于提升企业竞争力及其经济绩效。
Chien & Shih (2007)	● 绿色采购 ● 绿色制造	● 环境绩效 ● 财务绩效	中国台湾 151 家电气/电子企业	绿色供应链管理实践对企业环境绩效与财务绩效均具有积极影响。
Zhu & Sarkis (2007)	● 内部环境管理 ● 绿色采购 ● 生态设计 ● 客户合作 ● 投资回收	● 环境绩效 ● 经济绩效	中国 341 家制造企业	内部环保支持对经济绩效具有显著的正向影响,但与环境绩效之间的关系不显著;绿色采购、生态设计、客户合作、投资回收与环境绩效以及经济绩效均显著正相关。

续表

文献	绿色供应链管理类型	绩效测量	样本	主要发现
Zhu，et al. (2007a)	● 内部环境管理 ● 绿色采购 ● 客户合作 ● 投资回收 ● 生态设计	● 环境绩效 ● 经济绩效 ● 运营绩效	中国 89 家制造企业	内部环境管理与环境绩效及经济绩效显著正相关，与运营绩效的关系不显著；绿色采购、客户合作仅与环境绩效分别呈现显著正相关及负相关关系；投资回收仅对负面经济绩效具有显著负向影响；生态设计对环境绩效、经济绩效以及运营绩效均无显著影响。
Zhu，et al. (2007b)	● 内部环境管理 ● 绿色采购 ● 客户合作 ● 投资回收 ● 生态设计	● 环境绩效 ● 经济绩效 ● 运营绩效	中国发电、化工/石油、电子/电气以及汽车行业 171 家制造企业	内部环境管理、绿色采购、客户合作、投资回收、生态设计对环境绩效、经济绩效以及运营绩效均具有显著积极影响；不同行业绿色供应链管理的实施水平及其结果存在差异，电子/电器行业实施水平相对较高，其绩效结果也相对较好。
Testa & Iraldo (2010)	● 供应商环境绩效评价 ● 供应商环保措施	● 环境绩效 ● 财务绩效 ● 竞争绩效	七个经合组织国家超过 4000 家制造工厂	绿色供应链管理与其他先进管理实践之间具有很强的互补性，其有助于改善企业环境绩效，但对盈利能力与竞争力的影响则并不明确。

续表

文献	绿色供应链管理类型	绩效测量	样本	主要发现
叶飞和张婕 (2010)	● 绿色设计	● 环境绩效 ● 经济绩效	中国广东省珠三角地区 148 家制造企业	绿色设计对环境绩效与经济绩效均有显著的正向影响。
Eltayeb, et al. (2011)	● 生态设计 ● 绿色采购 ● 回收物流	● 环境绩效 ● 经济绩效 ● 成本降低 ● 无形效益	马来西亚 569 家 ISO14001 制造企业	生态设计可以显著提升企业绩效（环境、经济、运营）以及无形效益，逆向物流仅有助于企业降低成本，绿色采购对企业绩效均无显著影响。
Kim, et al. (2011)	绿色供应链管理	企业绩效	韩国 125 家制造企业	绿色供应链管理导向通过供应链合作伙伴之间的信任与信息共享正向影响企业绩效；供应链合作伙伴之间稳固的信任关系对企业实施绿色供应链管理具有重要意义。
Chan, et al. (2012)	● 绿色采购 ● 客户合作 ● 投资回收	财务绩效	中国 194 家外资企业	环保导向是企业实施绿色供应链管理的重要驱动力量，绿色采购、客户合作与投资回收可以显著提升企业财务绩效。
Green Jr, et al. (2012)	● 内部环境管理 ● 绿色信息系统 ● 绿色采购 ● 客户合作 ● 生态设计 ● 投资回收	● 环境绩效 ● 经济绩效 ● 运营绩效 ● 财务绩效	美国 159 家制造工厂	绿色供应链管理实践直接有助于环境绩效与经济绩效的改善，并通过正向影响运营绩效间接提升财务绩效；同时，环境绩效对经济绩效也有显著正向影响。

续表

文献	绿色供应链管理类型	绩效测量	样本	主要发现
Giovanni & Vinzi (2012)	● 内部环境管理 ● 外部环境管理	● 环境绩效 ● 经济绩效	意大利 138 家制造企业	企业内部绿色化是绿色供应链合作的前提，内部环境管理可以显著提升企业环境绩效与经济绩效，外部环境管理对环境绩效与经济绩效的影响不显著。
Perotti, et al. (2012)	绿色供应链实践	● 环境绩效 ● 经济绩效 ● 运营绩效	意大利 15 家第三方物流服务商	基于多案例研究发现，实施绿色供应链实践可以为企业带来实质性环境效益与经济效益，相比而言对运营绩效影响显著降低。
Zhu, et al. (2012a)	● 内部绿色供应链管理（内部环境管理、生态设计、内部财务政策） ● 外部绿色供应链管理（绿色采购、客户合作、投资回收）	● 环境绩效 ● 经济绩效 ● 运营绩效	中国 396 家制造企业	外部绿色供应链管理通过内部绿色供应链管理改善环境绩效，内部环境管理、生态设计、内部财务政策在绿色采购、投资回收与环境绩效之间起完全中介作用，内部财务政策在客户合作与环境绩效之间起部分中介作用。绿色采购、投资回收完全中介生态设计对经济绩效的影响，客户合作完全或部分中介内部环境管理、生态设计、内部财务政策对经济绩效的影响，内部财务政策完全中介绿色采购对经济绩效的影响；绿色采购完全中介生态设计对运营绩效的影响，客户合作在内部财务政策与运营绩效之间、内部环境管理在绿色采购、投资回收与运营绩效之间以及内部财务政策在绿色采购与运营绩效之间具有部分中介作用。

续表

文献	绿色供应链管理类型	绩效测量	样本	主要发现
Lee, et al. (2012)	绿色供应链管理	● 员工满意度 ● 运营效率 ● 关系效率 ● 财务绩效	韩国电子行业223家中小企业	绿色供应链管理实践与供应商企业员工工作满意度、运营效率以及供应商与大型企业客户之间的关系效率显著正相关,并通过运营效率与关系效率间接提升供应商财务绩效。
Zhu, et al. (2012b)	● 内部环境管理 ● 外部绿色供应链管理 ● 生态设计投资回收	● 环境绩效 ● 运营绩效 ● 经济绩效	中国245家制造企业	绿色供应链管理有助于提升企业环境绩效、运营绩效与经济绩效,其作用强度与企业的响应速度成正比,早期采用企业、追随企业与落后企业实施绿色供应链管理所能带来的绩效改进水平依次降低。
Zhu, et al. (2013)	● 内部绿色供应链管理(内部环境管理、生态设计) ● 外部绿色供应链管理(绿色采购、客户合作、投资回收)	● 环境绩效 ● 经济绩效 ● 运营绩效	中国396家制造企业	绿色供应链管理对企业绩效具有显著影响。其中,内部环境管理、客户合作与环境绩效正向相关,生态设计与经济绩效负向相关,客户合作与经济绩效正向相关,内部环境管理、客户合作与运营绩效正向相关;环境绩效、运营绩效与经济绩效正向相关。

续表

文献	绿色供应链管理类型	绩效测量	样本	主要发现
Jabbour, et al. (2014)	外部绿色供应链管理	绿色绩效	巴西 95 家 ISO14001 认证企业	绿色采购与客户合作对企业绿色绩效影响显著。
Yang, et al. (2013)	● 内部绿色实践（绿色政策、绿色航运实践、绿色营销） ● 外部绿色合作（供应商绿色合作、伙伴绿色合作、客户绿色合作）	● 绿色绩效 ● 竞争力	中国台湾 167 家集装箱航运企业	内部绿色实践与外部绿色合作对企业绿色绩效具有显著的积极影响，并间接增强企业竞争力；绿色绩效与外部绿色合作在内部绿色实践与企业竞争力关系中起部分中介作用，对企业竞争力具有直接的正向影响。
Mitra & Datta (2014)	● 环境可持续采购实践 ● 环境可持续生产与物流实践	● 竞争力 ● 经济绩效	印度主要工业地带 81 家企业	环境可持续采购实践可以促进环境可持续生产与物流实践的开展，从而提升企业竞争力与经济绩效。
Yu, et al. (2014)	● 供应商绿色供应链管理 ● 内部绿色供应链管理 ● 客户绿色供应链管理	● 运营柔性 ● 交付 ● 产品质量 ● 生产成本	中国 126 家汽车制造商	供应商绿色供应链管理、内部绿色供应链管理以及客户绿色供应链管理对运营柔性、交付、产品质量以及生产成本均具有显著的正向影响。

资料来源：作者整理。

附录3 供应链质量与绿色管理调查问卷

尊敬的先生/女士：

感谢您在百忙之中参加浙江大学质量管理研究中心进行的一项调查研究，本研究旨在了解我国企业的供应链质量与绿色管理活动及其影响因素，提高我国企业的供应链质量与绿色管理的水平。本问卷以学术研究为目的，对于您提供的资料，我们会严格保密，并只用来做综合分析，不用于任何商业目的，请您放心并尽可能客观回答所有问题。

本问卷分四个部分，公司概况、公司内部管理、主要供应商方面及主要客户方面。回答此问卷的人应对供应链有全面了解。我们认为公司的总经理、董事长、CEO 或负责供应链管理、质量管理的高级管理人员（如供应链经理、质量经理等）最适合填写此问卷，也可以由不同的经理填写不同部分的问卷。如果无法提供具体数据或准确信息，请您做出最接近的估计。

我们衷心感谢您的帮助以及宝贵的意见，谢谢！

第一部分：公司概况

A1 您的职位：＿＿＿＿＿＿＿＿＿；

A2 任职年数：＿＿＿；

A3 贵公司所在区域：＿＿＿＿省＿＿＿＿市；

A4 贵公司在所在地区的经营年数：＿＿＿＿＿＿＿；

A5 贵公司是否上市？

A6 贵公司所属的经营性质是：

A7 贵公司的员工总人数是：

A8 贵公司所属的行业类型是：

A9 贵公司的固定资产是（以人民币计算）：

A10 2013 年度贵公司的销售收入为（以人民币计算）：

第二部分:公司内部管理

1. 请分别圈选合适的分数来表达您对贵公司在下述各方面表现的同意程度。(1-非常不同意,2-不同意,3-稍微不同意,4-一般,5-稍微同意,6-同意,7-非常同意;下同)

题　项	非常不同意→非常同意						
a. 产品性能好	1	2	3	4	5	6	7
b. 产品质量稳定、缺陷少	1	2	3	4	5	6	7
c. 产品可靠性高	1	2	3	4	5	6	7
d. 产品整体质量水平高	1	2	3	4	5	6	7
e. 产品符合标准规定	1	2	3	4	5	6	7
f. 生产成本低	1	2	3	4	5	6	7
g. 库存成本低	1	2	3	4	5	6	7
h. 间接成本低	1	2	3	4	5	6	7
i. 能够提供定制化的产品	1	2	3	4	5	6	7
j. 能够生产多种规格的产品	1	2	3	4	5	6	7
k. 能够提供多种产品组合	1	2	3	4	5	6	7
l. 能够按时推出新产品	1	2	3	4	5	6	7
m. 能够快速交货给客户	1	2	3	4	5	6	7
n. 能够准时交货给客户	1	2	3	4	5	6	7
o. 交货可靠性高	1	2	3	4	5	6	7
p. 完成客户订单所需时间短	1	2	3	4	5	6	7

2. 请分别圈选合适的分数来评价贵公司相对于主要竞争对手在下述各个方面的表现。(1-非常差,2-差,3-比较差,4-一般,5-比较好,6-好,7-非常好;下同)

题　项	非常差→非常好						
a. 销售增长	1	2	3	4	5	6	7
b. 销售回报率	1	2	3	4	5	6	7
c. 利润增长	1	2	3	4	5	6	7
d. 市场份额增长	1	2	3	4	5	6	7
e. 投资回报率	1	2	3	4	5	6	7

3. 请分别圈选合适的分数来表达贵公司内部下述各项活动的开展情况。(1-完全没有,2-有一点,3-有一些,4-一般,5-稍微广泛,6-广泛,7-非常广泛;下同)

题　项	完全没有→非常广泛						
a. 开展质量教育与培训	1	2	3	4	5	6	7
b. 营造团队协作氛围	1	2	3	4	5	6	7
c. 建立质量控制程序	1	2	3	4	5	6	7
d. 制定质量管理奖惩制度	1	2	3	4	5	6	7

4. 请分别圈选合适的分数来表达您对贵公司在下列各方面表述的同意程度。

题　项	非常不同意→非常同意						
a. 环境的发展会影响我们公司的业务活动	1	2	3	4	5	6	7
b. 我们公司的财务收益依赖于环境状况	1	2	3	4	5	6	7
c. 环境保护对我们公司的生存很重要	1	2	3	4	5	6	7
d. 外部利益相关者期望我们公司保护环境	1	2	3	4	5	6	7

5. 请分别圈选合适的分数来表达您对贵公司不同部门之间关系的各个陈述的同意程度。

题　项	非常不同意→非常同意						
a. 我们公司不同部门在多个层次上都有互动	1	2	3	4	5	6	7
b. 我们公司不同部门在多个层次上相互信任	1	2	3	4	5	6	7
c. 我们公司不同部门在多个层次上互相尊重	1	2	3	4	5	6	7
d. 我们公司不同部门在多个层次上都建立了友好关系	1	2	3	4	5	6	7
e. 我们公司不同部门在多个层次上是互惠的	1	2	3	4	5	6	7

6. 请分别圈选合适的分数来表达贵公司内部下述各项活动的开展情况。

题　项	完全没有→非常广泛						
a. 不同部门之间能协同质量管理工作	1	2	3	4	5	6	7
b. 不同部门之间通过协商解决质量问题的冲突	1	2	3	4	5	6	7
c. 不同部门之间能协调开展质量活动	1	2	3	4	5	6	7
d. 不同部门之间相互交流质量信息	1	2	3	4	5	6	7
e. 质量问题决策尽量征询所有团队成员的意见和想法	1	2	3	4	5	6	7
f. 通过组建团队解决质量问题	1	2	3	4	5	6	7
g. 问题解决型团队有助于改善我们的质量管理流程	1	2	3	4	5	6	7
h. 实现质量运营数据的实时获取	1	2	3	4	5	6	7
i. 不同部门联合解决质量问题	1	2	3	4	5	6	7
j. 定期召开跨部门质量专题会议	1	2	3	4	5	6	7

7. 请分别圈选合适的分数来表达贵公司内部下述各项活动的开展情况。

题　项	完全没有→非常广泛						
a. 高层管理者对绿色供应链管理做出承诺	1	2	3	4	5	6	7
b. 中层管理者支持绿色供应链管理	1	2	3	4	5	6	7
c. 为了改善环境而进行跨职能合作	1	2	3	4	5	6	7
d. ISO14001 认证	1	2	3	4	5	6	7
e. 全面环境质量管理	1	2	3	4	5	6	7
f. 遵守环境法规和审计程序	1	2	3	4	5	6	7
g. 建立环境管理体系	1	2	3	4	5	6	7
h. 设计产品时考虑减少使用材料和能源	1	2	3	4	5	6	7
i. 设计产品时考虑产品或零部件的再利用、再循环或材料的修复	1	2	3	4	5	6	7
j. 设计产品时考虑避免或者减少使用有害的材料	1	2	3	4	5	6	7

续表

题 项	非常不同意→非常同意						
k. 设计产品时考虑避免或者减少使用严重影响环境的制造工序	1	2	3	4	5	6	7
l. 设计产品时考虑产品的生命周期特点	1	2	3	4	5	6	7
m. 使用标准化零部件以便于重复使用	1	2	3	4	5	6	7
n. 设计废物最小化的生产过程	1	2	3	4	5	6	7
o. 回收(或销售)多余的存货或材料	1	2	3	4	5	6	7
p. 销售废料或已使用过的材料	1	2	3	4	5	6	7
q. 销售闲置的设备资产	1	2	3	4	5	6	7
r. 收集和回收淘汰的产品与物料	1	2	3	4	5	6	7
s. 建立废旧或缺陷产品的回收体系	1	2	3	4	5	6	7

第三部分:主要供应商方面

(主要供应商:采购价值最大(按金额计算)的供应商)

8. 请分别圈选合适的分数来表达您对贵公司与主要供应商关系的各个陈述的同意程度。

题 项	非常不同意→非常同意						
a. 我们和主要供应商在多个层次上都有互动	1	2	3	4	5	6	7
b. 我们和主要供应商在多个层次上相互信任	1	2	3	4	5	6	7
c. 我们和主要供应商在多个层次上互相尊重	1	2	3	4	5	6	7
d. 我们和主要供应商在多个层次上都建立了友好关系	1	2	3	4	5	6	7
e. 我们的目标和主要供应商在多个层次上是互惠的	1	2	3	4	5	6	7

9. 请分别圈选合适的分数来表达贵公司与主要供应商之间<u>下述各项活动</u>的<u>开展情况</u>。

题　项	完全没有→非常广泛						
a. 与主要供应商在质量管理方面保持合作关系	1	2	3	4	5	6	7
b. 帮助主要供应商提高他们的质量	1	2	3	4	5	6	7
c. 与主要供应商密切沟通质量与设计变更问题	1	2	3	4	5	6	7
d. 主要供应商为我们新产品开发设计中的质量控制提供支持	1	2	3	4	5	6	7
e. 主要供应商参与我们新产品开发过程中的质量管理	1	2	3	4	5	6	7
f. 主要供应商参与我们的质量改进工作	1	2	3	4	5	6	7
g. 帮助主要供应商改善其流程以更好地满足我们的质量需求	1	2	3	4	5	6	7
h. 与主要供应商共享质量需求信息	1	2	3	4	5	6	7
i. 与主要供应商联合解决质量问题	1	2	3	4	5	6	7

10. 请分别圈选合适的分数来表达贵公司与主要供应商之间<u>下述各项活动</u>的开展情况。

题　项	完全没有→非常广泛						
a. 向主要供应商提供符合环境要求的采购物料的设计说明书	1	2	3	4	5	6	7
b. 为了实现环境目标与主要供应商合作	1	2	3	4	5	6	7
c. 对主要供应商的内部管理进行环境审计	1	2	3	4	5	6	7
d. 主要供应商的 ISO14001 认证	1	2	3	4	5	6	7
e. 对二级供应商(主要供应商的主要供应商)环境友好实践的评估	1	2	3	4	5	6	7
f. 采购具有生态标签(绿色标志或环境标志)的物料	1	2	3	4	5	6	7
g. 选择主要供应商时考虑环境标准	1	2	3	4	5	6	7

第四部分:主要客户方面

（主要客户:购买价值最大（按金额计算）的客户）

11. 请分别圈选合适的分数来表达您对贵公司与主要客户关系的各个陈述的同意程度。

题　项	非常不同意→非常同意						
a. 我们和主要客户在多个层次上相互信任	1	2	3	4	5	6	7
b. 我们和主要客户在多个层次上互相尊重	1	2	3	4	5	6	7
c. 我们和主要客户在多个层次上都建立了友好关系	1	2	3	4	5	6	7
d. 我们的目标和主要客户在多个层次上是互惠的	1	2	3	4	5	6	7

12. 请分别圈选合适的分数来表达贵公司与主要客户之间下述各项活动的开展情况。

题　项	完全没有→非常广泛						
a. 与主要客户在质量管理方面保持密切联系	1	2	3	4	5	6	7
b. 主要客户为我们提供产品质量情况的反馈	1	2	3	4	5	6	7
c. 主要客户为我们新产品开发设计的质量控制提供投入	1	2	3	4	5	6	7
d. 主要客户参与我们新产品开发过程中的质量管理	1	2	3	4	5	6	7
e. 我们的流程通过主要客户认证,符合其质量要求	1	2	3	4	5	6	7
f. 主要客户要求我们参与其质量改进工作	1	2	3	4	5	6	7
g. 主要客户与我们共享其质量需求信息	1	2	3	4	5	6	7
h. 主要客户参与我们的质量改进工作	1	2	3	4	5	6	7
i. 与主要客户联合解决质量问题	1	2	3	4	5	6	7
j. 与主要客户协商制定统一的质量标准	1	2	3	4	5	6	7

13。请分别圈选合适的分数来表达贵公司与主要客户之间<u>下述各项活动</u>的<u>开展情况</u>。

题　项	完全没有→非常广泛						
a. 向主要客户提供符合环境要求的产品设计说明书	1	2	3	4	5	6	7
b. 为了实现环境目标与主要客户合作	1	2	3	4	5	6	7
c. 与主要客户合作进行生态设计（绿色设计或环境设计）	1	2	3	4	5	6	7
d. 与主要客户合作进行清洁生产	1	2	3	4	5	6	7
e. 与主要客户合作进行绿色包装	1	2	3	4	5	6	7
f. 与主要客户合作以减少产品运输过程中的能源消耗	1	2	3	4	5	6	7
g. 与主要客户合作进行产品回收	1	2	3	4	5	6	7

问卷到此结束！

再次感谢您的合作。我们将对您所提供的所有资料保密。

请用已有邮票的信封将完成的调查问卷寄回，或把它扫描发送到 11120037@zju.edu.cn。